left
SIDE
STORY

레프트 사이드 스토리
세계의 좌파는 세상을 어떻게 바꾸고 있나

2014년 1월 29일 초판 1쇄

지은이 | 장석준

편   집 | 김희중, 이민재
디자인 | 산들꽃꽃
제   작 | 영신사

펴낸이 | 장의덕
펴낸곳 | 도서출판 개마고원
등   록 | 1989년 9월 4일 제2-877호
주   소 | 경기도 고양시 일산동구 호수로 662 삼성라끄빌 1018호
전   화 | (031) 907-1012, 1018
팩   스 | (031) 907-1044
이메일 | webmaster@kaema.co.kr

ISBN 978-89-5769-231-8 03300
ⓒ 장석준, 2014. Printed in Goyang, Korea

left

레프트 사이드 스토리

SIDE

세계의 좌파는 세상을 어떻게 바꾸고 있나　　장석준 지음

STORY

개마고원

1부 경제위기에 맞서는 **좌파들**

2부 **좌파**의 재구성

3부 새로운 **좌파정치**의 발걸음

왜 지금 '좌파정치'인가

'좌파'는 한국 사회에서 아직도 낯선 말이다. 분단 체제 아래서 이 말은 권력자들이 반대파를 공격하는 욕 비슷한 것으로 통용됐다. 그래서 다른 나라라면 '좌파'라 불렸을 정치 세력조차 스스로 '좌파'라 칭하는 것을 꺼리곤 했다. 대신 '혁신파'나 '진보파'로 자처했다. 2004년에 국회에 제3당으로 등원한 민주노동당도 그랬다. 보편적 기준으로는 '좌파정당'이었지만 그보다는 '진보정당'이라 부르는 편을 선호했다.

그런데 이 책은 '좌파'정치에 주목하자고 주장한다. 이것이 우리 시대의 대안을 만들어가는 데 가장 중요한 요소들 중 하나라고까지 강조한다. 무슨 이유 때문인가? 2008년 경제위기 이후의 세계 상황을 이야기하지 않을 수 없겠다. 미국에서 금융위기가 일어나기 전까지만 해도 신자유주의는 전 인류의 유일 신앙이었다. 지구 위 모든 사회는 초국적 자산시장을 정점으로 한 거대한 피라미드로 통합되었다. 이른바 '신자유주의 지구화'다. 그리고 누구나 스스로를 이 피라미드의 부속품으로 갈고 닦는 게 가장 좋은 삶이라는 상식이 지배했다. 그래서 '유연화'된 일자리(비정규직!)에 만족하는 법을 배웠고, 나도 언젠가는 자산 투자(아파트 소유!)에 참여해서 중산층이 될 수 있다는 새로운 꿈에 익숙해졌다.

한데 2008년 이 모든 게 돌연 흔들리기 시작했다. 월스트리트를 덮친 금융위기와 함께 전지구적인 피라미드에는 커다란 금이 갔다. 그렇다고 신자유주의 지배 질서 자체가 무너진 것은 아니다. 우리는 아직도 그 체제 안에서 살고 있다. 다만 확실해진 것은 이것이 우리 같은 다수 서민을 위한 체제는 결코 아니라는 사실이다. 계속 이 체제 안에서 살아가야 하는데 '우리를 위한' 체제는 결코 아니라는 것이다.

이러니 보통 사람들 사이에서는 상실감만 유례없이 증대할 수밖에 없다. 지구 곳곳에서 이미 이 상실감은 반란으로 폭발하고 있다. 2011년 지중해 양안(북아프리카의 아랍 세계와 남유럽 채무국들)에서는 청년 세대가 들고 일어났다. 어떤 곳에서는 이 봉기가 정치혁명으로 발전했고, 다른 곳에서는 지속적인 사회운동으로 이어지고 있다. 심지어는 이에 화답해 신자유주의의 본산인 월스트리트에서도 '점령하라' 운동 Occupy Movement이 벌어졌다.

사실 한국은 미국이나 유럽에 비하면 경제위기로부터 얼마간 비껴난 셈이다. 중국 경제라는 거대한 방파제 덕분에 해일의 직접적인 피해를 입지는 않았다. 그러나 최근 몇 년간 이 나라에서 벌어진 일들도 전세계적인 흐름과 동떨어진 것은 아니었다. 부동산 시장 참여로 중산층에 진입하거나 그 지위를 유지할 수 있다는 꿈은 이 땅에서도 이미 백일몽으로 밝혀졌다. 이 달콤한 몽상의 가림막이 사라지자 남은 것은 소득 양극화의 고통스러운 현실뿐이다.

기득권 세력도 이런 상황을 너무도 잘 알기에 2012년 대통령 선거 때는 어느 후보나, 심지어는 새누리당 박근혜 후보조차 "복지국가"니 "경제 민주화"니 하는 말의 성찬을 쏟아냈다. 그러나 막상 '선거'라는 이벤트가 끝나고 나자 복지 공약은 헌신짝처럼 내팽개치고 오히려 철도와 의료 등의 사유화를 밀어붙이고 있다. 사회 양극화를 치유하려 하기보다는 거대 자본을 위해 새로 시장을 넓히려 하고 있다. 초기 신자유주의의 적나라한 수탈의 모습으로 돌아간 것이다. 당연히 이에 맞선 대중의 저항도 예사롭지 않다. 과거에 다른 사유화 시도들에서 보였던 반응과는 달리 이 쟁점을 정권 퇴진 요구로까지 연결시키는 완강한 반대 투쟁이 나타나고 있다.

신자유주의 한 세대를 돌아 다시 '좌파'에 주목하는 이유

지금 세계인이 마주하고 있는 과제는 한마디로 신자유주의의 극복이다. 그런데 이 대목에서 짚고 넘어가야 할 게 있다. 우리가 '신자유주의'라고 부르는 것의 정체다. 그것은 사유화, 규제 철폐, 자산시장 확대 같은 일련의 정책들인가? 물론 이러한 정책들을 포함하기는 한다. 하지만 이것만이라고 하기에는 뭔가 부족하다. 만약 신자유주의가 이런 정책들만이라면 극복도 그렇게 어렵지는 않을 것이다. 단지 이와 반대되는 정책을 내세우는 정치 세력이 집권하면 될 일이기 때문이다. 그러나 현실은 훨씬 더 복잡하다. 그렇기 때문에 2008년 이후의 위기와 침체에도 불구하고 신자유주의 질서가 좀처럼 다른 무엇으로 대체되지 않는 것이기도 하다.

신자유주의의 정체를 직시하려면 우선 그것이 처음 시작된 시대를 돌아보아야 한다. 이 작업은 이 책의 본론인 좌파정치의 현재적 의의를 따지는 일과도 긴밀히 연관돼 있다. 신자유주의의 출발점은 1970년대 초 언제쯤이었다. 브레턴우즈 체제가 붕괴한 1971년일 수도 있고, 인플레이션을 동반한 대불황(스태그플레이션)이 전세계를 덮친 1974년일 수도 있다. 아무튼 그 언저리에 시작된 세계사의 한 시대가 지금껏 한 세대 가까이 지속되었다.

그 무렵 세상은 어떤 모양을 하고 있었는가? 고敌 노무현 대통령은 자신의 유작 『진보의 미래』(동녘, 2009)에서 신자유주의 시대를 '보수의 시대'라고 칭하면서 그 이전 시대를 '진보의 시대'라 회고했다. 신자유주의 시대를 깎아내리려고 그 전 시대의 위상을 지나치게 높인 느낌이 있지만, 아주 틀린 말도 아니다. 제2차 세계대전 종전과 함께 시작돼 1970년대 무렵까지 이어진 한 시대는 그 이전에 비해 확실히 진보한 면이 있었다. 크게 두 가지 점에서 그렇다.

첫째는 자본주의 중심부에 복지국가가 들어섰다는 것이다. 북반구 여러 나라에서 자본주의 역사상 처음으로 완전 고용이 보장되었고 다양한 복지제도가 실시됐다. 물론 자본주의 자체가 바뀐 것은 아니었다. 하지만 다수 대중의 삶의 질이 유례없이 개선된 것만은 분명한 사실이다. 민주주의가 드디어 형식적인 1인 1표를 넘어 다양한 권리를 실질적으로 보장하는 체계로서 작동하게 된 것이다.

둘째는 지구 전체로 국민국가가 확산되었다는 것이다. 그전에는 수십억 중국인과 인도인들을 비롯해 대다수 민족이 자신들의 국민국가를 갖지 못했다. 서구 제국주의의 지배 아래서 신음하고 있었다. 조선인들도 그 대열의 일부였다. 하지만 1945년 이후에는 사정이 바뀌었다. 식민지들이 대거 독립하여 인류 역사상 최초로 국민국가들로 이뤄진 세계가 등장했다.

이것은 분명 과거에 비해 훨씬 진보한 질서였다. 그리고 이것은 나름 아니라 '좌파' 세력들이 이룩한 역사적인 성과였다. 이 시기에 이런저런 좌파정치 세력들은 역사상 최고의 전성기를 구가하고 있었다. 한편에는 러시아 10월혁명에서 발원한 현실사회주의권이 존재했다. 소련과 중국이 버티고 있었고, 제3세계 신생국들이 대개 이들의 영향력 아래 있었다. 자본주의 중심부에서도 이탈리아 공산당이나 프랑스 공산당이 거대한 대중정당으로서 왕성하게 활동하고 있었다.

다른 한편에는 이제 막 복지국가를 실현하고 나서 자신감에 충만해 있던 사회민주주의 세력이 있었다. 스웨덴에서는 사회민주노동당이 40년 넘게 장기 집권하고 있었다. 서독이나 영국에서도 사회민주당 내지 노동당이 지금보다 훨씬 광범위한 지지를 받으며 여러 방면에서 개혁을 추진했다. 정당만이 아니라 노동조합도 급성장했다. 서구어느 나라에서나 노동조합 가입률이 역사상 가장 높은 수준에 이르렀다.

복지국가나 제3세계 해방은 이들 좌파 세력의 전세계적인 합작품이라 할 수 있었다. 사실 의도된 합작품은 아니었다. 좌파의 두 진영, 즉 사회민주주의와 공산주의는 소통과 협력보다는 경쟁과 대립에 더 익숙했다. 그러나 어쨌든 이들 사이의 경합이 자본 진영을 좀 더 강력하게 압박하는 결과를 낳았다. 가령, 현실사회주의권이 강력히 존재했기 때문에 서방 자본가들로서는 국내 노동 세력의 요구를 웬만하면 수용하지 않을 수 없었다. 또한 북반구 국가들 내부의 좌파 역량 때문에 더 이상 19세기식 제국주의를 유지하길 기대하기도 힘들었다.

1970년대는 이러한 질서가 지속된 지 이미 30여 년이 다 된 때였다. 그런데 '진보의 시대'는 예기치 않은 결과를 낳았다. 그것은 사회 세력 관계의 유례없는 긴장이었다. 일국적인 수준에서 그랬을 뿐만 아니라 전지구적인 차원에서도 그랬다. 무엇보다도 자본과 노동 사이에 첨예한 긴장이 나타났다. 전후 30년간의 장기호황은 지구 자본주의의 세 중심부(북미, 서유럽 그리고 일본)에서 자본 축적을 가속화했다. 북반구 자본은 일국적 독점 자본 수준을 넘어 이제는 초국적 자본으로까지 급성장했다. 다른 한편 노동의 힘도 성장 일로에 있었다. 완전 고용이 지속된 덕분에 자본의 가장 강력한 대(對)노동 무기인 해고는 한동안 힘을 발휘하지 못했다. 고용 불안으로부터 상당히 자유로워진 노동자들은 노동조합에 대거 가입했다. 그래서 조직 노동의 힘이 최고 절정기를 맞이했던 것이다.

적대하는 두 세력의 힘이 모두 성장하는 상황은 곧 두 세력 사이의 긴장이 첨예해진다는 것을 뜻했다. 적대적 사회 세력들 사이의 팽팽한 긴장 — 이것이 1970년대에 인류 사회가 도달한 막다른 골목이었다. 자본 대 노동만이 문제가 아니었다. 지구적 차원에서는 북반구의 부유한 국가들과 남반구의 후발 국가들 사이에서 비슷한 긴장이 나타났다. 이러한 긴장은 어떤 식으로든 충돌과 폭발을 낳을 수밖에 없었다. 둘 중 어느 한 쪽이 다른 쪽을 제압해야만 이 사태가 끝날 수 있었다.

우리가 이미 알고 있는 것처럼, 상황을 주도한 것은 자본 쪽이었다. 그중에서도 특히 화폐 자본의 현대적 관리자인 다양한 금융 과두 세력이 전면에 나섰다. 중대한 역사적 선택의 순간마다 금융 세력이 자본 진영을 진두지휘하며 사회 세력 관계의 교착 상태를 돌파하는 데 성공했다. 자본 진영이 노동 및 남반구 반란 세력들을 철저히 제압하는 것으로 1970년대의 긴장 상태는 해소되었다. 그리고 이 과정에서 전체 자본가계급 내의 우열도 재조정됐다. 금융 세력이 자본가계급 내 최고 헤게모니 집단으로 부상했다.(이 과정에 대한 보다 상세한 설명으로는, 졸저 『신자유주의의 탄생: 왜 우리는 신자유주의를 막을 수 없었나』[책세상, 2011]를 참고할 수 있다.)

　이것이 우리가 살아온 지난 40여 년의 큰 줄기다. 이 시대는 전지구적인 사회 세력 관계를 자본에 유리한 방향으로 재편해간 구조 개혁의 시기였다. 또한 금융 세력이 지구 자본주의의 최정상부에 복귀해 초국적 금융 과두제를 구축한 반동-혁명의 시기였다. '신자유주의'란 다름 아니라 이러한 역사적 운동 전반을 일컫는 말이다. 따라서 우리는 '신자유주의'를 단순한 정책 패키지나 자본 내 특정 분파의 이해관계 정도가 아니라 자본 권력이 추진한 문명적 수준의 프로젝트로 바라봐야 한다. '문명적' 수준이라고 한 것은 지구 자본주의를 이 혹성의 유일 지배 체계로 만들기 위해 시장, 국가, 대중의 일상생활 같은 문명의 가장 기본적인 구성 요소들을 재구성하고 재배치하려 했다는 의미이다.

　그렇다면 신자유주의 극복이란 적어도 신자유주의가 그랬던 것만큼은 거대하고 심원하게 세상의 질서를 바꿔나가는 과정이어야 할 것이다. 지난 40여 년 세월 동안 신자유주의 지구화가 그러했던 것처럼,

전지구적 수준에서 사회 세력 관계를 뒤집어야 할 것이고, 문명의 가장 기본적인 구성 요소들을 뜯어고쳐야 할 것이다.

이를 위해서는 최소한 20세기에 복지국가를 건설하고 민족해방을 실현했던 것과 같은 거대한 도전이 필요할 것이다. 사회 세력 관계를 역전시키자면 신자유주의 시기를 거치면서 분열되고 조직력을 상실한 노동 대중을 다시 단결시켜야 한다. 또한 우리 삶의 기본 구조들을 재편하려면 20세기 사회주의의 유산을 재구성하여 계승할 뿐만 아니라 생태주의, 여성주의, 평화주의 등 새로운 문제의식들을 종합하는 변혁 청사진을 만들어가야 한다. 궁극적으로는 자본 권력과 정면 대결하고 이를 제압해나갈 대항-대안 세력을 구축해야 한다.(그 대략적인 방향에 대해서는 졸저 『사회주의』[책세상, 2013]를 참고할 수 있다.)

이 모두가 결국 지난 세기에 '좌파'정치가 맡았던 역할을 새롭게 계승하는 것들이다. 다시금 돌아온 대전환의 시대에 좌파정치의 갱신과 재도약 가능성에 주목하지 않을 수 없는 이유가 바로 여기에 있다.

세상에는 어떤 좌파정당들이 있는가?

사회민주당, 사회당, 노동당, 공산당, 녹색당… 좌파정당 하면 흔히 떠오르는 이름들이다. 하지만 이들 정당의 과거 역정이 어떠했는지, 요즘은 어떻게 활동하고 있는지, 이들의 고민은 무엇이고 그것은 지금 우리의 고민과 어떻게 이어지는지에 대해 풍부한 이야기를 접하기란 쉽지 않다. 이 책은 그 갈증을 푸는 한 모금 물이 되고자 한다. 본격적인 이야기를 풀어나가기 전에 우선 세계 곳곳에 어떠한 좌파정당들이 존재하는지부터 짚어보자.

좌파정당의 여러 흐름들

좌파정당들은 몇 개의 무리로 나눌 수 있다. 그 첫번째 무리는 사회민주주의 정당들이다. 독일 사회민주당, 프랑스 사회당, 영국 노동당,

스웨덴 사회민주노동당, 네덜란드 노동당, 스페인 사회주의노동자당 등 유럽의 주요 좌파정당들이 여기에 속한다. 이들 정당은 대개 역사가 100년이 넘는다. 좌파정당의 첫 세대라 할 수 있다. 지금으로부터 150년도 더 전인 1860년대에 세계 최초의 좌파 대중정당인 독일 사회민주당이 등장한 게 그 출발점이었다. 그 후 유럽 여러 나라에서 '사회민주주의' '사회주의' '노동(자)' 등의 이름을 내건 정당들이 등장했고, 제2차 세계대전 이후에는 이들이 복지국가 건설을 주도했다. 유럽에서는 지금도 대체로 이들 정당이 여당이거나 제1야당이다. 현재 집권당으로는 프랑스 사회당, 덴마크 사회민주당 등이 있다.

사회민주주의 정당이 유럽에만 있는 것은 아니다. 사회민주주의 정당들의 국제 조직인 '사회주의 인터내셔널si'에는 많은 비유럽권 정당들이 가입해 있다. 그중에는 유럽 사회민주주의 정당들과 성격이 비슷한 오스트레일리아 노동당, 뉴질랜드 노동당, 캐나다 신민주당, 칠레 사회당 등도 있지만, 제3세계의 좌파 민족주의 운동에서 출발한 정당들도 꽤 있다. 규모가 큰 것만 열거해도 터키의 공화인민당, 멕시코의 민주혁명당, 니카라과의 산디니스타 민족해방전선, 남아프리카공화국의 아프리카민족회의 등이 있다. 눈살을 찌푸리게 만드는 것은 멕시코 제도혁명당(위의 민주혁명당의 주적)처럼 좌파정당이라 보기 힘든 부패한 기득권 세력도 회원으로 가입해 있다는 사실이다. 아시아에서는 일본의 사회민주당, 말레이시아의 민주행동당 등이 주요 회원이다.

신자유주의의 절정기이던 지난 20여 년 동안 사회민주주의 정당들 중 상당수는 '제3의 길' '새로운 중도' 등의 이름으로 신자유주의를 받아들였다. 영국 노동당과 독일 사회민주당이 대표적인 사례였다. 이 때문에 2008년 금융위기를 거치며 이들 정당은 정권을 잃거나 지지율이 급락했다. 재정위기에 휩싸인 그리스에서는 사회민주주의 정당인 범그리스사회주의운동PASOK이 그간 소수 정당에 머물던 급진좌파연합 SYRIZA에 좌파의 대표 자리를 내주는 이변이 일어나기도 했다. 신자유주의의 대안이 아니라 그 공범으로 낙인찍힌 탓이다.

본래 사회민주주의 정당들 왼쪽에서는 공산주의 정당들이 좌파정당의 또 다른 큰 무리를 이루고 있었다. 러시아 10월혁명의 영향을 받아 혁명 노선을 주창하며 등장한 정당들이다. 제국주의에 고통 받은 유럽 바깥 세계에서는 사회민주주의 정당이 아니라 공산주의 정당이 사회 깊이 뿌리내렸다. 유럽에서도 이탈리아나 프랑스 같은 나라에서는 한때 공산당이 좌파 제1정당 역할을 했다. 그러나 소련이 무너지고 중국이 지구 자본주의에 편입되면서 공산당은 대개 몰락하거나 재편의 길에 접어들었다. 한때 200만 당원을 자랑하던 이탈리아 공산당이 1991년에 당명을 '좌파민주당'으로 바꾼 것이 그 대표적인 사례다. 아직도 '공산당'이라는 이름을 내걸고 자본주의 국가 안에서 활동하는 정당으로는 인도의 마르크스주의파-공산당, 네팔의 통합공산당-마오주의파, 체코의 보헤미아 모라비아 공산당, 일본 공산당, 칠레 공산당 등이 주목할 만하다.

20세기 좌파정당의 두 큰 줄기였던 사회민주주의, 공산주의와는 또 다른 전혀 새로운 흐름들도 있다. 지난 세기 말에 등장한 좌파정당의 새 세대들이다. 그 첫번째 무리로 들 수 있는 게 녹색 정당들이다. 흔히 녹색당은 좌우 어디에도 속하지 않는다고 한다. 하지만 녹색 정당의 첫 성공 사례인 독일 녹색당(정식 명칭은 '녹색당/동맹90')은 분명 신좌파 정치세력화의 산물이었다. 비록 지금은 사회민주당보다 더 우경했다는 평가를 받기도 하지만 말이다. 현실 정치에서 성공한 녹색 정당으로는 그밖에도 오스트리아의 녹색당-녹색대안, 프랑스의 유럽 생태주의-녹색당, 네덜란드의 녹색좌파 등이 있다. 영국에서는 녹색당이 좌파 성향 유권자가 선거에서 노동당 대신 선택할 대안으로 떠오르고 있기도 하다.

녹색 정당은 한때 사회민주주의 정당의 유력한 경쟁자로 부상했고 지금도 몇몇 나라에서는 그렇다. 그런데 도전자는 이들만이 아니었다. 현실사회주의권이 몰락하고 나자 옛 공산주의 정당들이 스스로를 재편하기 시작했다. 이것은 사회민주당 왼쪽의 정치 세력 전반이 재편되는 계기가 되었다. 오랫동안 소수 정파 활동에 머물러 있던 트로츠키주의나 마오주의 세력도 새롭게 대중정당 건설에 나섰다. 이들을 한데 아울러 좌파 재구성left recomposition 정당들이라 할 수 있겠다.

그 선구적 사례는 1980년대 초에 등장한 스페인의 연합좌파다. 이 조직은 공산당과 여타 좌파 정치조직들이 모인 정당연합이다. 그러면서도 마치 하나의 정당처럼 활동하기도 한다. 이후에 이와 비슷한 형태의 조직으로서, 덴마크의 적록연합, 핀란드의 좌파연합, 포르투갈의 좌파블록, 위에서 언급한 그리스의 급진좌파연합 등이 등장했다. 최근에는 프랑스의 좌파당과 공산당이 '좌파전선'이라는 이름으로 비슷한 실험에 나섰다. 이와 달리, 여러 정파들이 모이기는 했지만 처음부터 하나의 정당으로 출범한 사례도 있다. 독일의 좌파당, 네덜란드의 사회당(별칭 '토마토당'), 이탈리아의 좌파/생태/자유, 아이슬란드의 좌파녹색운동 등이 그런 경우다.

좌파 재구성 정당들은 처음에는 사회민주당 왼쪽에서 주류 좌파를 비판하는 소수파 역할에 머물렀다. 지지율도 5% 안팎에 그쳤다. 하지만 사회민주주의 정당들이 노골적으로 신자유주의에 투항하는 모습을 보이자 점차 양상이 바뀌었다. 그리고 2008년 미국 금융위기와 함께 신자유주의의 전성기가 끝나고 동요의 시대가 시작되자 기회를 잡았다. 이미 이야기한 그리스 사례를 비롯해 현재 프랑스·덴마크·포르투갈 등지에서 좌파 재구성 정당들은 기존에 사회민주주의 정당들이 차지하던 좌파의 대표자 위치를 넘보고 있다.

이게 유럽만의 양상은 아니다. 2000년대에 라틴아메리카에서 좌파 붐을 일으킨 중남미 좌파정당들은 좌파 재구성 정당의 아메리카판이라 할 수 있는 세력들이다. 브라질의 노동자당, 우루과이의 확대전선,

베네수엘라의 통합사회주의당, 볼리비아의 사회주의운동, 이들 모두는 SI와 거리를 두고 있다. 남미에서 SI 회원들은 오히려 각 나라에서 구체제의 버팀목 역할을 하던 정당들(콜롬비아의 자유당이나 베네수엘라의 민주행동당, 볼리비아의 혁명좌파운동)이다. SI에 속한 유럽 사회민주주의 정당들이 미국의 이라크 침략에 동조할 때 남미 좌파 세력들은 '온건' 노선이라는 브라질 룰라 정부든 '강경' 노선이라는 베네수엘라 차베스 정부든 모두 전쟁에 반대하고 나섰다. 이들 중남미 신흥 좌파는 '상파울루 포럼'이라는 라틴아메리카 좌파만의 독자적인 국제 조직에 모여 있다.

금융위기 이후, 전세계 좌파정치의 격동

지금 세계는 2008년에 시작된 경제 위기의 여진에서 벗어나지 못하고 있다. 그런데 금융위기와 재정위기의 충격은 신자유주의의 헤게모니에만 균열을 낳은 게 아니었다. 그 대항 세력인 좌파정치 역시 심각한 격동에 휩싸였다.

위에서도 잠시 언급한 것처럼, 그리스·포르투갈·스페인 등의 재정위기 국가들에서는 우파 정당들과 마찬가지로 사회민주주의 정당들역시 신자유주의 정책 실패의 책임에서 자유롭지 못하다. 그래서 사회민주주의 정당들 대신 그 왼쪽의 좌파 재구성 정당들이 좌파의 새로운 대표 주자로 부상하거나 사회민주주의 정당을 맹추격하는 일이 벌어지고 있다. 재정위기 때문에 유럽중앙은행-유럽연합-IMF(이른바 '트로이카')로부터 긴축정책을 강요받는 남유럽뿐만 아니라 유럽의 다른 곳, 가령 덴마크나 네덜란드에서도 비슷한 양상을 볼 수 있다.

이에 맞서 사회민주주의 정당 안에서도 부랴부랴 자기 혁신 움직임이 나타나고 있다. '제3의 길'에 가장 경도되었던 영국 노동당과 독일 사회민주당 안에서 '좋은 사회' 담론을 중심으로 정책을 새로 짜려는 시도가 그 대표적인 사례다. 핵심은 정통 사회민주주의로 돌아가자는 것이다.

경제위기 이전부터 좌파 붐이 일었던 유일한 지역, 라틴아메리카에서도 좀 더 역동적인 상황이 나타나고 있다. 베네수엘라처럼 앞서 변혁의 길을 열어가던 나라가 경제 여건 악화라는 장애물 앞에서 잠시 멈칫하는 반면 그간 군부독재의 그림자를 채 떨쳐버리지 못하고 있던 칠레에서는 오히려 라틴아메리카에서 가장 활기찬 대중투쟁(대학 교육의 무상화를 요구하는 학생운동)이 벌어졌다. 10년 넘게 장기 집권하고 있는 브라질 노동자당 정부도 더 많은 민주주의를 요구하는 청년 세대의 가두 시위에 직면해 기존의 성과와 한계를 철저히 재검토해야 할 처지에 놓이게 됐다.

한편 이제까지 좌파정치가 그다지 중요한 변수 역할을 하지 못하던 지역에서 좌파정치 세력들이 새롭게 도약하기도 한다. 경제위기 여파 속에 폭발한 2011년 '아랍의 봄'은 부패한 독재 세력과 이슬람 근본주의만 존재하는 것처럼 보이던 서아시아와 북아프리카의 정치 지형을 근본적으로 변화시켰다. 독재와 근본주의에 모두 반대하며 정치혁명을 사회혁명으로 발전시키려 하는 세속 좌파들이 부상한 것이다. 특히 튀니지와 이집트에서 이러한 세력들이 약진중이다.

이러한 격변이 과연 전세계에 걸쳐 좌파정치의 르네상스로 이어지게 될지는 아직 알 수 없다. 그렇게 낙관하기에는 지구 자본주의만큼이나 좌파정치에도 지난 세기부터 누적된 상처와 질곡, 모순이 만만치 않다. 그러나 경제 위기 이후 세상의 시간이 과거 그 어느 때보다 더 숨 가쁘게 진행되고 있는 것 역시 사실이다. 이 낯선 시간대 속에서 우리처럼 아직 새 출발의 기회를 잡지 못하고 있는 이들이 있는가 하면, 한발 앞서 새로운 지평을 열고 있는 이들도 있다. 이제 그 성공과 실패, 변신과 도전의 이야기들을 살펴보자.

left
SIDE
STORY

1부

경제위기에
맞서는 **좌파들**

01

유로존의 모순을 폭로한
그리스 재정위기

2012년 2월 21일 유로존 국가 재무장관들이 그리스에 대한 1300억 유로의 2차 구제금융에 합의했다. 덕분에 그리스는 당장 디폴트 사태는 피하게 되었다. 한동안 폭발 일보직전 양상을 보이던 그리스 재정위기는 이것으로 일단 다시 소강 국면에 접어들었다.

하지만 앞날은 여전히 어두웠다. 구제금융 조건으로 그리스에 강요된 긴축정책이 경제 회생의 발목을 잡아서 조만간 재정위기가 재연될 수밖에 없다는 전망이 만만치 않았다. 좌파 경제학자들만 하는 이야기가 아니었다. 유럽연합EU 고위층에서도 이러한 비관론이 새나왔다.

왜 그리스 좌파 안에서 EU 탈퇴론이 나오는가

그리스 안에서도 논란은 수그러들지 않았다. 4월 총선을 앞두고 있어서 더욱 그랬다. 사회민주주의 왼쪽의 두 정당, 공산당KKE과 급진좌파연합SYRIZA의 지지율이 합쳐서 거의 30% 수준으로 늘어났다는 사실이 그리스의 격동을 잘 보여주었다. 만약 이 두 정당이 공동 집권에 합의한다면, 지구상에서 가장 좌경한 정부가 선거로 등장할지도 모르는 상황이 온 것이다.

하지만 이런 합의는 불가능했다. 무엇보다도 유로존·EU에 대한 심각한 견해차 때문이었다. 공산당이 유로존, 더 나아가 EU에서 탈퇴하자는 입장인 데 반해 급진좌파연합은 EU 안에 머물면서 그 내부 민주화를 추진하자는 쪽이다. 구제금융 조건으로 경제정책 결정권을 사실상 유로존 재무장관들에게 넘기게 된 그리스인들에게 이것은 한가한 이론적 문제가 아니다. 지금 당장 결단해야 할 정치적 선택의 문제다.

그런데 이 대목에서 이런 의문이 생긴다. 보통 "우파는 민족주의, 좌파는 국제주의"라는 게 상식이다. 게다가 EU는 미국식 자본주의에 대한 '진보적' 대안으로 이야기되곤 한다(제러미 리프킨의 『유러피언 드림』 같은 책이 이런 인상을 널리 퍼뜨렸다). 그런데 왜 그리스 좌파 안에서는 유로존, 더 나아가 FU 탈퇴론까지 나오는 것일까? 이 상황을 이해하려면, 유로존의 실상을 제대로 살펴봐야 한다. 특히 유럽 통화 통합 과정을 되짚어보는 작업이 필요하다.

멀리 보면, 현 EU의 뿌리인 유럽경제공동체EEC로까지 거슬러 올라가야 한다. 유럽 통합은 이미 이때부터 각 나라의 민주주의 절차와는 상관없는 경제 엘리트들의 독무대라고 비판받았다. 그래서 EEC 탈퇴 여부를 물은 1975년 영국 국민투표에서는 누구보다도 노동당 좌파가

유로화 도입으로 야심차게 시작한 유로존의 실상은 프랑스와 독일 등 유럽 선진국 중심의 통화 질서일 뿐이다. 그리스에서 일어난 경제위기는 유로존의 모순을 폭로하고서 유럽을 넘어 전세계를 격동시키고 있다.

가장 강경한 EEC 탈퇴 입장에 서기도 했다. 당시 노동당 좌파의 리더였던 토니 벤은 이것이 단지 국가 주권을 지키고 말고의 문제가 아니라 민주주의의 존폐에 대한 선택이라고 일갈했다.

자본주의 중심부 내에서 신자유주의에 맞서던 마지막 시도의 좌절

하지만 유로존의 직접적 기원은 이보다는 좀 더 가까운 과거에서 찾아야 한다. 그것은 1979년에 수립된 유럽통화시스템EMS이다. EMS의 핵심은 유럽환율메커니즘ERM이라는 통화 바스켓 제도에 있었다. 가입국인 독일(당시 서독), 프랑스, 이탈리아, 네덜란드 등의 통화가 다른 회원국 통화에 대해 2.25% 이상으로는 변동할 수 없다는 게 그 골자였다. 이렇게 되면 이들 나라의 통화는 달러나 파운드, 엔에 대해서는 변동환율제의 지배를 받지만 다른 EMS 회원국 통화에 대해서는 제한적인 고정환율제 아래 있게 된다. 서유럽 국가들은 이를 통해 브레턴우즈 체제 붕괴 이후의 통화가치 불안에 대응하려 했다.

모든 회원국 통화가치를 서로 연동시켰다고는 하지만, 그 주된 기준은 어디까지나 독일 마르크화였다. 가장 강세를 보이던 마르크에 프랑(프랑스)과 리라(이탈리아), 길더(네덜란드)를 연동했던 것이다. 이것은 마치 브레턴우즈 체제에서 달러에 다른 모든 나라의 통화가치를 연동하던 것을 연상시켰다. 이 질서가 붕괴된 1970년대 상황에서 EMS는 서유럽 몇몇 나라에서나마 브레턴우즈 체제의 '좋았던 옛날'을 복원할 길처럼 보였다. 변동환율제의 격랑 속에서 이것은 유일한 구명선 같았다.

하지만 외양과 실상은 달랐다. 브레턴우즈 체제에서 미국은 다른 나라의 통화가치 평가절하나 재정 확대 정책을 용인하면서 초국적 케인스주의의 버팀목 역할을 했다. 그러나 EMS에서 독일이 자처한 역할은 이런 것이 아니었다. 오히려 그 정반대였다.

독일 연방은행은 한 번도 케인스주의를 진지하게 받아들인 적이 없었다. 독일 경제정책 담당자들의 공식 신조는 질서자유주의였다. 질서자유주의는 통화가치에 관한 한 케인스주의보다는 그 적대 진영, 즉 통화주의에 가까웠다. 완전고용이나 수요 확대 같은 다른 경제정책 목표들을 포기하더라도 통화가치를 안정시키는 게 절대적으로 중요하다는 입장이었다. EMS 안에서 독일은 다른 회원국들도 이러한 신조를 따를 것을 요구했다. 즉 독일은 EMS를 통해 유럽 내 통화주의의 기둥 역할을 했다.

한때 한 나라가 여기에 반발한 적이 있었다. 그 나라는 바로 프랑스다. 1981년에 프랑수아 미테랑의 대통령 당선으로 들어선 프랑스 좌파연합 정부는 당시 다른 모든 선진국이 긴축정책을 펼치던 상황에서 홀로 확장 정책을 밀어붙였다. 역사적으로 이것은 2008년 이전에 자본주의 중심부에서 케인스주의적 재정 확대 정책을 실시한 마지막 사례로 기억된다. 시류를 거스른 이러한 정책 선택은 당장 영미계 금융 자본의 반발을 불러왔다. 외환 시장에서 반복적으로 프랑화 투매 사태가 벌어졌고 그때마다 프랑스은행의 외환 보유고에 빨간 불이 켜졌다.

미테랑 정부는 프랑화 평가절하로 사태를 해결하려 했다. 하지만 그러자면 EMS의 협약에 따라 독일 측과 프랑-마르크 환율 조정을 협상해야 했다. 독일은 협상에 나설 때마다 조건을 요구했다. 그것은 프랑스 정부의 재정 확대 정책 포기였다. 케인스주의를 포기하고 독일연방은행의 통화주의적 정책 기조에 동조하라는 것이었다. 지금은 독일과 프랑스가 단짝이 되어 그리스의 목을 조르고 있지만, 이때는 프랑스가 독일에게 멱살을 잡혔던 것이다.

당시 프랑스 좌파연합 정부 안에는 지금의 그리스 급진 좌파들을 연상시키는 입장도 없지 않았다. 차라리 EMS, 아니 더 나아가 유럽공동체EC에서 탈퇴할지언정 독일의 협박에 굴복할 수는 없다는 것이었다. 그러나 프랑스 좌파가 최종 선택한 입장은 이런 결사항전이 아니었다. 이미 다른 전쟁에서 독일에 어이없이 무릎 꿇은 적이 있었던 프랑스는 이번에는 총성 없는 경제 전쟁에서 또다시 무참한 패배를 받아들였다. 1983년 3월, 프랑스 정부는 독일과의 환율 조정 협상 뒤에 긴축정책을 선언했다. 시장지상주의에 역류하려던 자본주의 중심부 내의 마지막 시도가 좌절되는 순간이었다.

'사회적 유럽'의 좌절 뒤에 남은 건 유로존뿐

프랑스 좌파는 단지 굴복만 한 게 아니었다. 승자의 신조를 철저히 자신의 것으로 받아들였다. 그 상징적 인물이 자크 들로르다. 미테랑 정부의 재무장관이었던 들로르는 독일의 요구에 따라야 한다고 가장 강력하게 주장한 사람이었다. 그는 프랑스 정부의 정책 전환을 성사시킨 뒤 곧바로(1985년) 유럽연합 집행위원회 의장이 되었다. 그가 '브뤼셀의 차르'라 불리면서 야심차게 추진한 것은 유럽 통화 통합이었다. 이 노력은 결국 1992년 마스트리히트 조약으로 결실을 맺어 유로화가 탄생하기에 이른다. EMS가 단일 통화 지역, 즉 유로존으로 빌전한 것이다.

그런데 들로르는 단일 통화 외에 한 가지를 더 약속했었다. 그것은 '사회적 유럽Social Europe'이었다. 이제까지 개별 국민국가 수준에서 실현되었던 사회국가(=복지국가)를 EU 수준으로 확대하겠다는 구상이었다. 원대한 비전이었다. 하지만 분명한 단서가 붙었다. 1단계로 통화 통합을 완성한 뒤에야 2단계로 사회적 유럽을 추진할 수 있다는 것이었다. 미테랑 정부의 일국 케인스주의의 실패를 경험한 들로르는 오직 유럽 차원의 안정된 통화 질서를 수립한 다음에야 완전고용과 복지 확대를 다시 추진할 수 있다고 확신했다.

마스트리히트 조약이 성사되고 나서 들로르는 실제로 '사회적 유럽'의 구체적인 방안을 제시했다. EU 채권 발행으로 자금을 마련해서 1500만 개의 새 일자리를 창출하자는 것이었다. 하지만 이 제안은 EU 재무장관 회의에서 철저히 외면당했다. '브뤼셀의 차르'의 권위는 더 이상 통하지 않았다. 그리고 1년 뒤에 들로르의 임기가 끝났다. 그때 이후 EU는 한 번도 이 정도의 거대한 사회적 프로그램을 진지하게 논의해본 적이 없다.

남은 것은 결국 유로존 뿐이다. 새롭게 유로화가 등장했고 유럽중앙은행ECB도 설립됐지만, 이것들은 각각 EMS 시대의 마르크와 독일 연방은행의 확대판에 불과하다. 그나마 EMS 시절에는 독일과 협상이라도 했지만 이제 유로존 회원국들에게는 그럴 권한조차 없다. 이미 통화 주권은 EU, ECB에 넘어가 있고, 이들 기구의 최종 결재권자는 결국 독일 정부이기 때문이다.

만약 독일이 유로존 내 진정한 헤게모니 국가라면, 지금 같은 위기 상황에서는 독일 국내외에서 동시에 과감한 확장 정책을 단행했을 것이다. 독일 내에서 수요를 확대해 다른 유럽 국가의 수출 산업에 활로를 열어줬을 것이며 동시에 유럽 전체의 투자 확대로 낙후 지역이나 위기 국가를 지원했을 것이다. 하지만, 예전에도 그랬던 것처럼, 독일은 그럴 의향이 없다. 다른 유럽 국가들과의 교역에서 수지收支 흑자를 즐기면서 오로지 유로화 통화가치 안정의 관리자 역할을 고수하려 할 뿐이다. 이것이 프랑스의 도움을 받아 구축된 독일 중심 유럽 통화 질서의 실상이다.

유럽 좌파 전체가 직시해야 할 현실

이번 그리스 재정위기는 이러한 유로존의 모순을 더없이 적나라하게 폭로하고 있다. 그래서 총선을 앞둔 그리스 좌파 사이에서 유로와 EU 문제가 그토록 뜨거운 쟁점이 된 것이다. 과연 어떤 길을 선택해야 할까? 그리스 공산당이 주장하는 대로 유로존을 탈퇴해야 할까? 하지만 이것은 혼란을 동반할 게 빤한 미지의 길을 향해 나아가는 것이다. 아니면, 급진좌파연합의 주장처럼 유로존·EU에 머물며 그것을 내부에서 뜯어고쳐야 하는가? 하지만 이것은 독일이 크게 바뀌어야 한다는 것을 전제로 한다. 어느 것 하나 쉬운 길이 없다.

그러나 이런 어려운 물음에 직면하는 것이 앞으로 그리스만은 아닐 것이다. 유럽 좌파 일부가 동참해 만들어놓은 이 혼돈은 결국 유럽 좌파 전체가 직시해야 할 현실이다. 말하자면, 지금 그리스 민중은 단순히 국가 부채를 짊어지고 있는 게 아니다. 유럽 민중 전체가 떠안아야 할, 그리고 결국은 떠안게 될 역사의 짐을 홀로 먼저 지고 있을 뿐이다.

02

미테랑 이후 30년,
올랑드의 도전

한국이 19대 총선으로 뜨거울 즈음에, 프랑스는 대선 열기로 한창 달아오르고 있었다. 프랑스에서는 2012년 4월 22일에 대통령 선거 1차 투표가 실시됐다. 프랑스는 1차 투표에서 과반 득표자가 없으면 결선 투표를 치른다. 제5공화국 헌법 제정 이후 프랑스에서 결선 투표 없이 대통령 당선자를 낸 적은 없다. 이번에도 마찬가지였다.

누가 결선 투표에서 맞붙을지는 결정된 것이나 다름없었다. 보통 결선에는 드골주의 우파와 사회당 주자가 올라간다. 사고가 한 번 있기는 했다. 2002년 대선에서 사회당의 리오넬 조스팽 후보가 3위로 미끄러지고 대신 극우파인 국민전선의 장 마리 르펜이 우파 자크 시라크 후보와 맞붙게 돼서 프랑스 사회가 크게 시끄러웠던 적이 있다. 그러나 이번에는 그런 일은 없었다. 선거가 철저히 양강 구도로 진행

됐기 때문이다.

단지 양강 구도일 뿐만 아니라 승자도 어느 정도는 결정된 것 아니냐는 관측이 우세했다. 그 전해 10월 프랑수아 올랑드가 사회당 대선 후보로 확정된 이후 그는 여론조사에서 부동의 1위를 고수했다. 현직 대통령이자 우파의 대표 주자 니콜라 사르코지가 많이 따라잡기는 했다. 하지만 올랑드-사르코지 양자 대결 구도에서는 올랑드가 10% 이상의 격차를 유지하며 사르코지를 따돌렸다. 2012년 4월 1차 선거에서 올랑드 후보가 28.63%, 사르코지 후보가 27.18%를 득표해 결선에 진출했다. 둘의 접전 말고 관심을 불러일으킨 것은 국민전선 마린 르펜(장 마리 르펜의 딸) 후보의 바람이었다. 그녀는 17.90%를 얻어 3위를 기록했다. 좌파전선의 장 뤽 멜랑숑 후보는 기대보다는 좀 낮은 11.10%를 얻었다. 5월 결선에서 올랑드는 51.64%를 획득해 마침내 현직 대통령 사르코지를 누르고 정권 교체를 이뤄냈다.

사회당 대선 공약의 역사적 흐름

사실 2008년 금융위기 이후 유럽 모든 나라의 선거에서 정권 교체는 거의 철칙이었다. 좌우를 가리지 않고 여당은 심판 대상이었고 그 반사이익이 야당에 돌아갔다. 프랑스도 이 법칙에서 예외가 아니었다. 경제 위기에 대한 불만이 '정권 심판'론으로, '반反사르코지' 정서로 치환돼 나타났다.

그런데 프랑스 대선에는 좀 '다른' 구석이 있었다. 뭔가 심상치 않은 장면들이 우리 눈앞에 펼쳐졌다. 그중 하나가 올랑드 후보에 대한 다른 유럽 주요국 정부의 싸늘한 눈길이었다.

앙겔라 메르켈 독일 총리는 공공연히 사르코지 지지를 선언했고, 올랑드 후보가 영국 주재 프랑스인들에 대한 선거운동차 런던에 방문했을 때 데이비드 캐머런 영국 총리도 무시로 일관했다. 비록 각국 정부가 부인하기는 했지만, 독일의 『슈피겔』지는 프랑스·독일·스페인 정부가 올랑드 후보를 '왕따'하기로 묵계했다는 기사를 내기까지 했다.

전례 없는 일이었다. 당선 가능성이 높은 후보라면 당선 이전에라도 국빈 대접을 받는 게 상례다. 더구나 상당한 후보 간 격차를 보이는 타국 대선에 대해 특정 후보(그것도 2위 후보) 지지 의사를 밝히는 것은 누가 봐도 위험천만한 도박이다. 그런데 유럽에서는 이런 일이 벌어졌다. 고만고만한 나라들 중 하나도 아닌 유럽 제2의 강국 프랑스를 놓고 말이다.

문제는 아무래도 올랑드의 공약 때문이었던 것 같다. 더 정확히 말하면, 사회당 대선 공약에 분명하게 혹은 그림자처럼 반영돼 있는 역사적 흐름이 문제라고 해야 할 것이다. 대선후보 올랑드를 둘러싼 대중적 분위기는 지난 몇십 년간 프랑스 사회당 대선후보들(조스팽이나 세골렌 루아얄)이 대변하던 것과는 확실히 다른 데가 있었다. 독일이나 영국 우파 정부는 이게 못내 불안했던 것이다. 도대체 그의 공약이 어떻기에 그랬던 걸까?

이 상황을 제대로 이해하자면, 우선 대선 공약이 등장하기까지의 전사前史를 살펴보아야 한다. 사회당 대선후보 경선이 그 직접적인 출발점이다. 대선후보로 거의 정해진 것이나 진배없던 도미니크 스트로스-칸 IMF 총재가 성폭행 혐의로 출마를 포기하면서 당내 경선은 갑자기 활기를 띠기 시작했다.

　사회당 역사상 처음으로 비당원들이 대거 참여하는 오픈 프라이머리 형태로 치러진 것도 흥행에 한몫했다. 이러한 경선 과정의 역동성은 2007년 대선후보이자 올랑드의 과거 동거인이었던 루아얄이 7% 정도의 득표에 그쳐 초반에 낙마하는 모습으로 나타나기도 했다.

올랑드 "진정한 적수는 금융계"

　이 경선에서 올랑드가 마르틴 오브리(자크 들로르의 딸이다)를 누르며 대선후보 자리를 거머쥐었다. 그런데 정작 돌풍의 주역은 따로 있었다. 1차 투표에서 17%를 얻어 당당히 3위를 기록한 아르노 몽트부르가 바로 그 주인공이었다. 경선 시작할 때만 해도 5% 정도의 지지에 그쳤던 그가 루아얄 같은 거물을 누르며 결선 투표의 캐스팅 보트를 쥐게 된 것은 누가 봐도 이변이었다.

　이러한 몽트부르 바람의 중심에 그의 공약이 있었다. 몽트부르는 평소에도 사회당 안의 젊은 전투파로 자주 논란의 한 가운데에 서곤 했다. 이번 경선에서도 그는 은행을 국유화해 신자유주의 금융 세력에 맞서겠다는 공약으로 논란을 불러일으켰다.

　어떤 이들에게는 이것이 사회당의 대선 승리에 암초 역할을 할 위험천만한 선동으로만 보였지만, 오픈 프라이머리에 참여한 많은 시민들에게는 그렇지 않았다. 그들은 몽트부르야말로 금융위기 이후의 프랑스 사회에 사회당이 반드시 던져야 할 비전을 제대로 던진 것으로 보

금융자본과 대기업 등 기득권을 제어하길 원하는 프랑스의 '99%'들은 대선에서 올랑드를 지지했다. 올랑드는 지난 30년간 가장 좌파적인 정책을 내걸고 당당히 대통령에 당선됐다.

았다. 따라서 비록 몽트부르 자신이 아니더라도 사회당 대선후보라면 그게 올랑드든 오브리든 이런 분위기의 대변자로 나서지 않으면 안 되게끔 되었다.

올랑드는 2012년 1월에 대선 공약 「프랑스를 위한 60가지 우선 정책」을 발표했다. 30년 전 1981년 대선에서 또 다른 프랑수아(미테랑)는 「프랑스를 위한 110가지 제안」이라는, 비슷한 제목의 정책 청사진을 제시한 바 있다. 「110가지 제안」 안에는 '9대 제조업 그룹과 주요 은행 국유화'도 포함되어 있었다. 그때의 프랑수아는 집권 후 1년 만에 이 공약을 모두 실제로 집행했다.

어떤 이들에게는 참으로 다행스럽게도(?), 「60가지 우선 정책」 안에는 '국유화'라는 단어는 없었다. 몽트부르의 '은행 국유화' 공약은 일단 수면 밑으로 잠복했다. 하지만 몽트부르의 공약이 뜨거운 박수를 받은 분위기는 이번 대선 공약 안에 뚜렷이 새겨졌다. 「60가지 우선 정책」은 투자은행과 상업은행을 엄격히 분리하자고 한다. 신자유주의의 핵심 주체인 금융 세력에 족쇄를 채우겠다는 것이다.

또한 모든 금융 거래에 과세하자고 한다. 민간 은행을 국유화하지는 않지만 대신 공공투자 은행을 새로 설립해서 금융에 적극 개입하겠다고도 한다. 올랑드 후보는 이러한 경제 공약의 노림수를 한 문장으로 간단명료하게 요약했다. "나의 진정한 적수는 금융계에 있다." 사르코지가 아니라 말이다.

그렇다고 올랑드의 공약이 경천동지할 만큼 급진적인 것은 아니었다. 오히려 아주 조심스럽다고 하는 게 맞다. 과거 「110가지 제안」식의 국유화 공약만 빠져 있는 게 아니었다. 1981년에 약속했던 케인스주의적 확대 정책도 이번에는 수줍게 얼굴만 비치는 수준이었다.

올랑드는 교육 분야에서 6만 명을 새로 채용하고 젊은이들에게 15만 개의 새 일자리를 제공하겠다고 했다. 우파 정부 아래서 연장되었던 정년을 미테랑 시절처럼 60세로 돌리겠디고도 했나. 60만 가구를 대상으로 에너지 효율화와 기후 변화 대비를 위해 공적인 주거 리모델링 사업을 벌이겠다는 공약도 있었다.

지배층, 대중의 움직임에 더 근본적인 우려

하지만 여기까지다. 대대적인 공공투자나 노동시간의 획기적 단축 같은 것은 없다. 좌파 후보가 으레 약속하던 최저임금이나 복지급여 인상은 이번에는 자취도 없었다. 적자 재정으로 읽힐 수 있는 공약은 모두 철저히 제외됐다.

대신 '균형' 재정을 강조했다. 프랑스를 비롯해 유럽 곳곳이 재정위기의 소용돌이에 휩싸여 있으니 그럴 수밖에 없겠다는 생각도 든다. 이 정도 내용인데도 우파 후보들은 사회당 공약이 재정 상황을 악화시킬 것이라고 공격하고 나섰다.

한데 다름 아닌 이 '균형' 재정론이 또 다른 방향에서 기득권 세력의 심기를 건드렸다. 「60가지 우선 정책」이 재정 균형을 달성할 방법을 복지 지출 삭감이 아니라 세수 확대에서 찾기 때문이다. 향후 5년간 공약 실현에 필요한 200억 유로(약 30조 원)를 확보할 방안은 세제 신설과 최고 세율 인상, 각종 면세 제도 철폐의 기다란 목록이었다. 위에 이미 소개한 모든 금융 거래에 대한 과세도 그중 일부였다.

프랑스의 부유층에게는 한마디로 '세금 폭탄'이라 할 만했다. 올랑드의 공약대로 된다면, 15만 유로(약 2억2000만 원) 이상 소득자는 최고세율이 40%에서 45%로 오르게 된다. 대기업은 법인세가 35%로 는다. 비정규직 노동자 비중이 높은 기업도 더 많은 세금을 물게 된다. 부유세도 인상될 예정이다.

반면에 소득 공제 총액은 1인당 1만 유로를 넘을 수 없게 된다. 40억 유로에 달하는 정부의 대기업 지원 프로그램도 폐지될 것이다. 이렇게, 중간층 이하의 과세 부담은 줄이거나 동결하되 부자 증세를 철저히 실시한다는 것이 사회당의 입장이었다.

벌써부터 부자들이 프랑스를 떠나 외국으로 빠져나가고 있다는 이야기가 들릴 정도였다. 같은 프랑스어권인 이웃 벨기에, 스위스 등으로 국적을 옮기고 있다는 것이었다. 기득권층이 두려워한 것은 단지 사회당 올랑드 후보의 당선만이 아니었다. 당선자가 선거 공약을 실제 추진할 수밖에 없게 만들 대중의 움직임이 더 근본적인 우려 대상이었다. 설령 올랑드 정부가 들어서지 않는다 하더라도 부자 증세와 금융 및 대기업 규제는 피할 수 없는 분위기가 된 것이다.

결국, 유럽의 우파 정부들이 경계하거나 훈육하려 한 것은 단순히 올랑드 개인이나 프랑스 사회당이 아니었다. 참으로 두려운 야수는 올랑드 선거운동의 배후에 도사린 '99%'의 격앙된 민심이었다. 프랑스 대선을 둘러싼 주변국 정상들의 무례한 반응은 이 야수를 길들이려는 필사적인 노력을 보여준다.

더구나 프랑스 대선을 시발로 2013년까지 유럽 곳곳에서는 정권의 향배를 결정할 주요 선거가 잇따를 예정이었다. 프랑스 대선 결과가 프랑스 한 나라에 그치지 않고 이후 다른 여러 나라의 선거에 신호탄이 될 수밖에 없었던 조건인 것이다. 당장 몇 달 뒤에 있을 그리스 총선에 바람을 몰고 올 것이고, 유럽 재정 정책에 대한 아일랜드 국민투표에도 영향을 끼칠 것이며, 독일 총선에도 커다란 변수가 될 수 있었다.

따라서 초장에 야수를 제압하는 것 외에는 다른 길이 없었다. 하지만 그게 과연 쉽게 가능한 일인가. 선거 결과가 초국적인 사회 세력 관계의 격동, 더 나아가 역사의 심원한 방향 전환과 맞물릴지 모른다는 이 소름 끼치는 전망 앞에서 초조와 우울이 유럽 엘리트들의 밀실을 엄습했던 것이다.

당선 이후의 실망스러운 행보

이런 배경 아래 올랑드는 대통령에 당선됐다. 프랑스 제5공화국의 법체계는 대통령을 배출한 정당에게 아주 유리한 기회를 제공한다. 대선 직후 총선(하원)을 실시하게 돼 있다. 대통령을 당선시킨 정치세력에게 입법부를 장악할 기회까지 주는 것이다. 실제로 사회당이 녹색당(정식 명칭은 '유럽 생태주의-녹색'), 급진좌파당 등 동맹 정당들과 함께 총 541석 중 306석을 획득해 정국을 주도할 수 있는 안정 과반수를 확보했다.

그러나 막상 올랑드 정부의 성적은 참담하기만 하다. 복지의 뚜렷한 확대 없이 재정 적자 해결을 위해서만 증세를 추진하다 보니 반발이 만만치 않다. 이주민 인권에 대해서도 갈지자 행보를 보여 좌우 양쪽으로부터 협공을 당하는 신세다. 요즘 올랑드 대통령은 역대 프랑스 대통령 중 최악의 지지도를 기록하고 있다.

이에 반해 르펜의 인기는 수직 상승하고 있다. 중도좌파가 실패한 자리에서 극우파의 약진이 나타나고 있는 것이다. 프랑스 기득권 세력은 자신들이 야수라고 생각한 힘을 억제하는 데 확실히 성공했지만, 바로 이 성공으로 인해 지금 진짜 야수가 깨어나고 있다.

03

그리스 총선,
자본에 대한 대중의
역풍이 불다

2012년 5월 6일 전세계의 눈길이 프랑스 대선 결선투표로 향했다. 그런데 같은 날 유럽의 다른 곳에서 프랑스 대선만큼이나 중요한 또 다른 선거가 실시됐다. 바로 그리스 총선이었다.

최근 그리스 분위기가 어떤지는 외신을 통해 우리나라에도 어느 정도 알려져 있다. 그리스는 신자유주의 금융위기가 재정위기 형태로 폭발한 대표적인 나라이고, 이 때문에 유럽중앙은행ECB, 유럽연합 회원국들 그리고 IMF로부터 구제금융을 제공받아야 하게 되었다. 그런데 ECB-EU-IMF '트로이카'는 구제금융 대가로 고강도 긴축정책을 요구했다.

그 결과 그리스 사회는 붕괴 일로에 놓이게 되었다. 노동자들의 임금이 대폭 삭감되고 실업률이 폭등하고 복지급여 지급은 중단됐다.

유럽중앙은행, 유럽연합 회원국 그리고 IMF는 경제위기에 빠진 그리스에 구제금융을 제공하면서 혹독한 긴축재정을 실시하라고 요구했다. 그로 인해 삶이 파탄 나게 된 그리스 민중들은 거리로 나와 격렬한 시위를 벌였다

자살, 격렬한 가두시위와 파업이 이 나라의 새로운 일상 풍경이 되었다. 그리스가 자랑하는 노老 작곡가 미키스 테오도라키스가 젊은이들을 이끌고 의회에 쳐들어가 "혁명!"을 외치는 장면이 그리스에서는 이제 별로 놀랄 만한 일도 아니다.

이런 대중의 분위기가 결국 총선 결과로 폭발했다. 70년대 민주화 이후 수십 년간 번갈아 정권을 잡아온 양대 정당 중 하나인 중도우파 '신민주주의(이하 ND)'가 제1당이 되기는 했지만, 득표율은 18.85%에 불과했다. 지난 2009년 총선의 33.47%에 비해 절반 수준으로 지지율이 급락한 것이다. 양대 정당 중 중도좌파인 '범그리스사회주의운동(이하 PASOK)'은 더 처참한 결과를 얻었다. 이 당은 지난번 총선에서는 제1당이 되어 권력을 잡았었다. 그러나 이번에는 고작 13.18%를 얻어 제3당이 되는 데 그쳤다.

ND와 PASOK 모두 구제금융 협상과 그 결과인 초긴축정책을 추진한 정당들이다. 대중은 이에 대해 '아니야'라고 외친 것이다. 누구도 선거에서 심판받은 것이 이 두 당과 이들의 긴축정책이라는 것을 부인하지 못한다.

반면 총선 이후 가장 주목받은 것은 제2당으로 급부상한 '급진좌파연합SYRIZA'이다. 지난 선거에서 불과 4.6%를 얻었던 이 당은 이번에 16.78%를 득표했다. 1974년생인 이 당의 젊은 대표 알렉시스 치프라스는 5월 9일, 차기 정부 구성 권한을 부여받고 '반긴축 좌파 연정'을 추진했다. 치프라스 자신의 표현대로 '평화적 혁명'에 준하는 사태가 벌어진 것이다.

범그리스사회주의운동PASOK의 몰락, 급진좌파연합SYRIZA의 도약

급진좌파연합에 대해 제대로 이해하려면 그리스 좌파 역사를 잠깐 살펴볼 필요가 있다. 그리스는 제2차 세계대전 때 나치 독일의 점령 아래 놓였다. 이때 항독抗獨 레지스탕스를 주도한 것이, 프랑스나 이탈리아의 경우와 마찬가지로, 공산당이었다. 그래서 제2차 세계대전 직후, 공산당은 그리스 사회에서 광범한 지지를 받았다.

하지만 곧바로 탄압이 시작되었다. 스탈린이 영국의 처칠과 협상하면서 그리스를 서방 관할 구역으로 내주었기 때문이다. 이 때문에 몇 년간 치열한 내전이 벌어졌다. 어찌 보면 같은 시기 한반도의 역사와 많이 닮았다. 공산당은 내전에서 패한 이후 비합법 정당 신세가 되었다. 그러나 한반도와는 달리 내전이 분단으로 이어지지는 않았기 때문에 좌파의 역사가 완전히 단절되는 사태는 일어나지 않았다. 그래서 내전 이후에도 좌파의 역량이 상당 부분 유지되었다.

그리스는 1960년대 말부터 1970년대 초까지 군부독재 아래 있었다. 이때 좌파가 대중적으로 다시 부활하게 된다. 다양한 비공산당 좌파들, 즉 사회민주주의자·마오주의자·트로츠키주의자들이 등장했다. 이 중 사회민주주의자들이 건설한 범그리스사회주의운동PASOK이 1970년대 민주화 과정에서 양대 정당 중 하나로 부상해 이제까지 ND와 함께 그리스 사회를 이끌어왔다.

공산당도 반독재 투쟁 과정에서 비록 지하에서나마 활발한 활동을 전개했다. 그런데 이 과정에서 당이 두 개로 나눠진다. 하나는 '국제파'인데, 정확히 말하면 '친소파'다. 국제파의 주요 구성원들은 지하당 시절 소련에 망명해 활동한 이들이었다. 이들은 '종소주의'라 해야 할 정도로 소련 공산당 노선에 충실했고, 소련의 이해를 노동자계급 국제주의와 등치시켰다.

반면 '국내파'는 그리스 국내에서 오랫동안 지하 활동을 했던 이들이 주축이었다. 이들은 그리스 국내 사정에 충실한 노선을 원했고, 그래서 국제파와 치열한 논쟁을 벌이지 않을 수 없었다. 국내파의 입장을 대변한 것이 저명한 마르크스주의 정치학자 니코스 풀란차스였다. 풀란차스는 국가기구 바깥의 대중 투쟁과 국가기구 내부에서 국가를 변형시키는 활동을 서로 결합하는 '민주적 사회주의' 노선을 주창했다.

어찌 보면 한국의 NL-PD 논쟁과도 좀 닮은 구석이 있다. 아무튼 군부독재 기간에 '국제파 공산당'과 '국내파 공산당'이 서로 나눠져서 두 개의 공산당이 존재하게 된다. 민주화 이후 두 당 모두 합법화되지만 분열의 한계로 좌파의 제1당 지위를 PASOK에 내줘야 했다.

두 공산당은 이런 상황을 극복하기 위해 나름의 노력들을 펼친다. 이 과정에서 등장한 것이 1988년에 결성된 '좌파진보연합'이다. 이 조직은 두 공산당과 여타 좌파 조직들이 함께 결성한 일종의 연합전선이다. 좌파진보연합은 사회주의 이념과 함께 생태주의, 여성주의를 강조하며 PASOK과 구별되는 대중적 좌파 구심을 건설하려 했다.

그런데 '국제파 공산당', 즉 현재의 그리스 공산당KKE이 이 실험에서 돌연 철수한다. 구 '국내파 공산당'을 중심으로 좌파진보연합을 단순한 정당연합이 아니라 하나의 새로운 좌파정당으로 전환하기로 결정했는데, 여기에 반발한 것이다. 이후 공산당은 노동조합운동 안에 똬리를 틀고 다른 모든 좌파 세력에 대해 문호를 닫은 채 교조주의적 태도를 고집하게 된다.

반면 좌파진보연합의 잔류 세력들은 '좌파운동 생태주의 연합(Synaspismós, 이하 '좌파생태연합')'이라는 새로운 이름으로 좌파 녹색 정당 노선을 걷기 시작한다. 하지만 노동조합운동에 지분을 확보해놓고 있던 공산당에 비해 당세가 계속 미약했고, 그래서 좌파 내 제3당이라는 소수 정당의 위치에 머물러야 했다.

'급진좌파연합'은 이 좌파생태연합의 '재창당' 프로젝트로 등장했다. 좌파생태연합이 다른 당으로 바뀐 것은 아니었다. 하지만 2004년 총선을 계기로 다시 당 바깥의 생태주의 세력, 트로츠키주의 정파, 마오주의 정파들을 결합시켜 새로운 정당연합 '급진좌파연합'을 출범시켰다. 좌파생태연합은 여전히 독자 정당이면서도 급진좌파연합 내의 한 정파처럼 활동했다. 역으로 급진좌파연합은 정당연합이면서 마치 하나의 독자 정당인 것처럼 움직였다. 우리에게는 참으로 낯선 정당운동 형태다.

이렇게 탄생한 급진좌파연합도 여전히 당세가 공산당에 미치지는 못했다. 2009년 총선에서는 선거 전 여론조사에서 원외 정당으로 추락할 위험이 예상되었으나 원내 진출 하한선을 가까스로 넘어 기사회생하기도 했다. 기사회생의 1등 공신이 바로 젊은 당대표 알렉시스 치프라스였다. 치프라스는 2006년 32세의 나이로 아테네 시장 선거에 나가 돌풍을 일으켜(10.51%) 급진좌파연합의 지도자로 떠올랐다. 10대 때부터 국내파 공산당 당원으로 활동하며 성장한 인물이다.

치프라스의 연정 구성 5대 조건, 유럽을 흔들다

종선 전에도 급진좌파연합은 다시 위기에 빠졌었다. 그리스 사회의 위기 속에서 급진좌파연합이 전반적으로 좌경화하자 이에 반발한 좌파생태연합의 원로들 일부가 탈당해서 '민주좌파'라는 새 정당을 만들었다. 한때 여론조사에서 급진좌파연합의 지지층 상당수가 민주좌파로 이동하는 양상이 나타나기도 했다.

그러나 총선을 앞두고 반긴축 좌파 유권자들은 급진좌파연합으로 결집하기 시작했다. 공산당은 너무 종파적이고 민주좌파는 PASOK

과의 차이가 뚜렷하지 않다고 생각한 유권자들이 치프라스의 확고한 지도력 아래서 그간 비정규직·청년 시위에 적극 결합해온 급진좌파연합을 ND-PASOK 심판, 긴축정책 심판의 도구로 선택한 것이다.

좌파 유권자들이 공산당보다는 급진좌파연합에 쏠린 데는 두 정당의 위기 해법의 차이도 커다란 역할을 했다. 공산당은 그리스가 지금 당장 유로존에서 탈퇴해야 한다는 입장을 내놓은 반면 급진좌파연합은 일단 지금은 재협상을 요구해야 한다는 입장을 제시했다. 물론 급진좌파연합 내에도 상당수 분파가 '채무 불이행-유로존 탈퇴'를 주장하고 있다. 하지만 전반적인 당론은 재협상 요구 이후에 상황에 따라 유로존 탈퇴 가능성을 고려하는 게 맞다는 쪽이다. 이 정도만 해도 독일을 비롯한 유럽연합 엘리트들에게는 청천벽력과 같은 위협이다. 실제로 지금 치프라스의 한마디 한마디가 유럽 금융시장을 요동시키고 있다.

ND가 제1당임에도 불구하고 정부 구성을 포기하자 그리스 대통령은 치프라스에게 조각권을 넘겼다. 치프라스는 ND, PASOK이 구제금융 협정을 폐기하는 데 동의하면 연정 구성을 함께 논의할 수 있다는 입장을 밝혔지만, ND는 예상대로 이런 입장에 동의할 수 없음을 분명히 했다. 치프라스는 연정을 함께 구성하는 데 필요한 5대 조건을 제시했다. 그 내용은 이렇다.

첫째, 연금·임금 삭감 등 그리스인들을 빈곤으로 몰아넣고 있는 모든 조치들의 즉각적인 철폐.

둘째, 노사 단체협상 파기 등 노동자의 권리를 근본적으로 위협하는 모든 조치들의 즉각적인 철폐.

셋째, 의원 면책특권의 즉각적인 철폐. 그리고 최대 득표 정당에게 50석을 추가로 몰아주는 현행 선거법 개혁.

넷째, 그리스 은행들에 대한 감사 및 그 결과의 공표.(사실상의 국유화 전단계 조치)

다섯째, 그리스 국채에 대해 국제적으로 감사 및 그 결과 공표 전까지 모든 채무에 대한 모라토리움 선언.

유럽연합 엘리트들이 도저히 받아들이기 힘든 내용이었고, ND·PASOK 등 기존 정당들이 쉽게 동의할 수 없는 조건들이었다. 그리스 정당들 중에서는 민주좌파만이 유일하게 치프라스의 조건에 전폭적으로 동의를 표했다. 공산당은 급진좌파연합의 좌파 연정 구성 제안에도 불구하고 치프라스를 만나주지 않았다. 결국 이런 상황은 6월의 재총선으로 이어졌다. 그러나 급진좌파연합을 통해 세계를 향해 외친 그리스 민중의 목소리는 이미 분명했다. 그리고 이 목소리는 그 어느 때보다도 전세계 기득권 세력의 주목을 받았다.

좌파가 떠오르는 까닭

연립정부는 결국 구성되지 못했고, 그 결과 그리스는 한 달 뒤 다시 총선을 실시해야 했다. 6월의 2차 총선은 그리스를 넘어서 전 유럽의 격전장이 되었다. 유럽의 모든 정치, 경제 엘리트들이 ND의 뒤에 포진해 지원 사격을 퍼부었다. 반면 급진좌파연합은 신자유주의에 염증을 느낀 각국 민중의 관심과 격려를 한 몸에 받았다. 영국 신문『가디언』은 급진좌파연합을 '벤 좌파의 복귀'라 평했다. '벤 좌파'란 1970~1980년대 초에 영국 노동당 안에서 탈자본주의 급진 개혁을 주창한 토니 벤 하원의원과 그 주위의 신좌파 세력을 말한다. 한때 신자유주의에 굴복한 것으로만 보였던 유럽 좌파 안에 한 세대 전의 급진 개혁 흐름이 부활한 것이다.

아쉽게도 접전 끝에 권력을 거머쥔 것은 ND였다. 가까스로 29.66%를 얻은 ND가 PASOK, 민주좌파와 함께 연립정부를 결성했다. 한편 26.89%를 얻은 급진좌파연합은, 비록 집권에는 실패했지만, 제1야당이자 그리스 좌파 내 최대 정당으로 급부상했다. 과거 ND 대 PASOK의 양당 구도는 삽시간에 ND 대 급진좌파연합의 구도로 바뀌었다.

지금도 그리스는 재정위기의 여진에서 벗어나지 못하고 있으며 여론조사에서는 ND와 급진좌파연합의 지지도가 계속 엎치락뒤치락하고 있다. 이 와중에 다른 한편에서는 극우 파시스트 정당 '황금새벽'이 약진하는 불안한 조짐도 나타난다.

혹자는 이런 사태 전개를 놓고 나치 집권 직전의 독일 바이마르 공화국 같다고 한탄한다. 급진좌파연합 같은 '극좌' 정당이 26.89%를 득표하고 나치 정당인 '황금새벽'이 제3당으로까지 부상하는 것은 과연 1930년대 벽두의 독일을 연상시키는 측면이 있다. 하지만 이런 시각은 지나치게 '정치학 편향'적인 것이다. 이러한 정치적 반응이 나오게 된 사회경제적 측면을 간과해선 안 된다. 이 사회경제적 위기를 해결하지 않고서는 '좌파 극단주의'를 욕하고 '우파 극단주의'를 우려하는 것이 한가한 논평가들의 호사에 지나지 않을 것이다.

오히려 우리는 유럽 자본의 지배에 대한 대중의 역공이 2012년에 고대 민주주의의 실험지인 '그리스'와 근대 민주주의 실험의 발상지인 '프랑스'에서 선거 결과로 폭발한 것에 주목해야 한다. 여기에서 뭔가 세계사적 의미를 읽어내야 한다. '민주주의'가 다시 위험한 폭발물로 다가오는 시대를 맞이하고 있다는 것, 이것은 엄청난 위험의 도래이면서 동시에 전세계의 '99%'들에게는, 그에 맞먹는 가능성의 열림을 뜻하기 때문이다.

좌파정치의 새로운 모델이 된 SYRIZA

한편 급진좌파연합SYRIZA은 2013년 7월 창당대회를 열어 하나의 정당으로 완전히 통합했다. 9년 동안의 정당연합체제를 접고 드디어 통합정당이 된 것이다. 알렉시스 치프라스는 대의원 74%의 지지를 받아 대표로 선출됐다. 당당한 새 출발이었지만, 논쟁과 긴장도 여전히 존재한다. 대의원 2/3의 지지로 외채 재협상 추진이라는 기존 입장을 재확인했지만, 1/3은 유로존 탈퇴를 주장하는 '좌파 강령' 경향을 지지했다. '좌파 강령' 경향은 파나요티스 라파자니스 의원을 중심으로 만만치 않은 당 내외 영향력을 과시하고 있다.

그리스 바깥에서는 이렇게 성장한 급진좌파연합이 좌파정치의 새로운 모델로까지 부상했다. 유럽 곳곳에서 신흥 좌파 세력들이 저마다 자기네 나라의 SYRIZA가 되겠다며 기염을 토하고 있다. 유럽 변두리의 주목받지 못하던 소수 세력이 일약 전 유럽 좌파의 상징적 구심으로 떠오른 것이다. 유럽의회에서 각국 급진 좌파 정당을 대표하는 '유럽 좌파당'은 급기야 치프라스 대표를 2014년 유럽의회 선거의 유럽연합 집행위원장 후보로 지명했다. 치프라스는 후보직을 수락하면서 이렇게 말했다. "유럽에는 긴축과 불황에 맞서는 연합전선이, 북유럽과 남유럽의 모든 노동 대중을 잇는 연대가 필요하다." 그리스의 전투는 다시 한 번 국경을 넘어 전 유럽의 전투가 되고 있다.

04

유로존 위기에 맞선
유럽 좌파의
두 가지 해법

한국에서 총선 선거운동이 한창이던 2012년 4월 초, 스페인과 이탈리아 국채 금리가 급등했다. 잠시 진정되는 듯 보이던 유로존 재정위기가 다시 지표면 위로 화염을 내뿜었다. 이런 와중에 유로존의 열쇠를 쥔 두 나라가 동시에 선거를 치렀다.

독일과 함께 유럽연합의 기둥 격인 프랑스에서는 4월 22일의 대선 1차 투표에서 사회당의 프랑수아 올랑드 후보와 당시 대통령 니콜라 사르코지가 결선 진출 자격을 획득했다. 이어 5월 6일에 실시된 결선 투표에서 올랑드가 낙승해 대통령이 되었다.

한편 올랑드가 당선되던 날, 위기의 진원지 중 하나인 그리스에서는 총선이 실시됐는데, 정부 구성에 실패하면서 한 달 뒤 재선거가 실시됐다. 그 결과 사회민주주의 정당 PASOK(범그리스사회주의운동) 원쪽의 세 개의 급진 좌파 정당, 즉 그리스 공산당, 민주좌파, 급진좌파연합이 총 151석의 의석 중 절반 가까이 차지했고, 급진좌파연합이 제2당으로 약진했다. 물론 제1당의 자리는 우파 정당 ND(신민주주의)에게 돌아갔고 이들을 중심으로 연립내각이 구성됐다. 하지만 이 정부는 의석수로나 사회적 지지 기반으로나 약체일 수밖에 없는 운명이다.

이 두 나라의 정치적 변화는 앞으로 유로존 위기의 전개에도 중요한 변곡점이 될 것이다. 결과에 따라서는 어쩌면 향후 몇십 년간 세계인의 운명에 큰 그림자를 드리울 흐름이 시작된 날로 기록될지도 모른다.

한데 과연 정권교체만으로 재정위기가 해결의 조짐을 보일 수 있을까? 좌파가 집권한다고 해서 기존 우파 정권들과는 다른 획기적인 해법을 내놓을 수 있을까? 만약 유로존 위기에 대한 좌파의 대안이 준비되어 있지 않다면, 아무리 좌파, 아니 '급진'좌파가 집권한다 해도 세상이 크게 달라질 리는 없을 것이다. 그럼 과연 유럽 좌파들은 그러한 대안을 준비하고 있는가?

"적극 개입으로 초국적 자본 통제해야"

기존의 재정위기 해법은 이미 교과서적 틀을 갖추고 있다. 혹자는 이를 '긴축, 자유화 그리고 사유화의 삼위일체'라 이름 붙이기도 한다. 그골자는 유로존 내 중심부 국가들이 위기 국가들에게 구제금융을 제공하고(사실은 그런 명목으로 자국의 채권 은행들을 구제하고) 그 담보로 긴축정책과 구조조정, 즉 공공부문 사유화와 노동시장 유연화를 요구하

유럽 경제위기에 맞선 좌파의 대안은 크게 두 가지로 나뉜다. 하나는 유로존을 유지하면서 유럽연합의 제도적 틀을 활용해 위기에서 탈출하려는 시도고, 다른 하나는 재정위기 국가들이 유로존에서 탈퇴하고 더 나아가 통화 연합 자체를 해체시키자는 제안이다. 유로존은 과연 유지될 것인가, 해체될 것인가.

는 것이다. 1997년에 IMF가 한국에 요구한 것과 크게 다르지 않다.

이와는 다른 방식으로 위기를 해결하려는 좌파의 대안은 크게 두 흐름으로 나뉜다. 하나는 유로존을 유지하면서 유럽연합의 제도적 틀을 활용해 위기에서 탈출하려는 시도다('유럽-활용/변형'론). 그리고 다른 하나는 재정위기 국가들(대개 유로존 내 주변부 국가들)을 통화 연합이라는 올가미에서 해방시키기 위해 유로존에서 탈퇴하고 더 나아가 통화 연합 자체를 해체시키자는 제안이다('유럽-탈출/해체'론).

우선 '유럽-활용/변형'론부터 살펴보자. 이 입장의 대표적인 논자로는 영국의 스튜어트 홀랜드를 들 수 있다. 홀랜드는 유럽 좌파에게는 이미 상당히 이름이 알려진 인물이다. 그는 신자유주의의 태동기인 1970년대에 신자유주의 지구화의 주체인 초국적 자본을 제어할 좌파적 구조개혁 대안을 제시한 바 있다. 앞으로는 케인스주의적 복지국가를 유지하기 위해서도 국가가 전략적 국유화와 계획 협약 등 더욱 적극적인 경제 개입을 통해 초국적 자본을 통제해야만 한다는 것이었다.

하지만 당시 영국 노동당은 그의 제안을 선거 공약에는 담았으나 집권 이후 진지하게 추진하지는 않았고, 이후 역사는 우리가 잘 아는 바대로 초국적 자본의 승리의 기록이 되었다. 이런 실패를 맛본 뒤에 홀랜드는 관심을 영국 한 나라가 아닌 유럽연합으로 확대했다. 일국적 구조개혁 대안이 실패했다면 이제는 유럽연합이라는 다국적 틀을 통해 초국적 자본을 제압할 수밖에 없다는 판단이었다. 이후 그는 자크 들로르 유럽연합 집행위원장 의장의 자문 역을 맡으면서 끊임없이 유럽 차원의 불황 극복책을 제안했다.

이번에 그가 그리스 경제학자 야니스 바루파키스(아테네대학 교수)와 함께 제시한 대안도 이러한 일관된 노력의 연장선 위에 있다. 홀랜드는 현재의 유럽 재정위기는 오직 미국 뉴딜식 해법으로만 진정시킬 수 있다고 진단한다. 대공황 당시 루스벨트 정부는 지금의 유럽연합처럼 주정부의 투자 지출을 강제로 줄이거나 과세 부담을 늘리는 짓은 하지 않았다. 연방정부가 책임지는 재무부 채권을 발행해서 그 자금으로 각 주의 투자를 늘리고 경기를 활성화시켰다.

두 종류의 EU 채권 발행으로 유럽 차원의 재정 확대를 꾀하자

홀랜드는 유럽연합도 이런 대응 방식을 취해야 한다고 주장한다. 대공황 때 미국 연방정부가 수행한 역할을 유럽연합 기구들이 떠맡아야 한다는 것이다. 이것은 두 종류의 유럽연합 채권 발행을 통해 가능하다.

하나는 '연합채권Union Bonds'이다. 연합채권은 시장 매매용이 아니라 회원국 채무를 유럽연합 차원으로 이전하기 위한 수단이다. 유럽 안정성장협정SGP이 정한 국가 채무한도인 GDP 60% 수준을 넘어선 국채를 모두 연합 채권으로 전환해 유럽중앙은행ECB이나 유럽재정안정기금EFSF으로 이전하자는 것이다. 연합채권은 물론 기존 채권에 비해 저리로 책정될 것이며, 더 중요한 것은 이렇게 각 국 채무의 SGP 초과분을 유럽연합 기구로 이전함으로써 이제 더 이상 국제신용평가기관이 유럽연합 회원국들의 운명을 좌지우지하는 일이 없을 것이라는 점이다.

또 다른 수단은 '유로채권Eurobonds'이다. 유로채권 역시 ECB 같은 유럽연합 기구가 발행한다. 이것은 시장 매매용으로서, 중국 등의 신흥국 중앙은행이나 국부펀드가 구매할 것을 염두에 둔 것이다. 유럽연합은 이 채권 발행 수익을 모두 전 유럽적인 경기 부양책에 투입한다. 홀랜드는 특히 보건·교육·도시재생·환경·녹색기술·중소기업 지원 등에 집중 투자할 것을 제안한다. 이를 통해 중국 등 신흥국들은 유로화 붕괴를 막아서 국제 통화질서의 다원성을 유지할 수 있으니 좋고(달리 말하면 달러 패권을 약화시킬 수 있어서 좋고), 유럽 국가들은 현

위기를 극복할 '제2의 마셜 플랜'을 추진할 수 있어서 좋으니, 실현 가능성이 충분하다는 것이 홀랜드의 논지다.

이러한 전 유럽 규모의 재정 확대를 통한 위기 해결 처방은 유럽연합 무대에서 실제 일정한 지지를 얻고 있다. 프랑스 대통령 올랑드도 집권 전에는 이 방안을 지지한 바 있다. 프랑스 사회당의 노장 미셸 로카르 등 유럽 중도좌파의 거물들이 공동 서명하여 2011년 7월에 발표한 제안도 홀랜드 안과 비슷한 내용을 담고 있다. 유럽연합 주류 인사들과 밀접히 연결된 브뤼셀 소재 싱크탱크 브뤼겔 재단도 거의 유사한 제안을 내놓고 있다.

채무 불이행 선언도 대안으로 부상

하지만 이 대안에는 결정적 장애물이 존재한다. 바로 독일이다. 지금까지 독일 정부는 독일 납세자들의 추가 부담 그리고 자국 국제 수지의 변동을 동반한 어떠한 해결책도 거부해왔다. 이것이 이제까지 독일 메르켈 정부가 프랑스의 협력을 얻어 '긴축, 자유화 그리고 사유화의 삼위일체' 정식을 재정위기 국가들에 강요한 근거이기도 했다.

그래서 '유럽-활용/변형'론자들은 독일 정부를 우회한 제도 설계를 고민하지 않을 수 없다. 홀랜드의 경우는 기존 유럽 통합 조약들이 ECB나 EFSF가 채권을 발행할 수 있다고 언급하지도 않지만 또한 못한다고 규정하지도 않는다는 점, 이미 유럽투자은행EIB이 회원국 세수를 담보로 해서 독자적으로 채권을 발행한 전례가 있다는 점 등을 들어 ECB 등 유럽연합 기구가 충분히 채권 발행 주체가 될 수 있다고 주장한다. 독일 정부가 기존 조약이나 자국 부담을 근거로 반대할 이유가 없다는 것이다.

하지만 이것은 좀 궁색한 설명이다. 국채가 시장에서 유통될 수 있는 것은 결국 해당국 정부가 지급 보증 의무를 지기 때문이다. 유럽연합 기구의 채권 발행이 성공하려면, 논리적으로 유럽연합 정부가 존재하거나 아니면 유럽 내 최대 경제 강국인 독일이 그 역할을 떠맡아야 한다. 유럽연합의 '활용/변형'을 이야기하면서 독일 문제를 우회하기는 불가능하다는 이야기다.

이 때문에 좌파의 또 다른 일각에서는 '유럽-탈출/해체'론이 점점 더 관심을 끌고 있다. 다른 어느 곳보다도 위기의 현장인 그리스 등지에서 그렇다. 실제로 이러한 대안을 가장 앞서서, 가장 정연하게 발전시키고 있는 것은 코스타스 라파비차스(런던대학 동양-아프리카스쿨 교수) 같은 그리스 출신 경제학자들이다.

이들은 재정위기국 정부(물론 좌파 집권을 전제로)가 능동적으로 채무 불이행을 선언해야 한다고 주장한다. 그러고 나서 국가 채무에 대한 국제적 감사를 실시해야 한다는 것이다. 이 감사에는 노동계와 시민사회도 적극 참여해야 한다. 실제로 그리스 국채의 막대한 부분은 채권 은행들이 그리스가 SGP의 국가 채무 한도를 넘어섰음을 알면서도 대출한 '시장 실패'의 소산이다. 또한 그리스 국내법 조항을 어기며 발행된 채권이 대부분이다. 따라서 상당한 규모의 채무 탕감이 정당화될 수 있다는 것이다.

여기에서 반드시 동반되어야 할 것이 유로존 탈퇴다. 라파비차스

등은 그리스가 유로화를 버리고 자국 통화인 드라크마화로 돌아가야 한다고 주장한다. 국제적 선례도 존재한다. 아르헨티나는 1990년대에 미국 달러화에 페소화를 고정시켰다가 21세기 벽두에 치명적인 경제 위기에 빠졌다. 네스토르 키르치너의 좌파 페론주의 정부는 페소화의 통화 주권을 회복한 뒤 평가절하와 외채 재조정을 통해 경제를 회복시켰다. '유럽-탈출/해체'론자들은 그리스 역시 자국 통화로 돌아가 평가절하를 단행해서 채무 부담을 줄이고 국내 산업을 육성해 위기에서 벗어나야 한다고 제안한다.

이 과정에서 일정 기간의 혼란은 불가피하다. 하지만 그 어떤 혼란도 현재 유럽연합과 IMF가 그리스에 강요하는 긴축정책보다는 오래 가지 않을 것이며 그 고통도 덜할 것이다. 이러한 혼란을 최소화하고 역사 발전의 계기로 반전시키기 위해서 위기국 정부는 채무 불이행 선언, 유로존 탈퇴와 함께 노동 중심의 구조개혁을 병행해야 한다. 은행을 국유화하고 제조업을 집중 육성하며 기업 활동 및 경제정책 결정에 대한 노동자와 시민사회의 참여를 대폭 확대해야 한다.

결국 그리스를 비롯한 위기국들의 이러한 선택은 현재 유럽 통화 연합의 해체로 이어질 것이다. 유럽 내의 새로운 사회 세력 관계에 바탕을 두고 국제 연대 노력이 원점에서 다시 시작될 것이다.

그리스에서는 이러한 해법이 '아르헨티나 모델'이라 불리며 급진좌파 내에서 상당한 지지를 얻고 있다. 그리스 공산당이 유로존 탈퇴 입장을 당론으로 확정했고, 급진좌파연합 내에서도 일부 분파가 이를 지지하고 있다.

활용론과 탈출론 사이의 함수 관계

'유럽-활용/변형'론이든 '유럽-탈출/해체'론이든 모두 이미 소수 명망가나 학자의 주장을 넘어서 현실 정치의 의제로 올라와 있다. 아직은 둘 모두에게 시간은 남아 있다.

하지만 새 프랑스 정부의 '유럽-활용/변형' 시나리오가 과연 잘 작동할지 여부가 '유럽-탈출/해체'론이 최후의 대안으로 채택될지를 결정할 것이라는 함수 관계는 존재한다. 이 점에서 좀 더 다급한 쪽은 '유럽-활용/변형'론이고, 그 여유 시간은 앞으로 얼마 남지 않은 듯하다.

05

'국가 붕괴' 위기 멕시코,
희망의 싹을 찾아 나서다

재정위기와 프랑스, 그리스의 정권 교체 때문에 유럽이 화제의 초점이 되는 와중에 아메리카 대륙에서는 멕시코가 중대한 선거를 맞이했다. 2012년 7월 1일 멕시코에서는 대통령 선거와 상하원 총선거가 동시에 실시됐다. 멕시코는 6년 임기의 대통령과 상원의원을 함께 선출하는데, 이 해에는 3년 임기인 하원의원 선거까지 겹쳤다. 향후 6년간의 권력 지형이 한 번에 결정된 것이다.

멕시코, '국가 붕괴'의 생생한 연구 주제

이번 멕시코 선거는 여러모로 중요한 의미를 지녔다. 우선 멕시코는 21세기 들어 등장한 아메리카 대륙의 팽팽한 대립 구도에서 권력의 추가 미국 쪽으로 기우는 데 더없이 중요한 역할을 하는 나라다. 북미

자유무역지대NAFTA를 통해 미국에 단단히 묶여 있는 멕시코는 중남미 좌파 붐이 북상하는 것을 막는 방파제와도 같다. 더 나아가서는 콜롬비아와 함께 중남미 좌파 정부들의 틈바구니에서 미국이 패권을 유지할 수 있게 해주는 전초기지이기도 하다.

바로 이런 지정학적 점이지대 노릇을 하면서 멕시코 사회는 급격하게 해체되고 있다. 미국과의 국경 지대(마킬라도라)에서 번창하는 저임금 공장들 외에 이 나라의 다른 산업은 질식 상태다. 인구의 절반 이상이 빈곤선 아래의 삶을 살고 있고, 일자리가 없어서 국민의 10% 이상이 국경선 넘어 미국으로 떠나야 한다.

국경 지대는 또한 조직 범죄의 온상이기도 하다. 이 지역을 중심으로 창궐하는 마약 산업을 소탕하겠다고 정부가 군대까지 동원했는데, 이 바람에 거의 6만 명이 목숨을 잃었다. 내전 아닌 내전 상태인 것이다. 정치학자들은 이제 이 나라를 '국가 붕괴'의 생생한 사례로서 연구 주제로 삼고 있다.

이런 가운데, 대선, 총선이 한꺼번에 실시된 것이다. 그러니 사람들의 이목이 집중되지 않을 수 없다. 더구나 지난 2006년 대선에서는 치열한 좌우 접전을 펼친 바 있다. 이때 국민행동당PAN의 펠리페 칼데론이 35.89%를 얻어 당선됐지만, 민주혁명당PRD의 안드레스 마누엘 로페즈 오브라도르(이니셜을 따라서 AMLO라 불리기도 함) 후보도 35.31%를 얻어 표차가 25만 표 정도밖에 안 되었다. 이런 정세이니 많은 이들이 흥미로운 한판 승부를 예상했다.

실제 정권이 바뀔 가능성이 높았다. 여당인 국민행동당은 호세피나

바스케즈 모타라는 여성 후보를 내세웠으나 여론조사에서 한 번도 1위를 점하지 못했다. 칼데론 정부의 실정에 대한 반감이 워낙 강해 이것이 국민행동당 심판 정서로 나타난 것이다. 그래서 모타 후보도 되도록 자기 당과 거리를 두는 전략을 취했다.

야권에서는 6년 전 석패했던 로페즈 오브라도르가 다시 한 번 대선 주자로 나섰다. 이번에는 민주혁명당만의 후보가 아니라 군소 좌파 정당인 노동자당, 시민운동당이 포함된 '범진보전선'의 공동 후보였다. 2006년에 그랬던 것처럼 멕시코 사회에서 신자유주의에 반대하는 좌파 성향 유권자들은 로페즈 오브라도르를 중심으로 결집했다. 하지만 그는 '당선 가능성 1위' 후보가 아니었다. 초반에 일부 여론조사에서 1위를 기록하기는 했지만, 대부분의 경우에는 모타 후보와 2위 자리를 놓고 엎치락뒤치락했다.

6년 전보다 후퇴한 멕시코의 정치

선거가 가까워질수록 1위 자리를 굳힌 것은 제도혁명당PRI의 엔리케 페냐 니에토 후보였다. 제도혁명당도 현재 야당은 야당이다. 하지만 멕시코 역사 전체를 놓고 보면 이 당에는 '야당'이라는 표현이 그리 어울리지 않는다. 최근까지 만년 집권당이었기 때문이다.

제도혁명의 출발 목적은 원래 멕시코 혁명의 성과를 제도로 정착시킨다는 '좌파적'인 것이었다.(지금도 이 당은 국제 사회민주당 조직인 '사회주의 인터내셔널'의 회원이다.) 하지만 70여 년이라는 기나긴 세월 동안 장기 집권하면서 애초의 이념은 그저 권력을 치장하는 수단에 불과하게 되었다. 제도혁명당 일당 지배의 결과로 멕시코 사회는 정실주의와 부정부패의 온상이 되었고, 1980년대부터는 아예 이 당이 앞장서서 멕시코 혁명 이념을 폐기하고 신자유주의를 도입하기 시작했다.

이런 제도혁명당 장기 집권 체제를 무너뜨린 게 지난 2000년 대선이었다. 이때 국민행동당의 비센테 폭스가 대통령에 당선돼 거의 한 세기만에 평화적 정권 교체가 실현되었다. 이후 현 칼데론 대통령까지 12년간 국민행동당 정권이 이어졌다. 그런데 국민행동당은 제도혁명당보다 더 노골적인 신자유주의 성향이었다. 압제와 부패의 상징이던 제도혁명당은 중앙 정부에서 밀려났지만, 멕시코 사회의 붕괴는 오히려 가속화되기만 했다.

이런 점에서 2006년 대선은 참으로 중요한 기회였다. 중도좌파 성향인 민주혁명당(제도혁명당과 마찬가지로 '사회주의 인터내셔널' 회원)이 집권의 다음 주자가 되었다면, 2000년 정권 교체로 시작된 정치적 변화가 사회적 변화로 확대되는 양상이 나타났을지도 모른다.

로페즈 오브라도르 후보와 그의 지지자들도 이런 기대를 잘 알기에 대선 '패배' 후에도 부정 투표 혐의를 제기하며 좀처럼 대선 결과에 대한 미련을 버리지 못했던 것이다. 이후 로페즈 오브라도르는 자신이 선거의 진짜 승자이며 따라서 '진짜 대통령'이라고 자처하면서 그림자 정부를 구성하고 반정부 투쟁의 선두에 나섰다. 도시는 물론 시골 구석구석까지 멕시코 방방곡곡을 누비고 다녔고, 에너지 사유화 반대 투쟁 때는 하원 점거 투쟁을 이끌기도 했다.

그런데도 가장 많은 여론의 지지를 받은 것은 제도혁명당의 페냐 니에토 후보다. 반칼데론 민심이 결국은 12년 만에 제도혁명당을 다시 여당으로 만들어주는 쪽으로 흘러간 것이다. 멕시코 사회의 위기에도 불구하고 이 나라의 정치는 더 후퇴한 것만 같다. 도대체 어찌 된 일일까?

여러 가지 이유를 들 수 있겠지만, 가장 뼈아픈 것은 AMLO 진영의 취약성이다. 특히 로페즈 오브라도르의 친정이라 할 수 있는 민주혁명당이 골칫거리다. 대선 실패 이후 2년 뒤에 민주혁명당에서는 당대표 선거가 있었는데, 이때 당 내 친AMLO파와 반AMLO파가 격돌했다. 두 진영은 서로 상대방을 부패 세력으로 몰면서 이전투구를 벌였다. 권력과 이권에 눈 먼 당내 파벌들의 추악한 모습이 대중에게 그대로 노출되었다. 멕시코 혁명 정신의 회복을 위해 싸우는 정당이라는 민주혁명당의 기존 이미지는 회복 불가능한 수준으로 추락했다.

로페즈 오브라도르로서도 민주혁명당의 이러한 실추가 부담스러울 수밖에 없었다. 그래서 당적은 유지하면서도 2011년 '국민혁신운동MORENA'이라는 정치조직을 따로 만들어 민주혁명당보다는 이 조직을 전면에 내세웠다. 하지만 그렇다고 해도 범진보전선의 주축은 어디까지나 민주혁명당이다. 따라서 민주혁명당에 대한 대중의 불신은 오브라도르의 발목을 잡는 결정적인 약점이 되었다.

정권 동원 기구 구실하던 노동조합

참으로 답답한 형국이다. 하지만 새로운 대안을 만들려는 움직임도 없지는 않다. 멕시코 역사상 최초로 독자적인 노동자정당을 건설하려는 시도가 그것이다. 2011년 8월 27일, 멕시코의 22개 주에서 선출된 1000여 명의 대의원들이 멕시코시티에 모여 '노동자 민중 정치조직OPT'을 출범시켰다. 이 조직은 그 자체로 정당은 아니지만 노동자정당 창당을 목적으로 한 일종의 창당준비위원회라고 할 수 있다.

사실 멕시코가 '출구 없는' 사회가 된 데는 노동운동의 탓도 크다. 멕시코 혁명과 함께 성장한 이 나라의 노동운동은 태동기부터 혁명정부와 밀접한 협력 관계에 있었다. 이런 이유로 이후 제도혁명당에 노동조합이 종속되는 일이 벌어졌다. 제도혁명당이 점점 우경화하고 관료화할수록 노동조합도 어용 노조로 변질되어갔다. 제도혁명당의 독재에 맞서 대안이 되어야 할 노동 세력이 오히려 그 지지 기반이 되고만 것이다. 지금도 제1노총인 멕시코노동자총연맹CTM은 제도혁명당의 산하 기구나 마찬가지다.(최근 CMT 산하 교원노조가 제도혁명당과의 이권 갈등 때문에 '신연합당'이라는 새 당을 만들었지만, 이 당은 노동자정당의 성격이 전혀 없는 선거용 우파 정당이다.)

마치 80년대 한국처럼 멕시코에서도 어용 노총에 맞서는 민주노조운동이 등장했다. 민주노조들이 모여 제2노총인 전국노동자연합UNT을 결성하기도 했다. UNT는 정치적으로는 민주혁명당을 지지했다. 이것은 노동조합이 정권의 동원 기구 역할을 하던 관행을 깼다는 점에서 분명 커다란 전진이었다. 하지만 그렇다고 민주혁명당이 노동운동과 유기적 연계를 맺은 노동자정당은 아니었다. 제도혁명당에 맞서기 위한 반독재연합 성격이 더 강했다.

그래서 UNT와 민주연합당 사이의 연계는 느슨할 수밖에 없었다.

게다가 민주연합당이 위기에 빠지면서 둘 사이의 관계는 더욱 소원해지고 있다. '민주' 노조로 분류되던 노조들 사이에서 국민행동당을 지지하는 이탈 세력까지 나오는 형편이다. 이런 일탈이 나타나는 것은 비례대표 의석 때문이다. 노조 상층 간부들이 비례대표 후보 자리를 따내기 위해 우파 정당과의 거래도 마다하지 않고 있는 것이다.

OPT는 새로운 희망의 싹이 될 수 있을까

위에 소개한 OPT는 바로 이러한 세태를 비판하며 민족해방과 사회해방의 이념에 기반한 노동계급정당의 건설을 제창하고 있다. OPT의 중심에는 멕시코전력노조SME가 있다. SME는 최근 에너지 사유화 반대 투쟁의 선봉에 서면서 전투적 노동조합의 대명사로 떠오르고 있는 조직이다. 이들은 민주혁명당에 실망한 UNT 산하 다른 노조들을 설득하면서 혁명노동자당PRT(멕시코의 유서 깊은 트로츠키주의 정파) 등의 좌파 그룹들과 함께 강령 및 당헌 제정 작업을 하나하나 진행시켜가고 있다.

당장 대선에서는 OPT도 로페즈 오브라도르 후보를 지지했다. 하지만 대선 이후의 정치적 계획에서는 범진보전선에 속한 다른 정당들과 확연히 구별된다. 대선 결과와 상관없이 독자적 노동자정당을 반드시 건설하겠다는 것이 OPT의 조직적 결의다. 어쩌면 대선 결과보다는 이 결의의 실현 여부가 우리가 지금 붕괴 일로의 멕시코를 바라보며 보다 주목해야 할 희망의 싹일지 모르겠다.

결국 2012년 7월 멕시코 대선은 제도혁명당 소속 페냐 니에토 후

2012년 멕시코 대선에서 페냐 니에토 제도혁명당 후보가 당선되었지만, 부정선거 사실이 드러나면서 수많은 대중이 거리로 나와 항의 시위를 벌였다. 정치와 경제가 갈수록 망가져가는 멕시코에서 대중투쟁이 점차 거세지고 있다.

보의 승리로 끝났다(39.19% 득표). 오브라도르 후보는 32.42%를 얻으며 예상 밖의 맹추격을 벌였다. 하지만 어쨌든 두번째로 대선에서 낙선하고 말았다. 예년과 다름없이 이번 대선도 부정 선거 시비로 얼룩졌다. 특히 페냐 니에토 후보가 대량의 금품을 살포한 사실이 공분을 불러일으켰다. 개표 직후 수만 명의 시민들이 거리로 쏟아져 나와 자발적인 항의 시위를 벌였다.

페냐 니에토 정부가 집권하자마자 제일 먼저 착수한 것은 공공부문 사유화(민영화)다. 민간 자본이 국영 석유회사 지분을 소유할 수 있게 하는 법 개정에 착수했다. 여러 모로 비슷한 시기에 탄생한 지구 반대편 어느 나라의 정권을 연상시키는 행보다. 지금 멕시코 의회는 이 사유화 법안을 통과시키려는 우파 정부와 이에 반대하는 민주혁명당 사이의 대치로 시끄럽다. 제도정치권 바깥에서도 사파티스타 민족해방전선과 노동운동이 오랜 침묵을 깨고 기지개를 켜며 대중투쟁의 반격을 예고하고 있다.

06

스페인 '99%'의
대담한 희망

스페인의 여름은 만만치 않다. 더구나 뜨거운 7월의 햇살에 바싹 구워진 카스티야의 흙먼지 날리는 길 위를 걷는다는 것은 여간 고역이 아니다. 그런데 이 황량한 길을 무려 400킬로미터나 걸어서 횡단한 사람들이 있다. 그들은 160여 명의 아스투리아스의 광부들이었고, 이들의 목적지는 수도 마드리드였다.

2012년 7월 11일 이들은 드디어 마드리드에 도착했다. 땀과 먼지로 뒤범벅된 시골 광부들. 그러나 결코 피로와 고통, 외로움에 압도당한 모습은 아니었다. 6월 22일에 도보 행진을 시작한 이후 꼬박 20여 일의 여정은 이들에게는 놀라운 체험의 연속이었다. 그들의 발걸음이 머무는 곳마다 거기에는 행진단에게 음식과 물을 내주고 잘 곳을 마련해주려는 사람들로 넘쳐났다. 사람들은 광부들을 도우면서 사람 목숨 값이 은행 장부 숫자보다 못한 시대에 온몸으로 항의하려는 것 같았다. 그 목숨 값 문제 때문에 고행에 나선 광부들로서는 새삼 자신들이 더 큰 '우리'의 한 부분임을 절감하지 않을 수 없었다.

뜨거운 박수와 환호로 가득한 광장

마드리드에 도착하자마자 행진단을 맞이한 것은 경찰 기동대였다. 경찰은 고무총탄을 쏴대며 이들의 수도 진입을 가로막았다. 그러나 이 정도의 공격으로 주저앉을 광부들이 아니었다. 70명 이상이 부상을 입었지만, 결국 경찰 저지선을 뚫었다. 광부들은 이미 고향 아스투리아스의 광산촌에서도 경찰들과 치열하게 맞붙은 적이 있었다. 그때도 경찰은 광부들이 만든 새총과 사제 로켓포 등의 방어 무기에 맥을 못 추었다. 오랜 탄광 생활의 경험에서 나온 전투력이었다.

광부들의 발걸음이 마지막으로 향한 마드리드의 중심 광장 푸에르타 델 솔에서는 경찰의, 아니 더 정확히 말해 정부의 이 퉁명스런 환영식과는 전혀 다른 광경이 펼쳐졌다. 뜨거운 박수와 환호성이 이들을 맞이했다. 도보 행진단의 마드리드 도착에 맞춰 버스를 타고 달려온 고향의 가족과 동료들이 그곳에 있었고, 또 다른 탄광 지대 아라곤에서 출발한 60여 명의 도보 행진단도 의기양양하게 광장에 입성하고 있었다.

그리고 1000여 명의 젊은이들도 있었다. 바로 '분노한 자들' 혹은 '5월 15일 운동'이라 불리며 2011년 전세계적인 '점령하라Occupy' 운동의 구심 역할을 한 비정규직·청년 실업자·학생들이었다. 이들은 푸에르타 델 솔 광장에 천막을 치고 무단 점거 농성을 시작해 1년 넘게 이를 유지하고 있다. 당국이 끊임없이 해산을 시도했지만, 그때마다 '분노한 자들'은 다시 모여들어 광장을 재점령했다. 이제 이들의 대열에 북부 산악 지대의 가난한 노동자들이 합류했다. 광부들을 맞이하면서 젊은이들은 이미 유명해진 자신들의 구호를 힘껏 외쳤다. "우리가 99%다!" "지금 당장, 진짜 민주주의를!"

실업률 24% 나라에서 재정 삭감이라니

무엇이 이들을 분노하게 만들었는가? 스페인은 현재 유럽 재정위기의 가장 중요한 고리다. 스페인의 국채 금리는 7% 수준에서 영 떨어질 기미를 보이지 않고 있다. 그만큼 부동산 거품으로 인한 국내 경제 위기가 심각하기 때문이다. 당장 구제금융을 끌어오지 않으면 안되는 상황이고, 유럽 금융 세력은 그리스에게 그랬던 것처럼 스페인에 대해서도 대규모 긴축을 요구했다. 1000억 유로 규모의 구제금융대가로 스페인 정부에 국내총생산GDP의 8.9%에 달하는 대대적 긴축을 요구했다는 사실이 언론에 새나왔다. 아니나 다를까 2012년 7월 11일 마리아노 라호이 스페인 총리는 종합 긴축 대책을 발표했다. 재정 삭감 총액은 650억 유로, 무려 90조 원 이상이다.

이 정도 재정을 삭감하자니 세금은 올리고 지출은 줄일 수밖에 없다. 정부 지출 중에서 가장 쉽게 손댈 수 있는 것은 어느 나라나 예외없이 복지 예산이다. 라호이 정부 역시 복지 지출을 대폭 삭감했다. 실업급여 지급액을 깎았고, 퇴직 연령을 68세로 올렸다. 사회서비스 예산도 칼질을 당했다. 이미 실업률이 24%에 달하는 나라에서 정부가 일체의 경기 활성화 수단을 포기한 것이다. 그리스의 오늘이 점점 더 스페인의 내일이 되어가고 있다.

정부의 긴축정책 발표는 그렇지 않아도 잔뜩 끓어오르고 있던 민심에 불을 붙이는 격이었다. 그중에서도 가장 분노한 이들이 바로 광부들이었다. 그럴 수밖에 없었다. 예산 삭감 목록 중에 석탄 채굴 기업에 지급되던 정부 보조금도 포함되어 있었기 때문이다. 삭감 폭은 63%에 달한다. 값싼 수입 석탄과 경쟁해야 하는 스페인 탄광업에 이 정도 규모의 보조금 삭감은 곧 탄광 폐쇄를 뜻한다. 광부들은 당장 일자리를 잃을 위협에 처하게 된 것이다.

이것이 광부들이 투쟁에 나선 직접적 이유다. 보수 언론 식으로 보면 전형적인 '밥그릇 지키기' 싸움이다. 정부 보조금으로 먹고 사는 산업은 벌써 퇴출되었어야 마땅하다는 목소리가 나오기 십상이다. 이에 맞서 탄광노조 쪽은 에너지 산업의 특수성을 강조한다. 에너지 산업은 농업과 마찬가지로 사회 존립의 필수 요소다. 따라서 가격 경쟁력만으로 접근할 게 아니다. 비록 가격 경쟁에서 밀린다 하더라도 국내 탄전들을 폐쇄하지 않고 유지하는 게 중요하다. 그래야 국제 에너지 위기 같은 비상 상황에 대처할 수 있다. 탄광 노동자들은 이런 에너지 생명줄을 지키는 사람들로 보아야 한다. 이것이 광부들의 주장이었다.

이런 사회적 정당성 이전에 사실 광부들의 처지 자체가 급하다. 스페인 북부 산간 지대에 위치한 탄광촌들의 사정을 알면, 누구든 투쟁에 나선 광부들에게 부정적인 시선만을 보낼 수는 없을 것이다. 탄광

노동자들의 임금은 월 평균 170여만 원 정도다. 그런데 이런 저임금 일자리마저도 없어질 상황에 처한 것이다. 네 사람 중 한 명 꼴로 실업자인 현재 스페인 상황에서 이것은 곧 언제 다시 일자리를 얻을지 기약할 수 없는 장기 실업의 늪에 빠지게 된다는 것을 뜻한다. 더구나 아스투리아스나 아라곤 같은 산간 벽지에는 탄갱 외에 다른 일터도 별로 없다. 탄광업이 정리되면 아마도 지역 사회 전체가 붕괴해버리고 말 것이다.

이것이 바로 도보 행진단이 지나가는 마을마다 그들에 대한 연대와 지원이 답지한 이유이고, 푸에르타 델 솔 광장의 '분노한 자들'이 이들을 형제자매로 맞아들인 이유다. 이들에게 아스투리아스 광부들은 나라의 운명에는 아랑곳없이 제 밥그릇 지키는 데만 골몰한, 머리에 뿔난 사람들이 아니다. 내일의 모든 스페인 민중의 모습, 나 자신의 미래를 미리 보여주는 이들이다. 광부들은 단지 남보다 조금 더 먼저 투쟁에 나섰을 뿐임을 많은 이들이 이미 예감하고 있는 것이다.

1930년대 아스투리아스 10월 혁명의 기억

그리고 한 가지가 더 있다. 스페인 현대사의 잊지 못할 한 사건. 아스투리아스 광부들의 투쟁에는 이 사건의 역사적 기억이 짙게 배어 있다. 1934년 가을, 스페인 전역에서 노동자들은 총파업을 벌이고 있었다. 2008년에 미국에서 시작된 경제 위기가 지금 스페인을 강타하고 있는 것처럼, 그 당시에도 1929년에 미국에서 시작된 대공황이 스페인 사회를 뒤흔들고 있었다. 공화파·사회주의노동자당·아나키스트·공

정부의 긴축재정으로 탄광폐쇄의 위기에 놓인 아스투리아스의 광부들은 수도 마드리드까지 400킬로미터를 걸어가는 '순례'에 나섰다. 똑같이 경제적 위기에 처한 스페인 사람들은 이 광부들을 자신들의 대표로 생각하며 열렬한 환영을 보냈다.

산당·트로츠키주의자·카탈루냐 자치파 등으로 이뤄진 좌파와, 왕당파 및 파시스트를 중심으로 한 우파가 첨예하게 맞섰다.

총파업도 이 대립에서 비롯됐다. 파시스트들이 내각에 장관으로 입각하게 되자 이에 반발해 사회주의노동자당(지금은 스페인의 사회민주주의 정당이지만 1930년대에는 혁명적 노선을 걸고 있었다) 중심의 노동자총연합UGT과 아나키스트 성향의 전국노동총연맹CNT이 총파업을 단행한 것이다.

다른 지역의 파업은 이내 진정되었다. 하지만 유독 아스투리아스의 광산 지역에서만은 투쟁이 혁명적 상황으로 발전했다. 파시스트들이 아스투리아스로 집결하려 한다는 소문이 나돌자 10월 4일 광부들은 총을 들고 나섰다. 이들은 이틀만에 주요 산업 도시 라 펠구에라를 비롯한 아스투리아스 주의 주요 도시들을 장악했다.

광산 노동자들이 점령한 도시는 이제까지 전혀 경험해보지 못한, 하지만 사람들을 들뜨게 하는 낯선 분위기가 지배했다. 스페인 사회를 짙게 내리 누르던 온갖 봉건적 특권과 유습은 폐지됐다. 혁명위원회가 들어서서 행정을 대신했다. 중요한 사안들은 주민 총회를 통해 결정했다. 기존의 화폐는 종잇조각이 됐고 대신 혁명위원회가 발급한 쿠폰이 그 기능을 대신했다. 필수품들은 아예 거래 없이 배급되었다. 세계 대공황이 5년째에 접어들던 당시에 스페인의 이 산악 지대에서는 자본주의의 위기와는 정반대 방향으로 달리는 아래로부터의 실험이 시작된 것 같았다.

하지만 실험은 오래가지 못했다. 2주 뒤에 군대의 잔인한 진압이 시작됐다. 3000명의 광부들이 죽고, 그보다 더 많은 숫자가 감옥에 갇혔다. 스페인 현대사에 '아스투리아스의 10월 혁명'으로 기록된 사건은 이렇게 해서 끝났다. 진압 작전을 지휘한 것은 2년 뒤에 합법 정부에 맞서 쿠데타를 일으키고 그래서 스페인 전역을 내전으로 몰아넣었으며 이후 30년 넘게 독재자로 군림하게 되는 프란치스코 프랑코 장군이었다. 아스투리아스의 10월은 1936년 스페인 내전의 예고편이었던 것이다.

집단적 희망 분출의 의미

물론 지금은 20세기 초가 아니다. 경제 위기의 깊이가 그때와 견줄

만하더라도, 제1차 세계대전 이후 유럽 곳곳에서 무장 충돌이 빈발하던 무렵과 지금이 같을 수는 없다. 그러나 아스투리아스 광산 노동자들의 삶은 그때나 지금이나 별다른 차이가 없다.

 또 하나 다르지 않은 것은 체제의 위기가 보통 사람들의 삶을 위협하면서 뜻하지 않게 자극한 대담한 희망이다. 80년 전 그것은 아스투리아스 광부들의 민중 자치, 민중 권력으로 폭발했다. 오늘날 이들의 후예와 마드리드의 분노한 젊은이들이 함께 만난 푸에르타 델 솔 광장에는 "지금 당장 진짜 민주주의를!"이라는 구호가 가득하다. 세월을 뛰어넘는 이 집단적 희망의 분출의 의미를 읽어내는 일, 이것이 이제 스페인만이 아니라 모든 지구인의 과제가 되고 있다.

07
아이슬란드,
혁명은
이렇게 조용히

"북유럽에서 혁명이 진행중이다." 이 말에 대개 "제정신이냐"는 반응들을 보일 것이다. 혁명은 라틴아메리카 같은 곳에서나 있을 법한 일이라는 게 지난 수십 년간 세계인의 상식이었다. 게다가 북유럽은 누구나 다 인정하는 복지 천국 아닌가. 그런 곳에서 무슨 혁명인가. 신문이나 TV에서도 그리스가 난리다, 베네수엘라가 시끄럽다는 이야기는 있어도 북유럽에서 그런 일이 벌어진다는 보도는 없다.

그런데 실제로 그런 일이 벌어지고 있다. 북유럽의 작은 섬나라, 간혹 화산 폭발 소식으로나 이름을 알리는 나라, 지구 위 모든 국가들 중 가장 북쪽에 있는 나라, 아이슬란드가 그 무대다.

GDP 9배 부채 갚겠다고 머리 조아려

아이슬란드는 인구가 30여만 명밖에 되지 않는다. 최근까지도 국민 대다수는 어업으로 먹고 살았다. 그런 나라가 2000년대 들어 1인당 GDP 수치에서 다른 북유럽 국가들을 제치기 시작했다. 급기야 2007년에는 7만 달러까지 치솟았다. 이런 마법을 부린 도깨비 방망이는 은행업이었다.

시작은 1994년으로 거슬러 올라간다. 이때 아이슬란드는 '유럽경제지대(EEA, 유럽연합 국가들에 몇몇 EU 미가입 국가들을 더한 자유무역지대)'에 가입했다. 이와 함께 이 나라는 금융 규제를 풀고 공기업을 사유화하기 시작했다. 밀턴 프리드먼 추종자인 우파 독립당 소속 다비드 오드손 총리가 이러한 자유화 조치를 총지휘했다. 어느덧 정관계는 총리와 마찬가지로 시장지상주의 경제학으로 무장한 영미 유학파들이 점령했다. 이러한 변화의 산물로 글라트니르·카우프싱·란즈방키 3대 은행이 부상했다.

이들 은행들은 미친 듯이 외국 자본을 끌어들여 덩치를 키웠다. 영국, 네덜란드의 길거리에서 '아이스세이브icesave'라는 예금 상품 홍보전을 펼치며 무차별적으로 돈을 끌어왔다. 덩달아 아이슬란드의 GDP 수치도 올라갔지만, 부채 증가 규모는 그것보다 더 극적이었다. 2003년에는 부채가 GDP의 2배를 넘어섰고, 2007년에는 9배에까지 이르렀다. 하지만 독립당이 주도하던 정부는 아이슬란드 경제가 건전하다며 자화자찬만 늘어놓았고, 이제는 중앙은행 총재 자리를 꿰찬 오드손은 자신의 업적을 자랑스러워했다.

하지만 2008년 월스트리트로부터 심판의 나팔 소리가 울려 퍼졌다. 1년 전까지도 건전하다던 아이슬란드의 3대 은행이 일제히 파산했다. 이들의 부도로, 1인당 GDP 세계 5위의 부자 나라 국민들은 졸지에 한 사람마다 약 33만 달러(3억5000여만 원)의 외채를 갚아야 하는 신세가 되었다.

그리스도 위기에 빠졌다고는 하지만, 부채가 GDP의 2배를 넘지는 않는다. 그런데 아이슬란드는 무려 9배다. 망한 걸로 따지면 아이슬란드가 더 심하게 망했다. 그렇다면 지금쯤 이 나라에서도 구제금융 협상 난항이니 긴축재정으로 인한 사회 위기니 하는 기사들이 넘쳐나야 한다. 한데 그 정반대다. 북유럽의 영웅 서사시는 지중해의 난파선 신화와는 전혀 다른 이야기를 들려준다.

아이슬란드 은행들이 무너지자 이들의 투기 게임에 참여한 영국, 네덜란드 투자자들이 큰 피해를 입었다. 아이슬란드 정부는 영국, 네덜란드 재무장관들에게 머리를 조아리며 향후 15년간 35조 유로를 갚아나가기로 방침을 세웠다. 그대로 놔뒀다면 이후 그리스에서 벌어진 것처럼 아이슬란드에서도 국민들이 금융 세력의 도박 빚을 짊어져야 할 판이었다.

그러나 아이슬란드인들은 이를 두고 보지만은 않았다. 추위가 한창 절정이던 2009년 1월 성난 수만 명의 시민들이 의회를 에워싸고 격렬한 시위를 벌였다. 인구 30만의 나라에서 이것은 예사롭지 않은 광경이었다. 최루탄이 등장하고 연행자가 속출했지만 시위는 가라앉을 줄 몰랐다. 결국 독립당 소속 게이르 호르데 총리가 이끌던 정부는 의회

아이슬란드의 '주방 도구 혁명'. 무분별하게 외국 자본을 끌어들인 아이슬란드 3대 은행이 무너지며 막대한 빚을 떠안게 된 아이슬란드 국민들은 2009년 냄비와 프라이팬 등 주방기기를 들고 나와 의회를 포위했다.

해산과 총선을 약속했다. 이것만으로도 일종의 준혁명이었다. 시민들이 냄비와 프라이팬을 들고 나와 시위를 벌였다고 해서 이 사건에는 '주방 도구 혁명'이라는 애칭이 붙기도 했다.

거리의 혁명이 선거 혁명으로

총선은 2009년 4월에 실시됐다. 그간 신자유주의 정책을 밀어붙이던 독립당은 제2당으로 밀려났다. 제1당으로 올라서서 내각을 구성하게 된 것은 중도좌파 사회민주연합이었다. 사실 사회민주연합도 따지고 보면 위기의 공범이었다. 이들도 호르데 총리의 연립내각에 참여하고 있었기 때문이다. 하지만 독립당에 비해서는 주범이 아니라 종범으로 보였다. 또한 연정에 적극 참여한 간부들이 물러나고 레즈비언인 요한나 시귀르다르도티르가 당의 얼굴로 나서서 세대교체의 인상을 심어주는 데 성공했다.

사회민주연합은 29.79%를 얻어 총 63석 중 20석을 획득했다. 과반수에 미치지 못했기 때문에 연정 파트너가 필요했지만, 위기 주범인 독립당과의 좌우연정은 불가능했다. 이때 새 파트너로 떠오른 것이 좌파녹색운동vG이었다. 이 당은 지난 선거에서는 14.3%를 얻었는데, 이번에는 21.7%로 지지를 크게 늘렸다(12석 획득). 한편 1월 시위에 참여한 이들이 직접 결성한 정치운동체 '시민운동'도 4명의 당선자를 냈다. 결국 '시민운동'의 지지를 받으며 시귀르다르도티르 총리의 사회민주연합-좌파녹색운동 연립정부, 즉 '좌파-좌파' 연정이 들어섰다.

독립당-사회민주연합 연정에서 사회민주연합-좌파녹색운동 연정으로 바뀐 것은 거리의 혁명이 선거 혁명으로 이어졌다는 의미를 지닌다. 좌파녹색운동은 민주적 사회주의, 생태주의 그리고 여성주의를 당의 이념으로 내세우고 있다. 그리고 아이슬란드의 EU 및 NATO 가입에 반대한다. 이 당의 뿌리는 아이슬란드 공산당으로 거슬러 올라간다. 아이슬란드 공산당은 사회민주주의 흐름에서 갈라져 나온 다른 좌파 세력들과 '민중연합'이라는 정당연합을 결성해 활동했는데, 1968년 민중연합이 아예 하나의 정당으로 출범하게 된다. 민중연합은 EU, NATO 문제 등에서 사회민주주의 세력과 입장을 달리하며 아이슬란드 좌파의 한 축을 이뤘다. 1996년에 대통령에 처음 당선된 이후 네 차례나 재선을 거듭한 올라퓌르 라그나르 그림손 현 대통령이 바로 이 민중연합 출신이다.

민중연합이 사라지고 좌파녹색운동이 등장한 것은 1999년의 좌파
대통합 바람 때문이었다. 이때 사회민주주의 세력을 비롯해 모든 좌
파를 다 통합한 거대 정당이 필요하다고 해서 등장한 게 지금의 사회
민주연합이다. 민중연합도 상당수 이 흐름에 빨려 들어갔다. 하지만
통합에 반대하며 남은 사람들도 있었다. 이들이 다시 만든 정당이 좌
파녹색운동이다. 독립당-사회민주연합 연정의 거품 호황기에 이 당은
좌파 야당으로서 착실히 성장해갔다. 그리고 2009년 시민 혁명 물결
속에서 거리의 요구를 대변할 세력으로 정권에 참여하게 된 것이다.

북반구의 쿠바냐 아니면 아이티냐

새 정부는 무엇을 했는가? 파산한 3대 은행은 위기와 함께 곧바로
국유화되었는데, 아직도 이 상태로 남아 있다. 자산의 110%를 넘는
가계 부채는 모두 탕감됐다. 3대 은행의 경영 책임자들에 대해서는 수
사가 시작되었다. 2010년 6월에 대법원은 해외 통화에 연동돼 도입된
외채는 위법이라는 판결을 내렸다. 덕분에 아이슬란드 국민들은 (적어
도 국내법 테두리에서는) 외채 상환 부담으로부터 해방되었다. 결과적으
로 GDP의 13%에 달하는 채무가 면제되었다. 덕분에 아이슬란드 경
제는 성장세로 돌아섰고 2012년에 성장률 2.4%를 기록했다. 유로존
성장률이 0.2%인 상황에서 이것은 경이롭기까지 한 결과다. 이 수치
비교만으로도 그리스 국민들은 채권국들에게 할 말이 많다.

사실 새 정부가 모든 것을 알아서 다 잘 처리한 것은 아니다. 결정

적인 순간에는 대중이 다시 거리로 나서야 했다. 우선 시귀르다르도 티르 총리와 사회민주연합이 문제였다. 신임 총리와 그 소속 당은 위기 이후에도 유로존 가입 입장을 고집했다. 게다가 좌파녹색운동 소속 스테인그리무르 시그푸손 재무장관이 2009년 말 영국, 네덜란드와의 협상 결과라고 내놓은 것은 지금 그리스 국민을 옥죄고 있는 구제금융-긴축정책 합의와 별로 다른 게 아니었다. '아이스세이브' 피해 보상을 위해 2023년까지 아이슬란드 GDP의 절반을 영국, 네덜란드 재무부에 지급한다는 내용이었다.

당장 좌파녹색운동 안에서부터 반발이 일었다. 5명의 좌파녹색운동 의원이 협상안 비준에 반대표를 던졌다. 이번에도 역시 겨울이었지만, 2009년 1월과 마찬가지로 다시 시민들이 의회를 포위하고 나섰다. 이런 분위기에서 그림손 대통령이 결정적인 역할을 했다. 그는 협상안 비준에 거부권을 행사하고 이를 국민투표에 부쳤다. "국제사회가 제시한 조건을 받아들이지 않으면 우리가 북반구의 쿠바가 될 거라고들 하는데, 그게 아니라 우리가 이걸 받아들이면 북반구의 아이티가 되는 거요." 이게 그림손 대통령의 대답이었다.

2010년 3월에 실시된 국민투표에서는 '협상안 반대'가 93%였다. '찬성'은 2%도 안 됐다. 심지어 집권 연정 각료들도 투표장에 나타나지 않았다. 당장 IMF가 이제 구제금융은 없다고 엄포를 놓았고 영국, 네덜란드 정부는 국제 사법기구에 제소하겠다고 협박했지만, 이런 으름장 말고 더 할 수 있는 게 없었다. 아이슬란드의 국제 채무는 지금도 무기한 상환 연기 상태다.

이 소강 상태 속에서 아이슬란드 경제는 되살아나고 있다. 그리고 이 와중에 아이슬란드에서는 제헌의회가 구성돼 전세계에서 처음으로 시민들과의 열린 토론 방식으로 새 헌법안을 마련하고 있다. 새 헌법이 반드시 다뤄야 할 의제 중에는 정치적 결정 과정에 대중의 참여를 활성화할 방안과 천연자원에 대한 공적 소유 및 활용 방안이 포함돼 있다.

이게 지난 몇 년간 북반구의 한 구석에서 펼쳐진 21세기형 혁명의 모습이다. 최근 역사학자들은 아이슬란드의 화산 폭발이 프랑스대혁명의 원인 중 하나였다는 학설을 내놓았는데, 어쩌면 미래의 역사학자들은 이 인과 관계가 200여 년 뒤에 보다 거대한 규모로 세계사에서 반복되었다는 평가를 내릴지도 모르겠다. 이 작은 섬의 조용한 혁명이 신자유주의를 넘어서는 전지구적 대전환의 출발이었다고 말이다.

거리의 힘이 이끌어가는 정치

하지만 2013년 4월 아이슬란드 총선 결과는 최근 이 나라 정치 상황에 주목하던 이들에게는 충격적인 것이었다. '주방 도구 혁명'으로 쫓겨났던 독립당이 26.7%를 득표해 최다 득표 정당이 되었다. 2009년 총선에 비해 득표율이 고작 3% 오른 것이긴 하지만, 그래도 어쨌든 다시 제1당이 되었다. 진짜 약진한 것은 중도우파인 진보당이었다. 지난 총선에서 14.8%를 득표했던 이 당은 득표율을 10%p나 더하며 제2당으로 도약했다. 총선 이후 이들 두 당의 우파 연립정부가 들어섰다.

참혹한 것은 그간 좌파 연정을 구성했던 정당들의 성적이었다. 사회민주연합은 29.79%였던 득표율이 12.85%로 줄었다. 절반도 더 떨어진 것이다. 좌파녹색운동 역시 21.68%에서 10.87%로 반 토막이 났다.

결정적 패인은 사회민주연합의 유럽연합 가입 시도였다. 물론 좌파녹색운동은 이에 분명히 반대하고 나섰다. 하지만 이 문제 때문에 좌파 연정은 계속 삐걱거리지 않을 수 없었다. 좌파 연정을 지지했던 유권자들은 이에 대한 반감을 투표 불참이나 신생 소수 정당(대표적으로 해적당이 5% 이상 득표했다) 지지로 표출했다. 독립당, 진보당이 승리를 거둔 것도 이들 정당이 유럽연합 가입 반대 입장을 분명히 한 덕분이었다.

말하자면 아이슬란드 혁명은 대중 투쟁과 제도권 정치의 시너지로 발전하지는 못했다. 그보다는 대중 투쟁이 기성 정치권을 압박해서 끌고 갔다는 게 사실에 더 부합한다. 이런 상황에서 일단 좌파 내의 중요한 의제가 대중의 요구와 긴장을 빚자 유권자들은 곧바로 혹독한 채찍질로 응답한 것이다.

하지만 바로 이러한 이유 때문에 아이슬란드의 미래는 어둡지 않다. 우파 연정이 들어섰다고 해서 이들이 당장 '주방 도구 혁명'의 성과들을 무산시킬 수는 없다. 거리의 힘이 여전히 펄펄 살아 있기 때문이다. 20년에 한 번씩은 봉기가 반복돼야 인민의 자유가 유지될 수 있다는 토머스 제퍼슨의 명제는 21세기 아이슬란드에서 다시 한 번 그 빛을 발하고 있다.

08

상상을 덧입힌 스웨덴!
상상을 실현할 스웨덴?

미국 제도주의 경제학의 거장 로버트 하일브로너(국내에도 『세속의 철학자들』 『자본주의, 어디서 와서 어디로 가는가』 등의 명저로 잘 알려졌다)는 생전에 "약간은 상상을 덧입힌 스웨덴" 이야기를 자주 꺼냈다고 한다. 현실의 스웨덴이 이상향은 아니다. 하지만 현존하는 자본주의 사회들 중 그나마 가장 나은 것도 사실이다. 그래서 보다 평등한 세상을 만드는 게 충분히 가능하다고 미국인들을 설득하자면 "약간은 상상을 덧입힌 스웨덴"이 필요하다는 게 하일브로너의 지론이었다.

'상상 속 스웨덴'과 현실의 스웨덴

이게 미국에서만 통하는 이야기는 아닐 것이다. 현실사회주의의 붕괴와 신자유주의의 극성기를 거치며 스웨덴은 "다른 사회가 가능하

복지천국인 줄로만 알았던 스웨덴에서 발생한 이주민들의 폭동은 스웨덴은 물론 다른 세계에도 충격을 주었다. 전지구적 신자유주의 아래 스웨덴에서도 경제적 불평등과 차별이 퍼져나가고 있었던 것이다.

다"는 사실의 거의 유일한 증거 취급을 받았다. 한때 '아주 많은 상상을 덧입힌 소련'이 했던 역할까지 모두 이제는 "약간은 상상을 덧입힌 스웨덴"의 몫이 되어 있다.

그런 스웨덴에서 2013년 5월, 폭동이 일어났다. 이주민들이 주로 모여 사는 스톡홀름 외곽에서 경찰 폭력에 항의하며 주민들이 들고 일어선 것이다. 며칠간 유혈 사태가 계속됐고, 복지국가의 모범이라던 스웨덴의 명성에는 커다란 금이 갔다. 전체 인구의 15%에 이르는 이주민들이 그간 차별과 실업, 빈곤에 시달려왔음이 세상에 드러났다. '상상 속 스웨덴'과 현실의 스웨덴 사이의 간극이 아프게 부각되는 순간이었다.

스웨덴 현지에서는 이 사건의 충격이 프레드리크 레인펠트 총리의 우파 연정에 대한 불만으로 나타나고 있다. 우파 연정은 레인펠트 총리가 속한 온건당에 더해 중도당·자유인민당·기독교민주당으로 구성돼 있다. 이들은 2006년, 2010년 총선에 연거푸 승리해 7년 넘게 집권 중이고 이제는 다음 총선을 앞두고 있다. 그런데 연정 참여 정당들의 지지율 총합이 사회민주당·좌파당·녹색당의 지지율 합계에 5%p 이상 밀리는 형국이다. 2012년 초에 사회민주당이 스테판 뢰프벤을 새 대표로 선출한 이후 줄곧 이런 양상이다. 이 와중에 스톡홀름 폭동까지 겹친 것이다. 현 정부의 복지 축소 기조가 원흉으로 지목되면서 우파 연정은 더욱 흔들렸다. 이제 여론은 완전히 좌파 야당 진영으로 넘어간 듯 보인다.

스웨덴 좌파의 좌장은 물론 복지국가 건설의 주역인 사회민주노동당(이하 '사회민주당')이다. 한데 최근 몇 년간은 사회민주당에게 역사상 가장 힘든 시기였다. 2010년 총선에서 사회민주당은 정권 탈환을 위해 여성 대표 모나 살린을 앞세워 야심차게 선거에 임했다. 처음으로 선거 전에 좌파당, 녹색당과 연립정부 구성 협정을 맺고 선거연합('적색-녹색 연합')을 출범시키기도 했다. 그런데도 돌아온 결과는 패배였다.

선거 평가를 둘러싸고 당내 좌파가 목소리를 높이기 시작했다. 당이 신자유주의에 흔들려 자신의 가치와 원칙으로부터 이탈한 게 패인으로 지목됐다. 이 분위기를 등에 업고 새 대표로 선출된 인물이 부대표이던 호칸 유홀트다. 그는 "시장경제는 지지하지만 자본주의는 반대한다"는 당 강령의 내용을 새삼 강조하면서 복지 확대를 약속했다. 모처럼 사회민주당이 활력을 되찾는 것만 같았다.

그런데 이때 언론에 유홀트 대표의 배우자가 주거수당을 과다 청구했다는 사실이 폭로됐다. 나중에 부당 지급분을 자진 반납했고, 한국 정치권의 기준으로 보면 비리라고 하기도 뭣한 사건이었다. 하지만 이 문제로 당이 다시 침체 상태에 빠지자 유홀트 대표는 결국 자진 사퇴했다. 자칫하면 당의 위기가 장기화할지 모를 상황이었다.

1970년대의 시도 — 생산 영역의 민주화로 나아가자

그러나 새 대표 뢰프벤의 등장이 전화위복이 되어주었다. 뢰프벤은 당 대표가 되기 전까지 12년간 금속노조 위원장을 맡았던 고참 노동 운동가다. 사회민주당의 정식 당명이 사회민주'노동'당이고 그만큼 노동자정당임을 강조하지만, 놀랍게도 124년 역사 동안 이 당에는 노동 운동 출신 대표가 한 명도 없었다. 뢰프벤이 처음이다.

그렇다고 뢰프벤이 유홀트처럼 당내 좌파인 것은 아니다. 그는 오히려 금속노조 시절부터 실용주의자로 유명했다. 심지어는 대재벌인 발렌베리 가문과도 막역한 사이다. 당 대표가 되고 나서도 이민 규제에 찬성하는 등 현실에 영합하는 행보를 보였다. 그럼에도 최초의 노동조합 출신 당 대표라는 사실이 던져주는 효과는 작지 않았다. 덕분에 당 지지율은 다시 30% 이상 수준으로 높아졌다.

뢰프벤은 국내 정책의 실용주의를 국제 정책의 새로운 비전으로 보완하겠다는 입장이다. 그는 노동조합 지도자의 경력을 살려, 전지구적인 자본-노동 간 협약을 맺자는 제안을 내놓았다. 전세계 노동자의 임금 및 노동 조건 기준을 정하자는 것이다. 이를 통해 사회민주주의 복지국가의 지향을 지구화할 수 있으며 이민 문제도 근본적으로 해결할 수 있다는 것이다.

1960년대를 전후해 스웨덴의 국내 복지 체계가 완비되자 사회민주당 안에서는 다음 단계의 원대한 목표로 두 가지 비전이 등장했었다. 하나는 소비 영역의 민주화라 할 수 있는 복지국가에서 한발 더 나아가 생산 영역의 민주화를 추구하자는 것이었다. 즉, 노동자가 기업의 소유와 경영을 주도하는 체제로 전환하자는 것이었다. 이 방향의 주창자는 당의 대표적 이론가 에른스트 비그포르스였고, 이게 정책으로 나타난 게 1970년대에 루돌프 메이드네르가 금속노조의 위촉을 받아 제출한 임금노동자기금 구상이었다.

다른 한 방향은 일국 차원의 복지국가를 이제는 전세계로 확대하자는 것이었다. 이 입장의 대표자는 당의 또 다른 주요 이론가이자 노벨 경제학상 수상자(1974년 프리드리히 하이에크와 공동 수상)인 군나르 뮈르달이었다. 뮈르달은 1960년에 낸『복지국가를 넘어서 : 경제 계획과 그 국제적 의미』라는 인상적 제목의 저서에서 이런 비전을 과감히 제시했다. 이에 따른 그의 저발전 지역 연구는 이후 종속이론이나 세계체제론의 등장에 커다란 자극이 되기도 했다. 안타깝게도 실제 역사에서는 뮈르달이 염원한 복지국가의 지구화가 아니라 금융화된 자본의 지구화가 관철되었다. 하지만 이제 신자유주의의 황혼이 완연해지자 뢰프벤은 이 불발된 전망을 되살리려 하고 있는 것이다.

흥미로운 구상이 아닐 수 없다. 하지만 이게 실현되려면, 사회민주당만으로는 안 된다. 과거 사회민주당 단독으로 과반수 득표를 기록한 적도 있지만(1940년대), 이제는 그게 불가능하다. 지난 총선에서 함께 '적색-녹색 연합'을 구성했던 두 정당, 좌파당과 녹색당이 있어야 한다.

독일과는 다른 좌파연합의 가능성

이 중 좌파당은 과거 공산당의 후신이다. 스웨덴 공산당이 1990년에 '좌파당'으로 당명을 바꾼 것이다. 좌파당은 당의 이념으로 사회주의와 함께 여성주의를 강조한다. 또한 핵발전 반대 입장을 견지하면서 녹색 정당의 성격도 분명히 한다. 사회민주당과의 중요한 차이 중하나는 사회민주당이 유럽연합EU에 우호적인 데 반해 좌파당은 비판적이라는 점이다. 또한 신자유주의 전성기에 사회민주당이 우왕좌왕할 때 좌파당은 총선에 '복지당'으로 잠시 이름을 바꿔 출마할 정도로 복지국가를 완강히 사수하려 한다. 득표율은 한때 사회민주당 실망층이 몰려 12%로까지 치솟았던 적도 있지만(1998년 총선), 대체로 5%선을 맴돈다.

득표율 측면에서 좌파당보다 비중이 더 큰 것은 녹색당이다. 스웨덴 녹색당의 정식 명칭은 '환경당-녹색'이다. 이 당은 서독 녹색당이 출범하고 1년 뒤인 1981년에 등장했다. 독일의 우당友黨과 마찬가지로 이 당도 신좌파가 창당의 구심 역할을 했지만 지금은 좌우 어디에도 속하지 않는다고 자처한다. 하지만 지난 총선의 선거연합에서도 알

수 있듯이 우파보다는 좌파 쪽과 친화성이 더 강하다.

　사실 '적색-녹색 연합'의 최대 수혜자는 녹색당이었다. 그간 녹색당의 총선 득표율은 좌파당과 마찬가지로 5% 선이었다. 그러던 것이 2010년 총선에서 7.34%로 상승했다. 이 상승세가 계속 이어져 지금은 각종 여론조사에서 10% 이상의 지지율을 보인다. 여기에는 녹색당이 스웨덴 정가에 몰고 온 새로운 정치 문화도 큰 몫을 했다. 남녀 1인씩인 공동 대표 중 한 명인 젊은 정치인 구스타브 프리돌린은 그 한 사례다. 그는 1983년생이니 이제 겨우 서른한 살이다. 하지만 이미 재선 의원이다. 그는 2002년에 19살의 나이로 의회에 진출해 전세계 최연소 의원의 기록을 세운 바 있다. 녹색당 당원으로 활동하기 시작한 것은 불과 11살 때였다. 한국의 정치 문화에서는 상상하기도 힘든 일이다.

　아무튼 지금의 기세가 쭉 이어진다면 스웨덴에는 좌파 정부가 들어설 가능성이 높다. 물론 사회민주당·좌파당·녹색당이 지난번 총선처럼 선거연합을 맺는 데 성공한다는 전제 아래서 말이다. 난관은 적지 않다. 2010년에도 사회민주당 안에서는 좌파당과의 합작 여부를 놓고 좌우파 사이에 격론이 있었다. 이번에도 비슷한 논란이 있을 것이다. 지지율이 높아진 녹색당이 사회민주당과의 협력에 대해 예전보다 소극적으로 나올 수도 있다. 이미 몇몇 지방자치단체에서는 녹색당이 우파 정당들과 연정을 구성한 사례도 있다. 게다가 좌파 야당들만 우파 연정의 실패로부터 득을 보고 있는 게 아니다. 극우파인 민주당(인종주의 정당인데 이름이 '민주당'이다!)도 지지율 10% 선을 내다보며 약진하고 있다.

세계인의 공유 자산 '스웨덴'

하지만 다른 나라와 비교하면 그래도 스웨덴 좌파에게 더 많은 기회가 열려 있는 것은 분명하다. 독일 상황하고만 견줘봐도 그렇다. 분단의 기억 때문에 독일의 사회민주당과 좌파당은 협력 자체가 쉽지 않다. 그래서 좌파당을 배제한 사회민주당-녹색당 연합이 좌파당의 지지율만큼 우파 기독교민주당-자유민주당 연합에 밀리는 형국이다.

반면 스웨덴에서는 사회민주당-좌파당-녹색당 연대가 충분히 가능하며, 이미 한 차례 경험도 있다. 그래서 차기(2014년) 총선 결과를 기대해볼 수 있다. "약간은 상상을 덧입힌 스웨덴"이 이미 세계인의 공유 자산인 한, 이것은 결코 스웨덴 민중만의 기대는 아니다.

09

스페인 연합좌파, 좌파의 좌파에서 좌파의 대표로

스페인 남부 안달루시아 주의 마리날레다 시는 인구 3000명이 안 되는 작은 지방자치단체다. 그런데 재정위기가 닥치고 나서 갑자기 이곳에 세계인의 이목이 쏠리기 시작했다. 2012년 여름 마리날레다 시장이 시민들과 함께 대형 상점을 점거하고 생필품을 징발한 일이 도화선이 됐다. 시장의 이름은 후안 마누엘 산체스 고르디요. 언론은 그에게 '로빈 후드 시장'이라는 별명을 붙여주었다.

마리날레다 공동체의 여당, 연합좌파

하지만 산체스 고르디요 시장은 결코 시대착오적인 의적 정도로 기억될 인물이 아니다. 그가 처음 시장이 된 1979년부터 30년 넘게 마리날레다에서는 초기 사회주의자들의 이상을 연상시키는 공동체 건설

실험이 계속돼왔다. 대부분 농민인 이 마을 주민들은 생산협동조합을 통해 공동으로 생산하고 공동으로 분배한다. 그래서 스페인 전체 실업률이 30%를 향해 치솟는 요즘도 이곳만은 그야말로 '완전고용' 상태다. 처음 '로빈 후드 시장'의 기행에 끌려 마리날레다의 이름을 알게 된 사람들도 이내 이런 성과에 더욱 주목하지 않을 수 없을 것이다.

산체스 고르디요 시장이 속한 정당도 흥미롭다. 그가 이끄는 마리날레다 시의 여당은 '노동자 단결을 위한 집단-안달루시아 좌파CUT-BAI'라는 긴 이름을 갖고 있다. 이 당은 안달루시아 주에만 있는 지역 정당이다. 중앙정치 차원에서는 '연합좌파IU'라는 전국적 정치조직의 일부로 활동한다. 연합좌파에는 CUT-BAI 말고도 공산당PCE을 비롯해 여러 좌파 정당, 정치조직들이 가입해 있다. 단일정당으로 전환하기 전의 그리스 '급진좌파연합SYRIZA'(3장 참조)이나 덴마크의 '적록연합RGA'(17장 참조) 같은 정당연합이다.

그런데 요즘 이들의 행보가 예사롭지 않다. 한때 3% 수준까지 떨어졌던 지지율이 15% 대로 급상승했다. 그간 좌파 제1당이던 사회민주주의 성향의 사회주의노동자당PSOE(이하 '사회노동당')을 10% 차이로 맹추격 중이다. 1970년대 민주화 이후 처음으로 좌파정치의 지각 변동이 일어나고 있는 것이다.

사실 유럽에서 정당연합 형태의 정치조직으로는 연합좌파가 최초다. 발단은 1986년의 북대서양조약기구NATO 가입 국민투표였다. 이 국민투표에서 가입 찬성 쪽이 승리했지만(56.85%), 반대 진영도 만만치 않았다(43.15%). 공산당을 비롯해 반대 운동에 앞장선 좌파 세력들은 이 성과를 이어가기 위해 국민투표 실시 한 달 뒤 정당연합을 결성했다. 각자의 조직을 그대로 유지하면서 '연합좌파'라는 이름으로 지속적인 공동 행동을 벌이기로 한 것이다.

공산당의 신임 서기장으로서 1989년부터 연합좌파를 이끈 훌리오 앙구이타가 이 조직의 초기 발전에 커다란 역할을 했다. 앙구이타는 민주화 이후 실시된 첫 지방선거에서 코르도바 시장에 당선돼(산체스 고르디요가 처음 시장이 된 것도 이 때였다) 공산당의 대표적인 대중 정치인으로 부상한 인물이었다. 그는 사회주의노동당과의 협력보다는 차별화를 강조했다. 그래야만 연합좌파가 우파 인민당, 중도좌파 사회노동당과 대등하게 경쟁하는 제3세력으로 성장할 수 있다는 것이었다.

젊은 활동가들의 노력으로 불신이 지지로

실제로 선거에서 그 결실이 나타났다. 1989년 총선에서 연합좌파는 득표율을 9%로 높이며 제3당의 지위를 확보했다. 이 추세는 1990년대 중반까지 쭉 이어졌고, 1996년 총선에서는 10.5%에까지 이르렀다. 그러나 2000년에 앙구이타가 건강 문제로 정계에서 은퇴하면서 침체기가 시작됐다. 그 후 10년 가까이 지속된 이 침체기에 종지부를 찍은 것은 스페인 사회를 뒤흔든 최근의 두 거대한 사건이었다.

그 첫번째는 2008년 미국 금융위기와 함께 시작된 스페인의 경제 위기였다. 다른 남유럽 국가들처럼 스페인도 유럽연합으로부터 구제금융까지 받았지만, 은행 파산과 국가 부도 위험은 좀처럼 진정될 기미를 보이지 않고 있다. 처음에 위기 관리 책임을 맡은 것은 호세 루

마드리드의 푸에르타 델 솔 광장에 모인 '분노한 자들'. 2011년 시작된 이 운동은 '월스트리트를 점령하라' 등 기득권을 규탄하는 청년 시위의 시발점이 됐다.

이스 로드리게스 사파테로 총리가 이끄는 사회노동당 정부였다. 사파테로 정부는 유럽의 다른 중도좌파 정부들과 마찬가지로 은행을 살리기 위해 국민들에게 긴축을 요구했다. 이 때문에 결국 2011년 총선에서 권좌를 인민당에게 넘겨주어야 했다.

물론 마리아노 라호이 총리의 우파 정부도 기본 처방은 다르지 않았다. 오히려 더 노골적으로 긴축을 강요했다. 자연히 대중의 불만이 끓어올랐다. 엎친 데 덮친 격으로 2013년에 인민당이 기업으로부터 불법 정치 자금을 받아왔다는 사실이 폭로됐다. 불길에 기름까지 부은 격이었다. 예전 같았으면 이게 곧 사회노동당 지지율 상승으로 이어졌겠지만, 이제는 이런 양대 정당 구도가 통하지 않는다. 사회노동당에도 이미 실망할 대로 실망한 대중은 다른 대안을 찾아 나섰다. 그리고 거기에 연합좌파가 있었다.

여기에 두번째 사건이 겹쳤다. 바로 '분노한 자들의 운동'이다. 2011년에 치솟는 실업률과 정치권의 무책임에 넌더리가 난 청년들이 마드리드의 푸에르타 델 솔 광장을 점거하고 무기한 농성에 돌입했다. 그들은 모두 SNS를 통해 자발적으로 모인 젊은이들로, 대부분 실업 상태이거나 비정규직이었다. 당시 집권당이던 사회노동당도 그들에게는 전혀 대안이 아니었고, 사회협약이라는 이름으로 정부를 거들기만 하는 노동조합도 아군으로 느껴지지 않았다. '분노한 자들'이라 불린 점거 시위대는 "지금 당장 민주주의를!"이라는 구호 아래 모든 기성세력에 불만을 토했다.

처음에는 연합좌파도 이 새 운동에 접근하기 쉽지 않았다. 점거운동의 요구들 중 대부분은 이미 오래전부터 연합좌파가 주장해온 것이었지만, 이들도 어쨌든 '분노한 자들'의 눈에는 기성 정당들 중 하나였던 것이다. 하지만 분위기는 점점 바뀌었다. 연합좌파의 젊은 활동가들이 '분노한 자들' 운동에 처음부터 함께 하면서 끈기 있게 새 운동과 정치조직 사이의 대화를 추진한 덕분이었다. 그래서 이제는 연합좌파의 대회에 점거운동 참가자들이 함께 하고 역으로 점거시위에 연합좌파가 깃발을 들고 참여하는 게 어색하지 않다. 양대 정당에 대한 젊은 세대의 불신이 운동 초기의 막연한 반정치주의를 벗어나 연합좌파와의 연대 혹은 연합좌파 지지로 이어지는 양상이다.

연합좌파의 좌파 혁신 노력들

연합좌파는 이러한 역사적 호기를 부여잡기 위해 나름대로 비상한 노력을 펼치고 있다. 그중 하나가 연합좌파가 발표한 대안 경제 전략이다. 그 골자는 3년 안에 340만 개의 새로운 일자리를 창출하고 최저임금을 월 645유로에서 1100유로로 인상하며 노동시간을 주 35시간으로 단축해서 경제 위기를 극복한다는 것이다. 이 전략에 따르면, 농촌 재생, 재생가능에너지 확대, 에너지 효율성 제고를 위한 주택 개보수, 공공주택 신축, 공공교통 확충, 보건·교육 등 공공서비스 확대, 중소기업 지원 등을 통해 그 정도 규모의 새 일자리를 충분히 만들어낼 수 있다. 이를 위해서는 총 600억 유로의 예산이 필요하다. 연합좌파는 부유층과 대기업에 대한 증세 그리고 탈세와의 전쟁을 통해 예산을 확보하겠다는 계획을 내놓았다. 핵심은 긴축의 고통을 강요하는 것 말고도 다른 길이 분명 있다는 것, 그것이다.

연합좌파의 또 다른 노력은 스페인 특유의 지역 자치-분리 문제와 관련돼 있다. 스페인은 독자적인 민족 문화를 지닌 여러 지역으로 나뉘어 있다. 그중에서도 바스크는 스페인으로부터 분리 독립하려는 성향이 강하고 경제 중심지인 카탈루냐도 이에 못지않다. 갈리치아도 그 뒤를 따르고 있다. 재정위기로 인해 각 지방정부에도 긴축정책이 강요되자 분리 독립 여론이 더욱 비등하는 상황이다.

2012년 11월에 있었던 카탈루냐 (자치)의회 선거는 그 바로미터였다. 중앙의 양대 정당과 연결된 세력은 대패한 반면 분리 독립 진영은 압승을 거뒀다. 분리 독립파 중에서도 우파인 '통합과 단결ciu'은 표를 오히려 잃었고, 좌파 정당들이 약진했다. '카탈루냐 공화주의 좌파 ERC'는 13.7%를 얻어 제2당이 되었고, '카탈루냐 녹색이니셔티브-연합 대안좌파CV-EUiA'도 10% 가까이 득표해 사회노동당(14.4%)과의 격차를 좁혔다. 후자는 연합좌파와 비슷한 정당연합인데, 그 가입 조직 중에 서도 '연합대안좌파'는 연합좌파의 카탈루냐 자매 정당이다. 연합좌 파는 카탈루냐에 지역조직을 따로 두지 않고 '카탈루냐 녹색이니셔티 브-연합대안좌파'와 일상적으로 연대한다.

6개월 뒤에 갈리치아에서 실시된 지방선거에서도 카탈루냐 선거의 양상이 반복됐다. 자치 확대를 주창하는 '갈리치아 좌파 대안AGE'이 총 75석의 갈리치아 (자치)의회에서 18석을 차지하며 기염을 토했다. 사 회노동당과 한 석 차이밖에 나지 않는 결과였다. '갈리치아 좌파 대 안' 역시 정당연합인데, 여기에는 좌파 민족주의 조직인 '아노바ANOVA (갈리치아 어로 '혁신'이란 뜻)', 녹색 정당들, 연합좌파의 갈리치아 지역 조직이 결합해 있다.

이런 분위기 속에서 2013년에 연합좌파는 카탈루냐의 연합대안좌 파와 함께 공동 성명을 발표했다. 분리 독립 문제에 대해 각 지역의 자결권을 존중해야 한다는 내용이었다. 사실 연합좌파도 중앙정치에 뿌리를 둔 세력이어서 지역분리주의에 대해서는 조심스러운 유보 입 장을 보여 왔다. 하지만 이제 각 지역 주민의 민주적 자결권이야말로 가장 우선적인 가치임을 확인한 것이다. 이를 계기로 자치-분리 흐름 의 확산도 연합좌파의 성장으로 수렴되는 모양새다.

스페인, 언제고 정치적 격변 가능한 화약고

스페인 총선은 2015년에 실시된다. 하지만 지금 스페인은 그리스와 마찬가지로 언제고 정치적 격변이 폭발할 수 있는 화약고가 되어가고 있다.

그리스에서는 스페인과 비슷한 상황에서 급진좌파연합SYRIZA이 기존 중도좌파 정당을 제치고 좌파의 대표 주자로 부상하는 일이 벌어졌다. 유로존 내 제4위의 경제 규모를 자랑하며 인구가 4000만 명인 스페인에서 이런 일이 벌어진다면 그 충격은 그리스와 비교가 되지 않을 것이다. 연합좌파의 약진이 예삿일로 보이지 않는 이유가 여기에 있다.

2부

좌파의 재구성

10

영국 보선 이변,
'혼돈의 시작'인가
'역사의 열림'인가

2012년 3월 29일 영국의 한 선거구에서 하원의원 보궐선거가 있었다. 잉글랜드 북부의 웨스트 요크셔에 속한 브래드포드 시 서부 선거구였다. 본래 이곳 하원의원은 노동당 소속의 마샤 싱이었지만 그가 건강 문제로 사임하는 바람에 보선이 열린 것이다.

이 선거에 주목하는 이들은 그다지 많지 않았다. 브래드포드 서부 선거구는 1970년대 초반 이후 40년 넘게 노동당의 아성이었다. 그간 한 번도 다른 당 후보가 당선되어본 적이 없었다. 2010년 총선에서도 싱 당선자의 득표율이 45.3%에 이르렀다.

노동당보다 두 배 넘는 득표율 기록한 급진 좌파 후보

노동당은 후보로 시의원인 임란 후사인을 공천했다. 전임 싱 의원,

후사인 후보 모두 이슬람권 출신 이주민이다. 브래드포드 유권자의 상당수를 차지하는 무슬림 공동체를 의식한 공천이었다. 노동당은 승리를 자신했고, 에드 밀리밴드 대표를 비롯한 당 지도부는 개표 이후 곧바로 브래드포드에 축하 방문할 계획까지 세워놓고 있었다.

그런데 놀라운 결과가 나왔다. 새벽에 발표된 당선자는 후사인 후보가 아니라 리스펙트Respect라는 소규모 좌파정당 후보인 조지 갤러웨이였다. 더구나 그 득표율이 무려 55.9%였다. 후사인 후보는 25.0%를 얻으며 2위를 기록했다. 현재 집권 연정을 이루고 있는 두 거대 정당, 보수당과 자유민주당은 각각 8.4%와 4.6%를 받으며 이 선거구의 소수 정당으로 전락했다.

노동당 지도부는 당황한 표정이 역력했고, 언론은 저마다 이번 보선이 '별날' 수밖에 없었던 이유를 대느라 부심했다. 브래드포드 기사가 주말 신문 지면을 도배했다. 갑자기 영국 전체가, 별다른 관심거리도 아니었던 북부 잉글랜드 한 선거구의 보선으로 인해 들썩이기 시작했다.

리스펙트는 노동당의 '제3의 길' 노선에 맞서 좌파정치를 재구성하겠다는 포부를 안고 2004년에 출범한 정당이다. 1년 전 영국 사회를 뜨겁게 달군 대중적인 이라크 전쟁 반대운동이 이 당의 창당 에너지였다. 반전운동의 두 축, 영국 내 무슬림 공동체와 급진 사회주의 세력은 고스란히 창당의 두 축이 되었다. '리스펙트'라는 당명은 '존중Respect, 평등Equality, 사회주의Socialism, 평화Peace, 환경주의Environmentalism, 지역사회Community, 노동조합주의Trade Unionism'의 첫 글자들을 조합한 것이다.

영국에서 노동당의 제3의 길에 맞서 좌파를 재구성하기 위한 노력이 진행중이다. 리스펙트는 그런 정치세력의 하나로, 브래드포드 재보선에서 조지 갤러웨이가 당선되며 한때 가능성을 보여주었다.

리스펙트의 대표였던 젊은 여성 정치인 살마 야쿱은 이 당의 성격을 온몸으로 상징한다. 야쿱은 늘 히잡을 두르고 있는 전형적인 이슬람권 이주 여성이다. 그러면서도 그녀는 세속적 좌파의 신념을 견지하고 있다. 히잡을 착용한 야쿱과 전형적 서구식 정장 차림의 노동당 지도부 중에서 유럽 좌파의 신념에 보다 철저한 것은 오히려 야쿱 쪽이다.

이런 야쿱과 함께 창당 당시부터 리스펙트의 간판 역할을 한 것이 이번 보선 당선자인 갤러웨이다. 1954년생으로 스코틀랜드 출신인 갤러웨이는 원래 노동당 하원의원이었다. 노동당 안에서도 수백 명 의원들 중 단지 한 사람이 아니라 상당히 주목받는 인물이었다. 불과 26살의 나이에 스코틀랜드 노동당 의장이 되었고, 처음 하원의원이 된 것은 33살 때였다. 능수능란한 연설과 토론 능력이 갤러웨이의 이러한 정치적 성공에 날개 역할을 했다.

짓밟힌 반전 여론, 갤러웨이 지지로 폭발

그런 그가 노동당과 갈라서게 된 것은 2003년 이라크 전쟁 때문이었다. 오래전부터 팔레스타인 연대 운동에 앞장서온 갤러웨이는 블레어 정부의 이라크 침략에 가장 치열하게 맞서 싸운 인물들 중 한 명이었다. 노동당 의원이면서 노동당 정부를 야당보다 더 신랄하게 공격한 것이다. 결국 블레어 지도부는 그를 당에서 쫓아내버렸다. 노동당에서 출당당한 갤러웨이는 리스펙트 창당에 합류해 이 당의 원내 교두보 역할을 했다. 그리고 2005년 총선에서 보란 듯이 다시 당선돼 하원에서 이라크 전쟁 반대운동의 목소리를 대변했다.

하지만 갤러웨이에게나 리스펙트에게나 곧 시련이 닥쳐왔다. 2007년, 갤러웨이·야쿱 등의 당 지도부와 '당내 당' 역할을 하던 사회주의노동자당SWP 세력(영국의 트로츠키주의 정파) 사이에 분란이 일어나 결국은 분당 사태로까지 이어졌다. 분당 이후 당력이 많이 소진된 리스펙트는 2010년 총선에서 쓰디쓴 결과를 맛보아야 했다. 갤러웨이는 낙선했고, 당의 또 다른 기대주 야쿱도 4000표 차이로 아깝게 고배를 마셨다. 리스펙트는 원외 정당 신세가 되었다.

리스펙트의 상황이 이러했기에 아무도 브래드포드 보선에서 갤러웨이가 승리하리라 예상하지 못했다. 승리는커녕 관심 주자조차 아니었다. 이런 무시와 무관심 속에서 갤러웨이 후보 진영은 기존 노동당 지지층을 아래로부터 파고드는 치밀한 선거운동을 펼쳤다. 젊은 층이 첫번째 공략 대상이었다. 토니 블레어를 이라크 전쟁 범죄자로 처벌하고 아프가니스탄에서 즉각 철군하자는 등의 과감한 선거 공약이 젊은이들에게 커다란 호소력을 발휘했다. 갤러웨이 후보 선거 사무실은 점차 청년들로 붐비기 시작했다.

이 과정에서 갤러웨이 후보 측은 SNS를 적극 활용했다. 페이스북, 트위터, 유튜브에서는 선거운동 기간에도 이미 갤러웨이 후보가 다른 후보들을 압도하는 양상을 보였다. 갤러웨이의 페이스북 친구들만 8만3000명이었다. 이런 전략이 실제 선거 결과에 커다란 영향을 끼쳤다는 평가다. 노동당 홍보 전문가들도 이 점을 강조한다. 이번 보선은 소셜 미디어가 승패를 가른 첫번째 선거였다는 것이다.

노동당이 강조하는 또 다른 주된 요인은 이주민 공동체다. 대표적으로, 노동당 그림자 내각에서 내무장관을 맡고 있는 이베트 쿠퍼 의원은 이번 보선이 '지역적 요소들'에 의해 판가름 났다는 진단을 내놓았다. 아시아계 이주민 공동체의 청년과 여성들을 확실히 조직하지 못하고 리스펙트에 빼앗긴 것이 문제였다는 것이다. 이런 분석은 갤러웨이의 압승이 단지 친무슬림 선거 전술의 결과일 뿐이며 따라서 노동당의 전체적인 미래에는 별다른 고려 사항이 되지 못한다는 결론을 전제한 것이다.

그러나 과연 그럴까? 우선 노동당 안에도 이견이 있다. 노동당 내 좌파 하원의원 모임인 '사회주의캠페인그룹' 소속 다이앤 애벗 의원은 보선 결과가 이른바 '정체성의 정치'로 설명될 수 없다고 반박했다. 갤러웨이가 아무리 친아랍 인사라 하더라도 노동당 후보인 후사인은 혈통부터가 파키스탄계다. '정체성의 정치'가 작동했다면, 후사인이 그토록 참패할 수는 없었다는 것이다. 애벗이 강조하는 것은 이라크 전쟁 문제다. 반전 여론을 짓밟으며 침략에 동참한 노동당 지도부를 노동당 지지층이 여전히 용서하지 않고 있으며, 이러한 분노가 갤러웨이 지지로 폭발한 것이라는 이야기다.

금융위기 뒤 긴축재정에 대한 심판

이라크 전쟁의 기억이 노동당의 발목을 잡았다는 데 대해서는 다들 공감한다. 그런데 이것만으로는 여전히 설명이 잘 안 된다. 갤러웨이에게 표를 던진 55.9%, 1만8000명 중 노동당 지지표의 이탈로 설명할 수 있는 것은 절반밖에 안 된다. 나머지 절반 가량은 보수당과 자유민주당을 지지하던 유권자들이다. 기성 3대 정당, 보수당·자유민주당·노동당에 대한 유권자들의 지지 성향이 좀처럼 바뀌지 않는 영국 사회에서 도대체 어떻게 이러한 민심의 격변이 가능했던 것인가?

『가디언』 경제 담당 칼럼니스트 래리 엘리엇은 실패한 이라크 전쟁보다 더 중요한 다른 전선戰線의 실패에 주목해야 한다고 주장한다. '빈곤과의 전쟁의 실패'가 그것이다. 브래드포드를 비롯한 북부 잉글랜드의 경제 사회 현실이 문제라는 것이다.

브래드포드는 영국에서 주민 중 청년층의 비중이 가장 높은 지역

중 하나다. 2020년이 되면 25세 이하가 총 인구 중 절반을 차지하게 될 전망이다. 그런데도 청년 실업률은 영국 전체의 2배에 달한다. 전통적 공업 지대인 북부 잉글랜드에서는 대처 정부 이후 신자유주의 바람이 몰아닥치면서 제조업이 붕괴되었다. 이로 인해 이 지역은 장기 실업과 빈곤이 일상이 된, 버림받은 땅이 되었다.

여기에서 다시 이런 의문이 든다. 잉글랜드의 북부와 남부 사이의 격차는 사실 어제 오늘의 일이 아니다. 1980년대 이후 늘 그래왔고, 〈풀 몬티〉나 〈브래스드 오프〉 같은 영화를 통해 영국 밖 세상에도 잘 알려져 있다. 그런데 왜 새삼 이번 보선에서 기성 정당 모두에 대한 심판으로 폭발한 것인가?

이를 이해하자면 시야를 영국 전체로 확대해야 한다. 2008년 금융위기 당시 고든 브라운 노동당 정부는 5000억 파운드(약 900조 원)에 달하는 공적 자금을 투입해 대형 은행들을 살렸다. 하지만 그 여파로 영국 정부의 부채가 급증했다. 2010년 총선으로 들어선 보수당-자유민주당 연립정부는 국가 채무 문제를 해결하겠다면서 초긴축정책을 추진했다. 공공 지출을 대폭 삭감해 2015년까지 균형 재정을 달성하겠다는 것이었다. 제2차 세계대전 이후 최대 규모의 정부 지출 삭감이 시작되었다.

제일 먼저 칼질을 당한 것은, 늘 그렇듯이 복지 지출과 공공부문 일자리였다. 정부의 대학 재정 지원이 줄고 등록금이 올랐다. 공공부문에서 30만 명 규모의 정리해고 계획이 공표되었고, 공무원 임금은 동결됐다. 프랑스식 가두 투쟁과는 인연이 없어 보였던 영국 사회가 유례없이 들끓기 시작했다. 2010년부터 대학생들이 거리에 나섰고, 2011년 11

월 30일에는 공공부문 노동자들이 총파업을 단행했다. 2012년 2월까지 런던의 세인트폴 성당 앞에서는 '점령occupy' 시위가 계속되었다.

이러한 2010년대 영국의 풍경에서 북부 잉글랜드는 이제 더 이상 예외 지대가 아니다. 오히려 현재 영국 사회 전체가 겪는 고통을 가장 먼저, 오랫동안 경험해온 곳일 뿐이다. 브래드포드 보선의 표심은, 마찬가지 맥락에서, 영국 전체의 민심을 가장 먼저 대변한 것이라 할 수 있다. 은행 구제의 대가로 민생을 파탄시키는 보수당·자유민주당뿐만 아니라 블레어-브라운 정권 시기의 원죄 때문에 이를 방조하는 노동당 모두 심판의 대상으로 바라보는 민심. 후보자 명단에 노동당이 버린 노동당의 가치를 대변하는 후보(갤러웨이)가 등장하자 이 민심은 드디어 표심으로 자신을 드러냈다.

갤러웨이 당선자는 이것을 '브래드포드의 봄(분명 '아랍의 봄'을 염두에 둔 표현)'이라 명명했다. 선거의 외양을 띤 "평화적이고 민주적인 봉기"라는 것이다. 봉기까지는 몰라도 아무튼 모종의 격동이 시작된 것만은 분명하다. 누군가에게는 혼돈의 시작이고 다른 누군가에게는 역사의 열림인 어떤 일이 영국에서 벌어지고 있다.

계속되는 새로운 시도들

그렇지만 리스펙트는 브래드포드의 쾌거를 당 전체가 약진할 기회로 만드는 데 실패했다. 갤러웨이는 당선 후 평소의 그다운 돌출 언동을 계속했다. 위키리크스의 줄리언 어산지를 변호하면서 성차별적 표현을 내뱉기도 했다. 이 때문에 당의 또 다른 지도자 살마 야쿱이

2012년 말 탈당을 선언하기에 이른다. 리스펙트는 다시 침체기에 접어들고 말았다.

중요한 혁신의 시도들은 다른 곳에서 진행되고 있다. 우선 노동당이 나름대로 분발하고 있다. 에드 밀리반드 대표는 당 정책 재검토 작업을 존 크루더스 의원에게 맡겼다. 크루더스는 본래 토니 블레어의 측근으로 정계에 입문했지만 이후 입장을 선회해 지금은 당내 좌파의 구심으로 부상한 인물이다. 크루더스가 주도하는 싱크탱크 '컴퍼스(나침반)'는 사회민주주의 세력이 이제 신자유주의를 넘어선 '좋은 사회good society'의 방향을 제시해야 한다고 주창하고 있다. 이들의 '좋은 사회' 구상은 '제3의 길'을 폐기하고 정통 사회민주주의로 돌아가려는 시도다.

밀리반드 대표는 2013년 노동당 전당대회에서 이러한 새로운 입장의 일단을 드러냈다. 특히 에너지 관련 기업들에 대한 통제를 강조했다. 그러자 보수 언론이 들고 일어났다. 『데일리 메일』은 밀리반드 대표의 아버지인 정치학자 고故 랄프 밀리반드가 마르크스주의자였다는 것을 들추면서 색깔론 공세에 나서기도 했다.

한편 노동당 바깥에서는 노동당의 변화 가능성에 회의하는 이들이 새로운 좌파정당 창당에 착수했다. 리스펙트가 실패한 상황에서 보다 광범한 지지 기반(가령 노조에 기반을 둔 긴축 반대 운동 등)을 바탕으로 새 급진 좌파 정당을 건설하자는 것이다. 현재 그 조직명은 '좌파통합Left Unity'이다. '좌파통합'의 최초 발의자는 저명한 영화감독 켄 로치다. 그는 노동당의 과거와 현재를 극명하게 대비한 다큐멘터리 〈45년의 정신〉(2013년)을 발표하면서 새 좌파정당 건설을 제창하고 나섰다. 노동당 왼쪽에 대중정당을 건설하려는 시도가 실패를 거듭해온 영국에서 '좌파통합'이 앞으로 어떤 결실을 맺을지 주목된다.

11

속까지 붉은 토마토당,
네덜란드 총선 돌풍

유럽 재정위기 때문에 국제회의가 열릴 때마다 항상 독일을 편들고 나서는 나라들이 있다. 오스트리아와 핀란드 그리고 네덜란드가 그 나라들이다. 독일과 함께 이들은 유럽의 대표적인 채권국들이다. 독일을 중심으로 한 이들 채권국 연합이 현재 유럽 금융 과두제의 정치적 대변자 노릇을 하고 있다 해도 과언이 아니다. 이들 채권국 연합에서 독일 다음의 경제 규모를 자랑하는 나라가 네덜란드다. 이런 네덜란드에서 2012년 10월 12일, 총선이 실시됐다.

조기 총선이었다. 자유민주인민당wb이 이끌던 우파 연정에 직접 참여하지는 않으면서 내각을 지지해주던 극우파 자유당pw이 지지 입장을 철회하면서 연정이 붕괴한 탓이다. 쟁점은 긴축정책이었다. 정부가 유럽 재정위기를 고려해 긴축재정을 추진한 게 화근이었다. 채권국인

네덜란드 '토마토당'의 로고. 정식 명칭은 사회당인 이 당의 창당 당시 이름은 '마르크스-레닌주의 네덜란드 공산당' 이었다.

네덜란드는 그리스나 스페인 같은 채무국과는 다른 상황일 것 같지만, 이 나라에도 역시 경제 위기의 어두운 그림자가 드리워져 있는 것이다.

전신은 '마르크스-레닌주의 네덜란드 공산당'

그런데 이 나라 총선을 놓고 온 유럽이 술렁였다. 그 몇 달 전 그리스 총선 때처럼 금융 과두 세력들이 가슴을 졸였다. 마치 그리스의 급진좌파연합SYRIZA처럼 금융 자본주의를 정면 공격하면서 갑자기 지지 세를 늘려가는 한 좌파 정당 때문이었다. 토마토를 당의 로고로 사용해서 흔히 '토마토당'이라는 애칭으로 불리는 사회(주의)당SP이 바로 그 당이다.

본래 네덜란드의 대표적인 두 정당은 자유민주인민당과 노동당PvdA 이다. 전자는 총선 전까지 여당이었던 보수 우파 정당이고, 후자는 사회민주주의 정당이다. 이제까지 네덜란드 정치의 상식대로라면 우파 연정의 붕괴로 조기 총선이 실시되는 만큼 노동당의 집권 가능성이 높아지거나 자유민주인민당과 노동당, 이 두 당 사이에 각축이 벌어지는 게 정상이다. 그런데 선거 초반에 노동당이 아니라 사회당이 좌파 쪽의 최다 지지 정당으로 치고 올라왔다. 그뿐만 아니라 제1당 자리를 놓고 자유민주인민당과 엎치락뒤치락했다.

그럼 사회당은 도대체 어떤 정당인가? 이름만 들으면, 그냥 또 다른 사회민주주의 정당 같다. 프랑스나 벨기에에서는 '사회(주의)당'이라는 이름의 사회민주주의 정당이 좌파의 제1당 역할을 하고 있다. 하지만 사회당의 애초 창당 당시 이름이 무엇이었는지 듣고 나면 느낌이 달라질 것이다. 그 당명은 '마르크스-레닌주의 네덜란드 공산당'이었다.

1971년에 주로 68세대로 이뤄진 마오쩌둥주의 세력이 친소파 공산당과는 별개로 결성한 정당이 현재 사회당의 모태다. 뿌리만 놓고 보면, 자본주의의 발상지인 네덜란드에 이보다 더 어울리지 않는 정치 세력도 없는 것 같다. 게다가 바로 전 총선인 2010년 선거 결과를 놓고 봐도 당황스럽기는 마찬가지다. 이때 사회당은 불과 9.9%를 득표해 15석을 확보하는 데 그쳤다. 그런데 2년 만에 상황이 돌변해 여론조사에서 20% 안팎의 지지율을 보인 것이다. 이쯤 되면 그리스 총선 때 한차례 혼비백산했던 유럽 정치 전문가들이 사회당에게서 급진좌파연합의 환영을 보며 경기를 일으키는 것도 이해할 만하다.

중도좌파 노동당, 극우파 자유당 동시 타격

사실 사회당이 주류 여론을 당혹시킨 게 이번이 처음은 아니다. 2006년 총선에서도 사회당은 그 이전 선거에서 거둔 득표율(6.6%)의 거의 세 배에 달하는 16.6%의 지지를 얻어 주목을 받은 바 있다. 이때의 급성장은 1년 전 있었던 유럽헌법안 국민투표의 여파 덕분이었다. 이것은 근대 네덜란드 역사상 최초의 국민투표로서, 프랑스에서 먼저 국민투표를 통해 유럽헌법안이 거부되고 사흘 뒤에 실시되었다. 결과는 프랑스와 마찬가지였다. 63%의 국민이 참여해 62%가 반대표를 던졌다. 두 나라의 국민투표 결과로 유럽헌법안은 휴지조각이나 마찬가지가 되고 말았다.

사회당은 이때 좌파 쪽의 유럽헌법안 반대운동 중심 세력이었다. 반면 좌파의 다른 두 대표 정당, 노동당과 녹색좌파GL는 찬성 입장이었다. 노동당은 다른 유럽 사회민주주의 정당들과 마찬가지로 현재의 유럽연합-유로존이 등장하는 데 주축 역할을 해왔다. 한편 1989년에 친소파 공산당이 다른 소규모 좌파 정파들과 함께 '녹색 정치'를 내걸며 창당한 녹색좌파 역시 유럽 통합 프로젝트에 이의를 달지 않았다. 원내 좌파 세력 중에서는 오직 사회당만이 분명한 반대 입장이었다. 이에 따라 사회당은 국민투표 뒤에 실시된 총선에서 유럽 통합 비판 여론의 좌파 쪽 수혜자가 될 수 있었다.

이 때문에 비판도 많이 받았다. 극우 인종주의 입장에서 유럽 통합에 반대하는 히르트 빌더스의 자유당과 다를 게 없는 '좌파 포퓰리즘'이라는 것이었다. 노동당은 2006년 총선이 끝나자 이런 이유를 들며 좌파인 사회당이 아니라 우파 정당과 함께 연립정부를 구성하기도 했다. 토마토당은 그 괄목할 성공에도 불구하고 주류 여론으로부터는 여전히 왕따 취급을 당한 것이다.

그러나 경제 위기와 함께 유럽 통합 프로젝트의 모순이 적나라하게 폭로된 지금은 사정이 다르다. 사회당의 고집스러운 유럽 통합 비판론은 이제 좌파 성향 유권자들의 지지가 이 당으로 쇄도하는 중요한 이유가 되고 있다. 반면 노동당의 지지율은 사회당에 추월당했고, 녹색좌파의 지지율은 2.7%로까지 떨어졌다. 노동당이나 녹색좌파가 온갖 고상한 수사로 포장하던 유럽연합-유로존이 사실은 신자유주의 금융화 물결의 한 갈래에 불과했음이 만천하에 드러났기 때문이다.

노동당, 녹색좌파만 사회당 돌풍의 타격을 받은 것은 아니다. 또 다른 피해자가 있다. 극우파 자유당 역시 고전을 면치 못하고 있다. 자유당은 2010년 총선에서 15.5%를 얻었다. 그런데 이번 총선을 앞두고는 여론조사에서 계속 10%대 초반의 지지율을 보였다. 최대 5% 정도의 지지층을 잃은 것이다. 그간 극우 인종주의 정당을 지지하던 일부 하층 노동자 집단이 사회당 쪽으로 이동한 결과라는 게 대체적인 평가다. 사회당 바람이 극우파 바람을 제압하는 역할을 한 셈이다. 그간 주류 좌파들이 극우파의 약진에 속수무책이었던 데 비하면, 상당히 주목할 만한 양상이라 하겠다.

다시 좌파의 근본을 생각하게 하다

사회당이 이번 총선에서 내건 핵심 정책은 긴축정책 중단과 복지

투자 확대다. 이들 역시 정부 재정의 일정한 삭감이 필요하다는 데
는 동의한다. 그러나 이들이 보기에 가위질이 필요한 것은 복지 예산
이 아니다. 비효율적인 관료 기구를 손보는 게 우선이다. 국방비도 줄
여야 한다. 그리고 고소득자들에게 더 많은 세금을 물려야 한다. 반면
위기 극복을 위해서 공공투자를 늘려야 한다. 사회당은 그 대상으로
서 주거, 에너지 절약, 환경 개선, 공공교통, 보건 그리고 교육을 제시
한다. 사회당의 이러한 공약이 복지 축소에 반대하는 네덜란드 민심
을 사로잡았던 것이다.

하지만 사회당의 힘은 정책에만 있지는 않다. 또 다른 중요한 요소
가 있다. 다름 아니라 이들의 정치활동 방식이다. 사실 68세대가 만든
정당치고 별로 성공한 사례가 없다. '좌파'보다는 '녹색'을 강조한 독
일 녹색당 정도가 거의 유일한 예외였다. 그런데 네덜란드 사회당은
좌파 정체성을 분명히 하면서 성공한 또 다른 희귀한 사례다. 그럴 수
있었던 밑바탕에는 이들의 끈질긴 풀뿌리 정치활동이 있었다.

아직 '마르크스-레닌주의 공산당'이던 시절부터 이들은 지역 사회
에 뿌리내리는 데 온 힘을 기울였다. 이들은 가톨릭 성향의 남부 지방
을 중심으로 지역 차원의 정치 쟁점에 대해 지속적인 캠페인을 벌였
다. 주류 거대 정당들이 중앙정부의 권력에만 관심을 집중하는 상황
에서 신생 사회당의 이러한 활동 방식은 유권자들에게 신선하게 다가
왔다. 덕분에 사회당은 차츰 지방의회 내에 진지를 구축하게 되었다.
노동운동에 대한 이들의 접근법도 역시 철저한 풀뿌리 방식이었다. 노
동당은 노총의 조직적 지지를 받았지만, 사회당은 그렇지 못했다. 사

회당은 이런 약점을 노동자 당원들의 활발한 실천을 통해 극복해나 갔다.

사회당의 독특한 성장사는 이 당 주요 지도자들의 이력에도 뚜렷이 새겨져 있다. 2008년까지 당대표를 역임하며 오랫동안 당의 얼굴 역할을 해온 얀 마레이니선은 노동자 출신이다. 그의 정치 이력은 스물네 살에 지방의원에 당선된 것으로 시작되었다. 이후 그는 17년간이나 지방 정치 무대에서 활동했고, 이를 바탕으로 1994년에 사회당 최초의 하원의원으로 당선되었다. 현재 당 대표로서 선거운동을 이끌고 있는 에밀 루머의 경우도 비슷하다. 그는 전직 초등학교 교사다. 2002년까지도 학교 현장에 있었다. 그러면서 1994년부터 사회당 소속 지방의원으로도 활동했다. 그런 그가 외치는 '교육 투자 확대' 공약은 결코 빈말로 들리지 않는다.

많은 이들이 사회당의 이러한 당문화에 이 당의 저력이 있다고 지적한다. 네덜란드 인구 규모에서 이 당의 4만6000여 당원은 결코 적은 수가 아니다. 더구나 사회당원들은 다른 어느 정당의 당원들보다 일상 활동에 적극적이다. 사회당 지역조직들이 이러한 당원 활동의 구심 역할을 한다. 사회당 지역조직들은 당원들이 참여하는 지역 사회운동을 조직할 뿐만 아니라 한 세기 전 초기 사회민주주의 정당들이 그랬던 것처럼 지역 센터('민중의 집')를 건설해 노동자들의 일상 생활에 접근한다. 이 모든 게 실은 노동당 같은 오래된 정당들이 언제부턴가 까마득히 잊고 있었던 좌파 정당의 본래 모습이다.

쉽지 않은 좌파 연정의 길

사실 2012년 총선 결과는 사회당 입장에서는 기대에 미치지 못하는 것이었다. 노동당을 제칠지도 모른다던 초반 예측은 중반 들어 급수정되어야만 했다. 노동당이 사회당을 크게 앞지르기 시작했다. 결국 2010년 총선과 별반 다르지 않은 결과가 나왔다. 자유민주인민당이 제1당이 되었고(26.6%), 노동당이 그 뒤를 이어 제2당이 되었다(24.8%). 사회당은 9.7%를 얻어 4위를 기록했다. 의석은 그대로 15석이었다. 선거 후 네덜란드에는 자유민주인민당과 노동당의 좌우 연립정부가 들어섰다.

사회당 지지율이 선거 기간 중에 급락한 데 대해서는 여러 평가가 있다. 루머 대표가 TV 토론에서 두각을 나타내지 못한 것을 주된 이유로 들기도 한다. 하지만 보다 근본적인 요인으로는 역시 네덜란드가 유럽 재정위기의 소용돌이 속에서 채무국이 아닌 채권국인 탓에 안정 희구 심리가 작동했다는 점을 들어야 할 것이다. 사회당으로서는 아직 갈 길이 먼 것이다.

하지만 사회당이 좌우 연정을 견제하는 좌파 쪽의 가장 강력한 야당이라는 점에서 노동당의 대체 세력으로 다시 치고 나올 가능성은 충분하다. 네덜란드 총선 몇 달 전 그리스 총선이 그랬듯이 선거 결과와 상관없이 이미 네덜란드 정치권의 혁명은 진행중이다. 토마토당의 돌풍은 한 세기만에 좌파의 대표 주자 자리가 교체되는 이변의 시작일 뿐만 아니라 좌파정치 문화 자체가 그 근본으로 돌아가는 의미심장한 흐름의 출발이다.

12

총파업이 견인하는
인도 좌파의 재구성

2012년 9월 20일 인도의 대도시들에는 평소와 다른 긴장감이 흘렀다. 뭄바이에서는 은행들이 하루 종일 손님을 받지 않았다. 캘커타에서는 상점들이 모두 문을 굳게 닫아걸었고 거리에는 차들도 한산했다. 델리에서는 대중교통이 마비돼 시민들이 발을 동동 굴렀다. 이날 5000만 명의 인도 노동자들이 12시간 파업에 돌입했고, 상당수 자영업자들도 철시撤市로 이에 동참했다.

짐작보다 '사회주의적'이었던 인도?

사람들을 분노하게 만든 것은 정부의 경제 '개혁' 조치였고, 그 첫 번째는 소매 유통 시장에 대한 해외 자본의 직접 투자 허용이었다. 정부는 1년 전부터 외국 유통 자본이 51%까지 지분을 갖는 대형 유통

점의 설립 허가 법안을 제출해놓고 있었다. 이 법안이 통과되면 월마트 등의 진출로 영세 상인들의 생존권이 짓밟히리라는 것은 불을 보듯 빤했다. 한국에서는 이미 오래전부터 익숙해져 있는 현실이다. 상인들은 당연히 강하게 반발했다. 하지만 정부는 이에 아랑곳하지 않고 법안을 밀어 붙였고, 결국 2012년 9월에 입법 처리했다.

'개혁'의 또 다른 주요 내용은 유류 가격 인상이었다. 정부는 경유 가격을 리터당 5루피씩, 총 14% 인상하겠다고 발표했다. 또한 각 가정이 취사용 LPG를 구입할 때 지급하던 정부 보조금을 1년에 6통으로 제한하기로 했다. 가뜩이나 높은 인플레이션(좀 떨어진 것이 7% 수준)로 고통 받고 있는 인도인들에게 이것은 정말 울고 싶은 사람 뺨 때리는 격이었다.

더구나 인도 민중에겐 더 이상 참고 있지 못할 충분한 이유가 있었다. 이번의 '개혁'은 결코 갑자기 튀어나온 게 아니었다. 이것들은 지난 20여 년간 지속되어온 이른바 '빅뱅' 개혁의 한 부분이었다. 마침 현 총리인 만모한 싱은 20년 전에 재무장관으로서 '빅뱅' 개혁을 처음 시작한 인물이기도 하다.

본래 독립 이후 인도 경제에는 늘 '사회주의적'이라는 수식어가 따라 붙곤 했다. 물론 엄청난 빈부격차에다 다른 나라에는 없는 카스트 차별까지 존재하는 나라에 '사회주의'라는 규정은 가당치않다. 그러나 인도 경제가 상당한 사회주의적 요소들을 포함한 강력한 국가자본주의 체제였던 것만은 분명하다. 철강·광산·금속·통신·보험·전력 등 주요 산업이 국유화되어 있었고, 소련식 5개년 계획을 실시했다.

자유화 이후 10% 줄어든 하위 60% 소득

여기에는 초대 총리 자와할랄 네루의 이념적 영향이 컸다. 그는 자본주의에 비판적이었으며, 그 대안으로 영국식 페이비언 사회주의를 추구했다. 우리나라 대우상용차를 인수한 인도 굴지의 재벌 타타 가문의 J. R. D. 타타가 국영 기업도 수익 위주 경영을 해야 한다고 말하자 네루가 했다는 답변은 유명하다. "이윤에 대해서는 더 이야기하지 말게. 그건 더러운 짓거리야"가 그의 답이었다. 현재 인도 여당인 국민회의는 바로 이 네루의 정당으로서, 네루 사후에도 상당 기간 그의 경제 이념을 충실히 계승했다. 네루의 뒤를 이어 국민회의를 이끈 그의 딸 인디라 간디는 주요 은행들까지 국가 소유로 만들어버렸다. 공산당조차 이러한 국민회의를 '비자본주의적 발전'을 추구하는 민족부르주아 정당이라 평가하면서 비판적 지지와 협력의 대상으로 삼았다.

대전환의 계기는 1991년에 찾아왔다. 이 해에 인도는 심각한 외환고갈 상태에 빠졌고, 결국 국제통화기금IMF에 손을 내밀지 않을 수 없었다. IMF는 라틴아메리카 국가들에게 강요했던 것과 마찬가지로 인도에게도 구제금융의 대가로 신자유주의적 경제 구조 개혁을 요구했다. 이때 집권당은 다름 아닌 국민회의였다. IMF의 협박 앞에 국민회의는 이념적 전향을 감행했다. 무역과 투자를 개방하고 각종 규제를 철폐했으며, 국영 기업 사유화에 착수하고 통화주의 정책을 수용했다. 이 모든 정책 전환의 사령탑 역할을 맡은 이가 당시 국민회의 내각의 재무장관이던 싱 현 총리다.

이후 싱은 경제 전문가에서 정치인으로 거듭났다. 2004년 총선에서 야당이던 국민회의는 다른 소규모 정당들과 '통합진보연합UPA'을 결성해서 극우파 여당 힌두인민당BJP에 맞섰다. 결과는 UPA의 승리였다. UPA는 BJP의 재집권을 막는 것이 최우선 과제라 본 좌파 정당들의 지지까지 받아 새 정부를 구성했다. 그런데 당 지도자인 소냐 간디(인디라 간디의 며느리)는 자신이 직접 총리를 맡지 않고 싱에게 그 자리를 넘겼다. 이것은 '경제'가 '정치'를 압도하던 2000년대의 전지구적 추세를 인도 역시 충실히 따르겠다는 선포였다.

이후 싱이 이끄는 UPA 정부는 지속적인 자유화·사유화를 통한 성장 중심 정책을 이어나갔다. 2008년 금융위기 전까지만 해도 싱 정부의 이러한 정책은 대성공을 거두는 것처럼 보였다. 2007년에는 인도 역사상 최고의 성장률인 9%를 달성하기도 했다. 영미권 경제 전문가들은 이러한 성과가 싱 총리의 시장 친화 정책 덕분이라며 입이 마르도록 칭찬을 아끼지 않았다. 그러면서도 이들은 인도의 성장 속도가 중국에 비해서는 느린 게 인도가 중국에 비해 아직 '덜' 자유주의적이기 때문이라며 개방과 탈규제에 좀 더 채찍질을 가하길 주문하는 것도 잊지 않았다.

하지만 행진은 여기까지였다. 금융위기 이후 인도의 성장률은 하강 곡선을 그리기 시작했다. 주요 성장 산업들이 다 내수보다는 수출에 의존해왔으니 그럴 수밖에 없었다. 화려한 성장 수치에도 불구하고 인도의 국내 경제는 2000년대 호황기에도 계속 속병을 키워가고 있었다. 현재 인도에서는 상위 20%가 국부의 절반 이상을 차지하는 반면 하위 60%의 몫은 전체 소득의 27.9%에 불과하다. 자유화 이전에는

신자유주의 개혁으로 인도 경제는 급속도로 향상되었지만, 내부적으로는 문제를 키워나가고 있다. 인도 부유층들이 성장하는 동안 빈부격차는 갈수록 커졌으며, 인도 빈민들의 삶도 개선될 줄 모른다.

그래도 이들에게 총 소득의 38.6%가 돌아갔었다. 빈부격차가 더욱 심각해진 것이다. 더구나 최근에는 10%에 가까운 인플레이션이 덮쳐 실질 소득은 더욱 떨어지고만 있다.

총선과 지방선거의 실망스러운 결과

21세기 들어 세계 경제성장의 마지막(?) 견인차 역할을 해온 두 경제(중국과 인도)의 최근 겪고 있는 이러한 침체는 곧 신자유주의가 직면한 막다른 골목을 보여주는 것이다. 그런데도 싱 총리의 UPA 정부는 오로지 '더 많은 신자유주의'에서 출구를 찾고 있다. 지난 몇 년간 지속된 인도 엘리트들의 성공이 지금 이들의 맹목을 낳고 있다. 그리고 이 상황에서 이제는 노동자·소상인 등 민중이 직접 행동에 나서기 시작했다.

그 첫 포문인 이번 총파업에는 좌파 정당들이 함께 했다. 공산당CPI, 마르크스주의-공산당CPI-M, '전인도 전진 블록', 혁명사회당 등의 좌파 정당들은 '좌파전선'이라는 연합조직을 구성하고 있다. 여기에서 가장 주도적인 역할을 하는 정당은 CPI-M이다. 이들은 본래 CPI가 지나치게 친국민회의 노선을 걷자 이에 대한 반발로 1964년에 CPI에서 떨어져 나온 세력이다. CPI-M은 이후 웨스트벵골과 케랄라, 두 주('주'라고는 하지만 이 둘의 인구를 합치면 1억이 훨씬 넘는다)에서 장기 집권하면서 자본주의 세계에서 가장 규모가 큰 공산당으로 성장했다. 현실사회주의가 무너진 뒤에도 웨스트벵골과 케랄라에서는 CPI-M이 계속 선거에 승리해서, 외국 논평가들로부터 '기이한' 정치 현상 취급을 당하기도 했다.

즉, 인도는 좌파 세를 무시할 수 없는 나라다. 좌파전선은 UPA와 민족민주연합(NDA, BJP가 국민회의 주도의 UPA에 맞서 결성한 정당연합)에 이은 당당한 원내 제3세력이다. 총파업으로 분출되기 시작한 민중의 불만과 열망이 좌파 정치세력들과 만나면 인도라는 거대한 나라(차라리 한 대륙)에서 1991년의 대전환을 뒤집는 또 다른 대전환이 가능하지 않을까?

그러나 상황이 그렇게 간단하지만은 않다. 최근 몇 년간은 좌파전선에게는 오히려 혼란기였다. 신자유주의 공세가 위기 상황인데 그 대항자여야 할 좌파 역시 혼돈 상태인 것이다. 그 대표적인 지표가 2009

년 총선과 2011년 지방선거 결과다. 좌파전선은 총선에서 상당한 약진을 기대했었다. 집권 가능성까지 내다보았었다. 하지만 21.15%의 득표로 총 543석 중 79석을 획득하는 데 그쳤다. 제3세력의 위상은 견지했지만, 집권과는 거리가 먼 성적이었다.

원인은 여러 가지를 들 수 있지만, 가장 커다란 이유는 좌파전선이 UPA와의 차별을 분명히 하는 데 실패했다는 점이었다. 이것은 업보였다. CPI의 친국민회의 노선을 비판하며 출발한 CPI-M조차도 2004년 이후 줄곧 싱 총리의 UPA 정부에 대해 비판적 지지 입장을 취했다. 그러다가 싱 정부가 2008년 미국과 핵 협정을 맺는 등 노골적인 친미 정책을 펼치자 그제야 정부 지지를 철회했다. 비록 전투적 야당으로 입장을 선회하기는 했지만 이제까지의 '친국민회의' 이미지를 씻어버리기에 1년이란 시간은 너무 짧았다. 이런 상황에서 많은 진보 성향 유권자들은 힌두 근본주의자들BJP의 집권을 막기 위해 국민회의에 표를 던지는 관성에서 벗어날 특별한 이유를 찾지 못했다.

2년 뒤에 실시된 지방선거에서는 더 큰 위기라 할 수 있는 양상이 나타났다. 좌파전선의 대표 정당인 CPI-M이 웨스트벵골 주에서 대패한 것이다. 케랄라 주에서도 이들은 가까스로 승리를 거머쥐었다. 특히 웨스트벵골에서 참패를 맛본 것은 CPI-M 주도의 좌파 주정부가 UPA 중앙정부와 별로 다르지 않은 성장 위주 정책을 펼쳤기 때문이었다. 이들은 급기야 무분별한 개발에 맞서던 농민들과 폭력 충돌을 빚기도 했다. 인도 좌파의 버팀목 역할을 하던 지방 권력 장악이 오히려 좌파의 발목을 잡은 셈이다.

대중투쟁이 준 기회를 잡을 수 있을까

이 역사적인 패배 이후 인도 좌파 내에서는 혁신과 재구성에 대한 논의가 분분하다. 현실사회주의의 붕괴 이후에도 인도 공산주의 정당들에 뿌리 깊게 남아 있는 스탈린주의의 잔재를 하루빨리 청산해야 한다는 목소리가 드높다. 또한 '국민회의 2중대' 이미지를 심어준 오래된 국민회의 비판적 지지 노선을 극복해야 한다는 지적도 있으며, 지방정부의 만년 여당으로 있으면서 대중운동과 거리가 멀어진 일종의 집권당 체질을 바꿔야 한다는 비판도 있다.

모두가 수십 년 된 문제들이니 풀기 쉽지는 않을 것이다. 하지만 모처럼의 대중투쟁 국면은 분명 인도 좌파에게 자기 혁신의 절호의 기회를 열어주고 있다.

13

ANC와 만델라,
한 시대는
이렇게 저물고

2012년 8월 16일 전세계는 남아공발 외신에 경악했다. 이 나라의 마리카나 광산에서 경찰이 파업 시위대에 발포해 무려 47명이 목숨을 잃었다는 소식이었다. 학살이었다. 남아공에서는 과거에도 몇 차례 이런 비극이 있었다. 1960년에 샤프빌에서 69명이 경찰 발포로 숨진 사건이 있었고, 1976년에 소웨토에서 어린 학생 100명이 학살당한 참극도 있었다. 하지만 이 두 사건은 모두 백인 정권의 아파르트헤이트(인종분리) 체제에서 벌어진 일들이었다. 이제 그 체제는 무너졌다. 넬슨 만델라와 그 후예들이 집권한 지 벌써 18년째다. 그런데 또 다시 이런 일이 벌어진 것이다. 민주화 '이후'에도 이런 역사가 반복됐다는 사실 앞에서 세계인은 충격에 빠지지 않을 수 없었다.

그러고 나서 넉 달 뒤인 12월 8일, 만델라가 병원에 긴급 후송됐다는 소식이 들려왔다. 지구촌의 이목이 다시 남아공으로 향했다. 이미 94세인 이 거인의 최후가 임박한 듯 보였기 때문이다. 그 와중에 망가웅에서는 집권당인 아프리카민족회의ANC의 전당대회가 열렸다. 2012년은 ANC 창립 100주년이기 때문에 본래는 잔칫집 분위기여야 했다. 하지만 한 해 동안의 엄청난 사건들 탓에 그럴 형편이 못됐다. 당대회는 제이콥 주마 대통령이 대표에 재선되고 그의 위상을 재확인하는 것으로 끝났다. 당대회가 폐막할 무렵 만델라는 회복의 기미를 보였다. 크리스마스에 병문안 간 주마 대통령은 그가 건강을 되찾았다고 전했다. 그러나 누구나 이게 단지 잠깐의 휴지기였을 뿐임을 안다. 분명 한 시대가 저물고 있다.(만델라는 결국 2013년 12월 5일 서거했다.)

공산당이 주도한 ANC의 집권

ANC는 지난 한 세기 동안 남아공 반인종주의 투쟁을 주도한 유서 깊은 정치조직이다. 'National Congress'라는 그 이름은, 비록 남아공의 경우에는 '민족회의'라 번역되기는 하지만, 인도 '국민회의'와 같다. 영국 식민 통치에 저항한 간디, 네루의 국민회의와 같은 시대정신에서 출발한 것이다. ANC는 이러한 반제국주의 정신을 협애한 흑인 민족주의에 가둬두지 않았다. 물론 ANC의 다수는 흑인(그중에서도 반투족)이지만, 이들이 지향하는 것은 흑인·유색인(대개 인도계)·백인이 공존하는 다인종 국가다. 그리고 이러한 무지개 국가의 기반으로서, 다분히 사회주의적인 경제 체제를 지향했다. 지금도 ANC는 사회민주주의 정당들의 국제조직인 '사회주의 인터내셔널SI' 회원이다.

과거 남아프리카공화국의 학살은 백인 지배층에 의한 것이었지만, 마리카나 광산 학살은 만델라의 후예 정권이 저지른 것이다. 지배층의 탄압에는 흑백이 따로 없는 것이다.

이러한 ANC의 역정에서 남아공 공산당SACP은 좋은 동반자였다. 치열한 반反아파르트헤이트 투쟁에서 공산당은 ANC의 유일한 우군이었다. 그러면서 ANC는 점차 공산당의 이론적 영향을 받았다. 당면 과제를 '민족민주혁명'이라 규정한 공산당 이론이 곧 ANC의 방침이 되었다. ANC는 1960년대에 비폭력저항 노선에서 무장투쟁 노선으로 전환하면서 공산당을 통해 동구권으로부터 많은 지원을 받기도 했다. 현재도 ANC와 공산당은 동맹 관계다. 마치 중국의 제1차 국공합작 시기에 중국 공산당이 국민당 이중 당적을 갖고 활동했던 것처럼, 남아공 공산당 역시 자신의 조직을 유지한 채 ANC 안에서 활동하고 있다.

이러한 ANC-공산당 합작 체제에 노총인 '남아공 노동조합회의COSATU'('코사투')까지 더해 흔히 '삼자 동맹'이라 부른다. 남아공에서 '진보' 세력이라고 하면 곧 이 삼자 동맹을 뜻한다. 1994년 만델라의 대통령 당선과 함께 권력을 쥔 것은 단지 ANC만이 아니라 이 삼자 동맹이었다. 삼자 동맹은 신자유주의 전성기였던 당시에 민족민주혁명을 수행하겠다고 기염을 토했다. 이들은 그 경제 사회 프로그램으로서 국가자본주의적인 '재건개발계획RDP'을 야심차게 준비하기도 했다.

그러나 RDP는 이내 폐기되었다. 대신 신자유주의적인 '성장, 고용 및 재분배GEAR' 전략이 채택됐다. 금광 등 천연자원에 대한 외국 기업 소유는 그대로 유지됐고, 오히려 더 많은 해외 자본 유치에서 성장 동력을 찾았다. 국내 대기업은 해외 금융시장에 투자할 수 있는 자유를 확보했다. 단체교섭을 제도화하라는 COSATU의 요구를 들어주는 대신 재계는 마음껏 노동력 사용을 '유연화'할 수 있게 되었다.

음베키 대신 주마가 집권했지만

그 결과는 극심한 양극화였다. 정권에 참여한 흑인 엘리트들은 대기업 지분을 제공받으며 '흑인 자본가'로 성장했다. 덕분에 인종 범주에 따른 경제적 격차는 줄어들었다. 반면 전반적인 빈부격차는 오히려 늘어났다. 실업률이 40%에 달하고, 그나마 있는 일자리도 비정규직이 대부분이다. '민주' 정권 18년 동안 대중의 살림살이는 별로 나아진 게 없다.

이런 상황은 만델라의 후계자인 타보 음베키 대통령 시기(1999~2008

년)에 절정에 달했다. 결국 반란이 일어났다. 단, 이것은 거리의 봉기가 아니라 궁정 쿠데타로 나타났다. ANC 산하 청년동맹, 공산당, COSATU 등 삼자 동맹 내 좌파가 똘똘 뭉쳐 음베키 축출에 나섰다.

민주화 이후 남아공 정치 체제는 대통령을 국회에서 뽑는다. 그리고 국회는 정당명부비례대표제로 구성한다. 이제까지 총선에서 ANC는 매번 흑인 대중의 몰표로 60% 이상의 막강한 득표율을 보였다. 이것은 곧 ANC가 지명한 후보가 자동으로 대통령이 된다는 것을 뜻한다. 따라서 현직 대통령이라 하더라도 ANC 내에서 불신임당하게 되면, 마치 내각책임제의 총리처럼, 교체될 수 있다.

이런 일이 실제로 벌어졌다. 2007년 ANC 전당대회에서 주마 현 대통령이 좌파들의 지지로 음베키를 물리치고 대표가 되자 음베키는 1년 뒤 스스로 권좌에서 물러났다. 1년간 과도기를 거쳐 실시된 2009년 총선에서 주마는 예정대로 대통령이 되었다. 이 과정에서 ANC는 분당 사태까지 겪었다. 음베키 추종 세력이 탈당해 '민중회의COPE'라는 신당을 따로 차린 것이다(총선에서 약 7% 득표).

사실 주마도 ANC의 다른 간부들과 별반 다를 게 없는 인물이다. 그 역시 민주화 이후 흑인 자본가 대열에 합류한 군상에 속한다. 몇 차례 부패 사건에 연루되었으며, 심지어는 성추행으로 재판까지 받았다. 하지만 음베키와 대립하면서 '좌파'적 언사를 구사한 게 좌파들의 주목을 끌었다. 주마가 집권하자 실제 공산당과 COSATU 인사들이 중용됐고, RDP의 무산된 꿈이 되살아나는 것 아니냐는 기대도 일었다.

그러나 현실은 실망스러웠다. ANC 내 다수파가 이 집단에서 저 집단으로 바뀌었을 뿐 체제는 바뀌지 않았다. 기존 경제 기조는 의연히 유지되었다. 이런 가운데 2012년 들어 COSATU의 단체교섭 결과에 반기를 든 자발적 파업들이 폭발했다. 마리카나 사태는 빙산의 일각에 불과했다. 전국의 광산과 농장 지대 그리고 일부 공단에서 10만 명의 노동자들이 파업 물결에 동참했다. '불법 파업을 중단하라'는 COSATU 간부들의 호소는 전혀 먹히지 않았다. ANC 정권, 게다가 좌파의 반란으로 등장했다는 주마 정권은 이런 대중의 궐기에 총탄으로 답했다. 이와 함께 '민족민주혁명'은 숨을 거두었다.

공산당도 COSATU도 답이 아니라면

남아공 민중은 이제 '민족민주혁명'의 배반당한 약속을 대체할 또 다른 '혁명'의 요청에 갑작스레 마주하게 되었다. 음베키를 주마로 바꾸는 식으로는 안 된다는 게 드러났다. 하지만 문제는 정치적 대안이다. ANC '이후'의 정치적 구심으로 과연 누가 있을까?

우선 공산당을 보자. 공산당은 그간 삼자 동맹 안에서 신자유주의 정책 기조를 일관되게 비판해온 세력이다. 그렇다면 공산당이 ANC의 대안이 될 수는 없을까? 마리카나 사태에 대한 이 당의 반응을 보면, 이런 기대가 터무니없는 것임을 확인할 수 있다. 공산당은 광부들의 불신의 대상이 된 COSATU 산하 전국광원노조NUM를 편들면서 비공식 파업의 지도자들을 구속해야 한다고 주장했다. '자신들의' 주마 정부를 지키기 위해 기꺼이 대중의 목소리를 외면하길 선택한 것이다.

그럼 COSATU는 어떤가? 현 COSATU 사무총장 즈웰린지마 바비는 이 조직의 양심이라 할 만하다. 그 역시 좌파 진영에 속하지만 그러면서도 그는 주마 정부의 부패를 비판하길 꺼리지 않았다. 한때 삼자 동맹의 내부 혁신을 기대하는 이들이 그에게 모든 희망을 걸기도 했다. 하지만 바비 총장은 이번에 광산 지대를 순회하면서 '파업 자제'를 호소하고 다니는 바람에 불신의 대상이 되고 말았다.

파업 노동자들의 열렬한 환호를 받은 인물이 하나 있기는 하다. 최근 ANC에서 축출된 전 ANC 청년동맹 지도자 줄리어스 말레마다. 마리카나 학살 이후 말레마는 파업 지지 입장에서 이곳을 방문한 유일한 유명 정치인이었다. 그를 환영하러 1만 명이 넘는 광산 노동자 가족들이 모였다. 이 자리에서 그는 '광산 국유화'를 요구했다. 영국에 본거지를 둔 론민 사社 같은 사기업이 아니라 국가가 광산을 소유해야 국부 유출도 막고 비정규직 저임금 고용도 없앨 수 있다는 것이다. 이것만 보면, 말레마야말로 지금 남아공에 필요한 급진 개혁을 대변하는 정치인으로 보이는데, 실상은 좀 더 복잡하다. 이제 갓 32세인 말레마는 주마와 같은 선동 정치가다. 흑인 대중의 인기를 끌기 위해 백인들에 대해 역인종주의 언사를 남발하고, 이웃나라 짐바브웨의 로버트 무가베 독재정권을 옹호한다. ANC에서 쫓겨난 것도 이런 인종 증오 선동 때문이었다.

폐허 위에서 대안 찾아야 하는 두 나라

남은 대안은 트로츠키주의자, 아나키스트들이 만든 '민주좌파전선DLF'이라는 소규모 조직 정도다. 그러나 이런 신생 조직이, 아직도 지지율 40%는 거뜬히 넘는 여당에 맞서는 데는 상당한 시간과 노고가 필요할 것이다. 그래서 그런지 음베키의 동생이면서도 그와 정치적 입장을 달리 하는 모엘레치 음베키는 남아공에 결국은 튀니지식 혁명이 일어날 거라 예언하면서도 그 시점을 2020년으로 잡는다. 앞으로도 수년 뒤지만, 과연 그때가 되면 대안적 정치 구심이 성장해 있을까?

남아공이나 한국이나 모두 민주화 과정과 신자유주의 시기가 중첩되는 비극을 겪은 나라다. 자본 독재와 겹쳐진 민주주의는 결국 실패하고 말았고 불신의 대상이 됐다. 지금 두 나라 민중 모두 이러한 폐허 위에서 새로 시작하는 법을 깨쳐야 한다는 공통의 과제 앞에 서 있다.

14

낯설지만 흥미로운
정치조직 모델,
우루과이 확대전선

얼마 전 TV에 외국의 어느 대통령 살림살이가 소개되면서 화제가 된
바 있다. 노령인 그는 대통령 관저를 마다한 채 시골 자택에 머물고
있다. 자기가 직접 경작하는 화훼 농장에 딸린 작은 오두막이다. 이조
차도 부인 명의로 되어 있다. 자신의 명의로 된 유일한 재산은 낡아빠
진 폭스바겐 소형차뿐이다. 농사로 버는 수입 말고 대통령 세비를 포
함해 매달 1만2000달러의 소득은 모두 가난한 이들이나 영세 기업에
기부한다. 아예 대통령 관저까지 노숙자들에게 개방하려고 했다가 의
회의 반대로 무산되기도 했다. 그는 '세상에서 가장 가난한' 대통령이
면서 '세상에서 가장 기부를 많이 하는' 대통령이다.

확대전선, 어떻게 양당 구조 해체했는가

"황토빛 노을 물든 석양 대통령이라고 하는 직함을 가진 신사가 자전거 꽁무니에 막걸리 병을 싣고 삼십 리 시골길 시인의 집을 놀러 가더란다"던 신동엽 시인의 시구에나 나올 법한 이 인물은 우루과이의 현 대통령 호세 '페페' 무히카다. 우루과이는 브라질과 아르헨티나 사이에 자리한 인구 300만 명의 작은 나라다. 한때는 '남아메리카의 스위스'라고도 불린 풍족한 나라였지만, 잇단 경제위기와 군사정권을 겪으면서 이웃 아르헨티나와 비슷한 침체와 쇠퇴의 긴 길을 걸어왔다.

그러다가 중남미 전체에 '좌파 붐'이 일던 2000년대 초반, 정확히 말해 2004년에 '확대전선'이라는 좌파 정치조직이 대통령 선거에 승리하면서 이후 계속 좌파 정권이 집권했다. 체 게바라, 살바도르 아옌데처럼 의사 출신인 확대전선 소속 첫 대통령 타바레 바스케스를 이어 2010년에 집권한 이가 바로 무히카 대통령이다.

시골 할아버지 같은 인상과는 달리 무히카의 이력은 파란만장하다. 그는 1960~1970년대에 우루과이를 뒤흔들었던 투파마로스 민족해방전선의 지도자였다. 투파마로스는 쿠바 혁명의 영향을 받아 소수 부유층에게 도시 게릴라 활동으로 맞섰다. 이 때문에 무히카는 14년간 군대 감옥에 갇혀 있어야 했고, 온갖 고문과 탄압에 시달렸다. 민주화로 감옥에서 풀려나자 그는 합법정치활동 노선으로 전환해 옛 동지들과 '민중참여운동'이라는 정당을 조직했다. 그리고 결국은 대통령에까지 당선되었다.

그런데 여기에서 이런 의문이 생긴다. 우루과이의 현 집권당은 확대

한국에도 세계에서 가장 가난한 대통령으로 소개되어 유명해진 우루과이의 호세 '페페' 무히카 대통령. 사람 좋은 인상에서는 짐작할 수 없지만, 그는 과거에 격정적인 혁명가이자 운동가였다.

전선이다. 그런데 무히카 대통령은 민중참여운동 소속이다. 도대체 어찌 된 영문인가? 여기에서 우리는 확대전선이라는 특이한 정치조직 형태에 마주하게 된다. 이 낯선 조직 형태는 무히카 대통령의 청빈한 삶과는 또 다른 점에서 우리에게 신선한 충격을 준다.

확대전선이 처음 등장한 것은 1970년대 초였다. 그동안 우루과이에서는 콜로라도당('적색당'이라는 뜻)과 블랑코당('백색당'이라는 뜻, 국민당으로도 불림)의 양당 체제가 지속되어왔다. 두 당은 19세기에 한때 치열한 내전을 벌이기도 했으나 20세기에 들어와서는 교대로 집권하면서 정치권을 독점했다. 공산당·사회당 같은 좌파정당들이 등장하긴 했지만, 이들의 득표는 모두 합쳐봐야 8만 표 정도로, 양당 독점 구조를 깨기는 쉽지 않았다.

그러나 대중운동이 폭발하면서 새로운 조짐과 시도들이 나타났다. 우선 기성정당인 콜로라도당에서 진보 성향의 이탈 세력들이 나타났다. 공산당·사회당과 이들 콜로라도당 탈당파들은 양당 독점 체제를 극복하기 위해 광범한 연합조직의 건설에 나섰다. 그 결실이 1971년 확대전선의 출범으로 나타났다. 그해 대통령 선거에서 확대전선은 18.5%(30만 표)라는 만만치 않은 득표를 거두었다.

하지만 곧 군부독재가 시작되면서 확대전선은 불법화되었다. 창당 당시의 주요 지도자들은 암살당하거나 해외로 망명해야 했고, 수많은 투사들이 의문사와 고문·탄압에 굴하지 않고 지하활동을 벌였다. 결국 민주화운동의 압박으로 1984년 11월 대통령 선거가 재개되었다. 이 선거에서 확대전선은 21%를 얻어 여전한 저력을 과시했다.

다수 득표자가 꼭 대통령이 되지는 않아

확대전선을 이해하기 위해 우리는 먼저 우루과이의 독특한 선거제도를 이해할 필요가 있다. 우루과이에서는 대통령 선거와 상·하 양원 선거를 5년마다 동시에 실시한다. 상원의원은 전국 단위 비례대표제로 선출하고, 하원의원은 19개 광역단위 비례대표제로 선출한다.

그런데 흥미로운 것은 대통령 선거든 상·하원 선거든 각 정당이 복수의 후보나 후보 명부를 제출할 수 있다는 것이다. 즉, 한 정당에서 여러 명의 후보가 그 정당의 이름을 내걸고 대통령 선거에 출마할 수 있다. 또한 각 정당의 여러 분파가 소속 정당과 분파의 이름을 동시에 내걸고 독자적인 상원의원 후보 명부와 하원의원 후보 명부를 제출할 수 있다.

유권자는 맘에 드는 한 명의 대통령 후보를 선택한다. 그리고 이 대통령 후보의 소속 정당에서 해당 후보를 지지하는 여러 분파의 상원의원 명부 중 하나에 표를 던진다. 마지막으로 이 상원의원 명부를 지지하는 여러 하위 분파의 하원의원 명부 중 하나에 표를 던진다. 이런 식으로 대통령 선거에 던지는 표와 상·하원 의원 선거에 던지는 표는 서로 연동된다. 예를 들어, 대통령 후보는 콜로라도당 소속 후보를 찍고 상원의원 선거에서는 확대전선 소속 분파의 명부에 표를 던질 수는 없다.

그럼 표를 계산할 때는 어떻게 하는가? 대통령 후보 개인이 아무리 많은 득표를 해도 그것이 곧 대통령 당선이라는 최종 결과로 반영되는 것은 아니다. 일단 각 정당 내에서 복수의 후보들 중 가장 많은 득표를 한 후보가 누구인지를 가린다. 그리고 그 정당 소속 후보들이 받은 지지표를 모두 합해 이 후보의 득표로 계산한다. 즉, 대통령 선거에서 소속 후보들의 득표 총수가 가장 많은 당의 1위 후보가 대통령에 당선되는 것이다. 한편 상·하원 선거에서는 각 정당의 소속 분파들이 거둔 득표를 모두 합산한 뒤에 각 분파들이 소속 정당의 전체 득표에 기여한 만큼을 백분율로 계산하여 의석을 배분받는다.

다음의 표를 보면 보다 쉽게 이해할 수 있다. 1994년 대통령 선거에서 콜로라도당과 블랑코당에서는 각각 3명 이상의 후보가 출마했다. 오직 확대전선에서만 1명의 단일후보가 나왔다. 개인 득표만 따지면

〈표〉 1994년 우루과이 대통령 선거 결과

정당	후보	실제 얻은 득표	유효 득표
콜로라도당	상기네티 (당선자)	500,760	656,428
	바탈레	102,551	
	파체코	51,935	
	기타	1,192	
국민당(블랑코당)	라미레스	264,225	
	볼론테	301,665	633,384
	파레이라	65,660	
	기타	1,804	
확대전선	바스케스	621,226	621,226

확대전선의 바스케스 후보가 1위다. 하지만 최종 집계를 통해 콜로라도당의 상기네티 후보가 콜로라도당 후보 중 1위로서 이 당의 후보들이 얻은 표를 모두 차지해 바스케스를 제치고 1위를 기록했다. 그리하여 상기네티 후보가 대통령에 당선되었다. 한편 콜로라도당에서 상기네티 후보를 지지한 분파들은 의회 선거에서는, 유효 득표 65만6428표를 통해 콜로라도당이 차지한 전체 의석 중에서 50만760(표)/65만6428(표)에 해당하는 의석을 배당받는다.

정당보다 분파가 오히려 우선하기도

이러한 우루과이의 선거제도를 '이중동시투표제'라 부른다. 본선 전에 각 당이 치러야 할 예비선거(프라이머리)와 본선이 한 번의 투표로 동시에 실시되는 셈이다. 유권자는 한 번의 투표 행위로 지지 정당을 선택하면서 동시에 그 당의 후보 중 가장 맘에 드는 후보도 선택하게 되는 것이다.

사실 이 제도는 콜로라도당과 블랑코당이 양당 독점 구조를 유지하면서도 다양한 정치 세력들을 만족시키려다보니 나온 타협책이었다. 그런데 이 제도의 효과로, 우루과이의 정당들 내에는 분파 구조가 발전하게 되었다. 아니, 정당보다는 오히려 당내 분파들이 더욱 중요한 의미를 갖게 되었다.

확대전선의 경우에는 아예 여러 소규모 좌파정당들이 자당 조직을 그대로 유지하면서 새롭게 상위의 정당을 건설하는 길을 택했다. 무히카 대통령이 속한 민중참여운동도 확대전선 소속 정당들 중 하나다. 좌파가 우루과이의 특이한 선거제도에 적응하면서 연합전선도 아니고 정당도 아닌 독특한 정치조직 형태를 발전시킨 것이다. 하지만 그럼에도 불구하고 내적 통일성은 오히려 기성의 두 정당에 비해 높다. 콜로라도당과 블랑코당이 계속 복수의 대통령 후보들을 낸 데 반해 확대전선은 매번 한 명의 단일 후보만을 냈다.

민주화 이후 우루과이에서는 정치제도 개혁의 목소리가 높았다. 그래서 1999년 선거부터는 각 당에서 한 명의 대통령 후보만 출마할 수 있는 것으로 대통령 선거제도가 바뀌었다. 그리고 결선투표제도 도입했다. 하지만 대통령 선거 투표와 의원 선거 투표를 연계시키고 당내 분파들이 복수의 의원 후보 명부를 제출하는 제도는 여전히 유지되고 있다.

확대전선은 한마디로 연합전선형 정당 혹은 정당형 연합전선이다.

민중참여운동, 공산당, 사회당 같은 정당들이 독자 조직을 유지하면서 활동하는 것을 보면 분명히 연합전선에 가깝다. 하지만 확대전선은 그 자체로 엄연한 정당이다. 정기적으로 당대회를 개최하고, 두 달에 한 번씩 소집되는 100명 규모의 전국위원회도 있으며, 일상집행기관으로 통합집행위원회도 있다.

확대전선 내의 각 조직은 독자적인 진보 매체를 운영하기도 한다. 우루과이의 거리에서는 확대전선의 각 분파에서 나온 신문·잡지들을 가판대에서 쉽게 발견할 수 있다. 더 나아가 민중참여운동 같은 조직은 자체 라디오 채널까지 갖고 있다. 확대전선은 그야말로 좌파와 사회운동 세력의 독자적인 시민사회라고 해도 과언이 아니다.

세계로 확산된 지혜로운 조직 실험

확대전선은 그리스(급진좌파연합), 포르투갈(좌파블록), 덴마크(적록연합) 등에 비슷한 형태의 정치조직들이 등장하는 데도 커다란 영향을 끼쳤다. 한국 정치가 보수든 진보든 천편일률적인 정당 모델을 반복하는 와중에 세계 곳곳에서는 이런 정치조직들이 성장해 이미 집권하거나(우루과이) 집권을 넘보고 있다(그리스).

하지만 이제는 한국의 좌파 정치세력들도 이 실험에 주목해야 하지 않을까? 선거 결과만을 노린 기계적 정당 통합이 낳은 '통합진보당 사태'라는 뼈아픈 경험을 겪은 뒤이기에 더욱 그렇다. 무히카 대통령이라는 뛰어난 지도자만이 아니라 그런 지도자를 낳은 저들의 지혜로운 집단적 실험에 새삼 주목해야 할 때다.

15

어디 갔어,
이탈리아 공산당

2013년 이탈리아 총선 결과는 참으로 당혹스러운 것이었다. 국제적 망신거리 실비오 베를루스코니가 재기하는가 하면, 코미디언 베페 그릴로가 이끄는 신흥 정당 '오성(별 다섯)운동'이 하원 선거 최다 득표 정당으로 부상했다.

이 대목에서 이런 궁금증이 생긴다. "그 강력하던 이탈리아 좌파는 다 어찌 된 것인가?" 이탈리아 공산당PCI은 한때 당원 수가 무려 200만 명에 달했다. 1976년 총선에서는 34.4%를 득표했다. 여기에 사회당PSI 과 다른 군소 좌파들의 득표까지 다 합치면 좌파 지지 표가 총 50% 였다.

마침 불어 닥친 '마니 풀리테' 열풍

그런데 오늘날은 어떠한가? 하원에서 어쨌든 과반수를 점한 중도 좌파 선거연합 '이탈리아 공동선'의 주축은 민주당PD이다. 당명만 봐서는 이 당이 우파인지 좌파인지 도무지 알 길이 없다. 게다가 이 당은 유럽 금융 엘리트들의 지지를 한몸에 받던 전임 총리 마리오 몬티와 함께 긴축정책의 충실한 집행자를 자처해왔다. 아마도 이런 이유 때문인지, '이탈리아 공동선'은 온갖 호재에도 불구하고 득표율이 30%를 채 넘지 못했다(29.54%). 지난 30년 사이에 이 나라 좌파에는 도대체 어떤 일들이 있었던 것인가?

제2차 세계대전 후 이탈리아는 확실히 좌파가 강한 나라였다. 하지만 좌파 세가 강한 데 비하면 사회 개혁은 더뎠다. 알프스 북쪽 나라들, 즉 독일 내지 오스트리아나 스칸디나비아 국가들과 비교하면 특히 그랬다.

그 주된 이유 중 하나는 좌파의 주도 세력인 공산당이 '집권 불가능'한 상태에 있었다는 점이다. 공산당은 선거 때마다 줄곧 제1야당 지위를 유지했지만, 항상 기독교민주당DC이 공산당만 뺀 연립정부를 구성해서 우파 장기 집권을 이어갔다. 다른 주요 좌파 정당인 사회당조차 기독교민주당의 연정 파트너가 돼서 공산당을 따돌리는 데 한몫했다. 우파 장기 집권 체제는 결국 복지국가의 저발전, 지역 격차, 부정부패, 조직범죄 등 이탈리아 사회의 온갖 만성 질병의 원인이 되었다.

이런 점에서 1991년에 공산당이 사회민주주의 노선으로 전환하며 당명을 '좌파민주당PDS'으로 바꾼 것은 이념적 모색이기도 하지만 동시에 새로운 정치 기획의 출발이기도 했다. 노선 전환의 한 원인은 분명 현실사회주의권 붕괴로 인한 혼란이었다. 공산당은 무엇보다도 '공산당'이라는 당명이 부담스러웠다.

하지만 이런 소극적 동기만 있었던 것은 아니다. 공산당은 좌파민주당으로 변신함으로써 드디어 '집권 가능'한 정당으로 거듭나고자 했다. 이들은 이탈리아에서 독일 사회민주당이나 스웨덴 사회민주당의 역할을 할 정당이 되고자 했다.

마침 이 무렵 이탈리아 정가는 반부패운동인 '마니 폴리테(깨끗한 손)'의 소용돌이에 휩싸여 있었다. 부패에 깊이 연루되었던 기독교민주당과 사회당은 당 자체가 와해되고 말았다. 이것은 좌파민주당에게는 엄청난 역사적 기회였다. 냉전의 긴장이 사라지자 이탈리아 정치도 다른 서유럽 나라들과 비슷한 수준으로 수렴되는 것처럼 보였다.

당명에서 '좌파'가 사라진 이유

1994년 총선은 이런 기대로 뜨거웠다. 이때 좌파민주당은 녹색당 등 범좌파를 총결집한 선거연합 '진보동맹'을 결성해 정권 교체의 도전장을 냈다. 하지만 새로 등장한 우파의 총연합이 진보동맹을 제압했다. 진보동맹이 33.0%를 얻은 반면 새 우파 연합은 46.1%를 획득해 우파 장기 집권의 역사를 이어갔다.

그 주도자가 바로 언론 재벌 베를루스코니다. 그는 자신의 재력으로 옛 기독교민주당과 사회당의 낡은 정치인들을 다시 끌어 모았고,

언론 장악력을 발휘해 잠시 진공 상태이던 우파 정치 공간을 빠른 속
도로 메워갔다. 이후 베를루스코니는 모두 세 차례에 걸쳐 10여 년간
총리 자리를 거머쥔다. 기독교민주당의 냉전 우파가 물러나자 언론
재벌의 신자유주의 우파가 그 자리를 대신한 것이다.

이때부터 좌파민주당을 중심으로 한 범좌파의 관심사는 온통 선거
에서 베를루스코니를 이기는 데만 집중되었다. 이탈리아판 사회민주
주의 정치를 펼쳐 보이겠다는 애초의 다짐은 反베를루스코니 최대
연합을 만들어야 한다는 당면 과제에 우선권을 내주고 말았다.

좌파민주당은 우선 중도우파 정치인들(대개 기독교민주당 좌파 출신)
과 제휴하기 시작했다. '올리브나무 동맹'이라 불린 이 선거연합은 실
제 효력을 발휘했다. 올리브나무 동맹은 중도파 명망가 로마니 프
로디를 내세워 1996년과 2006년 두 차례 선거에서 승리했다. 덕분에
1990년대 후반에 베를루스코니는 권력의 바깥에서 맴돌아야 했고, 좌
파민주당은 중도우파와의 연정이라는 형태로나마 처음으로 중앙정부
집권의 경험을 맛보게 되었다.

이러한 지속적 선거연합 경험은 점차 정당 질서 자체를 재편하자는
논의로 번져갔다. 좌파민주당 안에서, 베를루스코니 집권에 반대하는
모든 정파들을 우파든 좌파든 다 하나의 정당으로 끌어 모아야 한다
는 목소리가 힘을 얻었다. 이들이 염두에 둔 정당 모델은 미국 민주당
이었다. 정책 노선도 '제3의 길' 일색이 되어갔다. 북유럽식 사회민주
당 대신 어느덧 미국 민주당이 새로운 교과서가 된 것이다.

2007년 드디어 이러한 구상에 입각한 새 정당, 민주당이 출범했다.

이탈리아의 악명 높은 베를루스코니 전 총리. 그가 한국 정치인들 뺨치는 엽기 행각으로 이탈리아 사회를 망가뜨리면서, 이탈리아 야권은 반베를루스코니로 뭉쳤다. 그와 함께 이탈리아 좌파는 점차 입지가 사라져가기 시작했다.

올리브나무 동맹의 두 축이던 좌파민주당과 프로디 세력이 하나의 당으로 통합했다. 이와 함께 이탈리아 정계에서는 삽시간에 '좌파'나 '사회(민주)주의'를 내세운 유력 정당이 사라지고 말았다. 현실 정치의 한쪽 기둥은 여전히 옛 공산당 출신 정치인들인데 유력 '좌파' 정당은 없는 이상한 상황이 연출됐다. "베를루스코니를 이기기 위해서라면 뭐든 다 좋다"는 분위기가 이탈리아 좌파를 이런 지경에까지 내몬 것이다.

그렇다고 이탈리아 좌파에 민주당만 있는 것은 아니다. 공산당이 좌파민주당으로 바뀔 때 여기에 합류하지 않은 당원들이 만든 공산주의재건당PRC이 있다. 녹색당도 있다. 또한 남부 지방에서 목숨을 걸고 마피아에 맞서는 여러 지역 정치 그룹들이 있다. 이 중에서 특히 공산주의재건당은 5% 정도의 지지율을 유지하며 좌파민주당 왼쪽의 좌파 세력들에게 중요한 실험 무대 역할을 했다.

공산주의재건당과 '좌파/생태/자유'의 도전

그런데 이들에게조차 '반베를루스코니 연합'의 요구는 결코 남의 문제가 아니었다. 이들의 사회적 기반인 노동운동과 지역 사회운동(흔히 '민중의 집'이나 '사회 센터'로 모여 있는)에서도 '반베를루스코니 연합'론은 대세였기 때문이다. 실제 이런 분위기 탓에 공산주의재건당은 프로디가 이끌던 연립정부에 몇 차례 참여하기도 했다.

게다가 이들 소수 좌파에게는 또 다른 문제가 있다. 2005년에 베를루스코니 정부가 주도해 바꾼 현행 선거제도다. 이 복잡한 선거제도는 기본적으로 정당명부비례대표제에 기반하면서도 묘하게 대통령제의 요소를 담고 있다. 정당들이 선거연합을 결성하도록 권장하며, 각 선거연합이 자신의 총리 후보를 내세우도록 되어 있다. 이렇게 되면 유권자로서는 총리 후보를 보고 표를 던질 수밖에 없고, 따라서 대통령선거에 흔히 나타나는 양강 구도가 형성되게 마련이다. 현실에서는 결국 베를루스코니 우파 연합과 이에 맞선 민주당 중심 연합이다.

공산주의재건당은 2008년 총선에서 민주당 중심 연합에 가담하지 않고 녹색당 등 급진 좌파들만 모아 선거에 독자 대응했다. 그 결과는 참혹했다. 하원 의석 확보 최저선(4%)을 넘지 못해 졸지에 원외 정당 신세가 되고 말았다. 현 선거제도 아래서 소수 좌파 정당이 현실 정치 세력으로 남기 위해 취할 수 있는 선택지는 이렇듯 극히 제약되어 있다.

요즘 구 공산주의재건당의 정치 공간을 이어가고 있는 것은 '좌파/생태/자유SEL'라는 다소 생소한 이름의 신생 정당이다. 좌파/생태/자유는 공산주의재건당 내에서 이른바 '무지개 좌파' 노선에 따라 구좌파와 신좌파를 총결집하려 한 흐름이 좌파민주당 탈당파, 녹색당 내 일부 등과 결합해 만든 정당이다. 공산당 출신이면서 가톨릭 신자이고 커밍아웃한 게이이면서 반反마피아 운동가이기도 한 풀리아 주지사 니키 벤돌라가 이 당의 얼굴이다.

좌파/생태/자유는 이번 총선에서는 민주당 중심 선거연합 '이탈리아 공동선'에 합류했다. 덕분에 하원(총 617석)에서 37석, 상원(총 301석)에서 7석을 얻었다. 하지만 이런 성과는 그릴로 돌풍에 밀려 빛이 바래고 말았다.

사실 그릴로의 오성운동이 내건 "직접 참여 민주주의 강화" "긴축정책 반대" "환경문제 강조" 등은 이미 좌파/생태/자유가 주장해온 내용들이다. 하지만 좌파/생태/자유의 정치색은 민주당과의 선거연합에 묻혀 별로 부각되지 못한 반면 오성운동 쪽은 이런 지향의 대변자로 일약 급부상했다. 어쩌면 좌파/생태/자유는 생존을 얻은 대신 그보다 더 중요한 역사적 기회를 놓친 것일지도 모르겠다.

오성운동, 대안이 되기는 어려워

그렇다고 오성운동이 대안이 될 수 있는 것은 아니다. 이탈리아 출신 소설창작집단 '우밍'이 『가디언』(2013년 2월 28일)에 쓴 대로, 오성운동에서 그리스 급진좌파연합이나 스페인 '분노한 자들의 운동'의 이탈리아 판을 찾을 수는 없다. "1%에 맞선 99%"가 최근 저항운동의 정신인데, 그릴로나 그의 동지인 인터넷 재벌 쟌로베르토 카살레기오는 '1%' 쪽에 속한 인물들이기 때문이다. 이들이 쉽게 '정당 국고보조금 폐지'를 주장할 수 있는 것도, 기존 거대 정당과의 연합에 기대지 않고 독자 정당을 운영할 수 있는 것도 모두 이런 재력 덕분이다.

비록 오성운동이 새로운 국면을 여는 길잡이 역할을 했다 하더라도, 이탈리아에는 이런 풍자극 이상의 값어치를 지닌 정치적 대안이 필요하다. 그 역할을 하자고 좌파정치가 존재하는 것이다. 하지만 현실 정치의 당장의 요구만을 좇아 움직여왔던 좌파는 지금 길을 잃은 상태다. 안토니오 그람시로부터 반파시즘 레지스탕스 그리고 전세계에서 가장 강력했던 신좌파운동으로 이어져온 뜨거운 역사가 지금 통째로 심판대 위에 서 있다.

16

생태사회주의로
좌파를 재구성하자!

박근혜 대통령은 허니문 기간부터도 별로 국민의 사랑을 받지는 못했다. 그렇다고 박 대통령의 위안거리가 없는 것은 아니다. 그보다 더한 사람도 있기 때문이다. 지난 프랑스 대통령 선거에서 사회당ps 후보로 나와 당선된 프랑수아 올랑드가 그 사람이다. 그의 지지율은 30% 아래로 추락하더니 어떤 여론조사에서는 25%까지 나왔다.

사회당 정부에 실망, 좌파당 당원 수 증가

정치권에 대한 불신이 팽배한 요즘 유럽 형편에서 보더라도 기록적으로 낮은 지지율이다. 경기 침체는 끝날 줄 모르고 계속되는데 사회당 정부는 별다른 뾰족한 대책을 내놓지 못하고 있는 탓이다. 경제 위기 속에서 17년만의 '좌파' 대통령에 대한 기대로 올랑드를 지지하고 총선에서도 사회당에 표를 몰아주었던 지지자들로서는 참으로 실망스러운 상황이 아닐 수 없다.

이와 대조를 이루며 요즘 두각을 보이는 또 다른 좌파 정당이 있다. 좌파당PG이다. 지난 대선에서 프랑스 안팎에 커다란 인상을 남긴 장 뤽 멜랑숑 후보가 이 당 소속이다. 멜랑숑은 '좌파전선FG' 후보로 많이 알려졌는데, 좌파전선은 좌파당과 공산당PCF 등이 결성한 정당연합이다. 멜랑숑 후보는 한때 지지율이 15%를 넘나들었고, 최종 득표율도 10%가 넘었다(11.05%). 이것은 1970년대 프랑스 공산당의 전성기가 끝난 이후 사회당 왼쪽의 대선후보가 얻은 최고 득표율이었다.

사실 대선 이후 좌파당의 정치적 행진은 순탄치만은 않았다. 대선 직후 실시된 총선에서 멜랑숑은 일부러 극우파 국민전선의 여성 대표 마린 르펜의 지역구에 출마를 선언했다. 1차 투표에서 좌파 후보들 중 최대 득표자가 된 뒤 결선에서 르펜을 물리치겠다는 게 그의 노림수였다. 하지만 막상 1차 투표에서 그의 득표율은 사회당 후보보다 적은 21.46%에 그쳤다. 멜랑숑은 결선 진출을 포기하고 사회당 후보 지지를 선언했다. 결국 결선에서 르펜을 낙선시키기는 했지만, 영광은 멜랑숑의 몫이 아니었다.

현재 좌파전선의 전체 의석은 하원 총 577석 중 10석에 불과하다. 그리고 그중 다수는 공산당 소속이다. 공산당이 비록 몰락했다고는 하지만 그래도 노동자 밀집 지역에 깊이 뿌리내리고 있기 때문에 좌파당보다는 더 많은 당선자를 낸 것이다. 아무튼 대선의 '멜랑숑 바람'을 생각하면 만족스럽지 못한 결과다. 소선거구제(비록 결선투표제

지난 프랑스 대선에서 '좌파전선' 후보로 나온 장 뤽 멜랑숑. 프랑스 사회당 왼쪽의 후보로서 1970년대 이후 가장 많은 득표를 했다. 프랑스에서 사회당의 우경화가 심화되면서 좌파의 본령에 충실한 새로운 시도가 등장하고 있다.

가 있기는 하지만)인 상황에서 사회당과 선거연합을 맺지 않았기 때문에 이런 결과는 피하기 어려웠다.

그러나 의석 수와는 상관없이 좌파당은 현재 프랑스에서 가장 생동감 넘치며 빠르게 성장하는 정치 세력이다. 대선 이후 당원 수는 꾸준히 늘어 드디어 1만 명을 넘어섰다(1만2000명). 우선 사회당 정부에 실망한 많은 이들이 첫번째 대안으로 좌파당을 찾고 있으며, 정반대 편에서는 좌파당과 비슷한 시기에 창당한 반자본주의신당NPA에 한계를 느낀 이들 또한 이 당의 문을 두드린다.

본래 창당 당시 더 많은 스포트라이트를 받은 것은 반자본주의신당 쪽이었다. 이 당의 모태는 프랑스의 유서 깊은 트로츠키주의 조직 '혁명적 공산주의자 동맹LCR'이다. 이 조직이 2002년과 2007년 대선에

낸 젊은 후보 올리비에 브장스노가 상당한 지지(5% 선)를 얻자 이들은 새 대중정당을 만들기로 결정했다. 이렇게 해서 2008년에 창당한게 반자본주의신당이다. 이 당의 등장은 당의 얼굴 브장스노의 인기에 힘입어 세계인의 이목을 끌었다.

공산당과의 연합으로 대선 흥행

그에 비하면 같은 해에 창당한 좌파당은 상대적으로 관심에서 비껴나 있었다. 2008년에 사회당 전당대회가 있었다. 으레 그랬듯이 당 내여러 경향들은 각자 입장문서motions를 작성하여 대의원들의 지지를 구했다. 그런데 당내 좌파는 19%의 지지밖에 얻지 못했다. 이것은 전년도 사회당 대통령 후보였던 세골렌 루아얄의 '제3의 길' 노선이 당을장악해가는 증거로 보였다. 그러자 좌파 일부가 탈당을 결행했다. 조스팽 내각 시절(1997~2002)에 직업교육 담당 장관을 맡은 적이 있는멜랑숑이 그중 가장 이름이 알려진 인사였다. 이들 탈당파가 독일 좌파당을 모델로 삼아 출범시킨 게 지금의 좌파당이다.

동갑내기 두 좌파 정당, 좌파당과 반자본주의신당의 운명을 가른것은 연합전선 방침에 대한 입장 차이였다. 좌파당은 당세가 미약한대신 사회당 왼쪽 정치 세력들의 광범위한 연합전선을 결성해 사회당과 경쟁하고자 했다. 연합 상대는 공산당과 반자본주의신당이었다.그런데 공산당은 좌파당의 제안을 받아들인 반면 반자본주의신당은이를 거부했다.

이후 반자본주의신당은 사회당뿐만 아니라 공산당, 좌파당과도 선을 긋고 독자 활동에 주력했다. 그럴수록 이 당은 점점 더 대중 정치의 중심에서 멀어졌고, 그래서 창당 당시의 기대와는 달리 당세가 계속 위축되었다. 이에 반해 좌파당과 공산당의 연합은 탄력을 받았다. 2009년 유럽의회 선거에서 일정한 성과를 거두자 2010년 지방선거에도 공동 대응했고, 마침내 '좌파전선'이라는 이름으로 대선에 뛰어들기에 이르렀다. 그 결과가 바로 멜랑숑 바람이었다.

이런 상황 전개는 반자본주의신당 내부에 격렬한 논쟁을 낳았다. 논쟁 과정에서 일부는 탈당해 독자 조직인 '통일좌파'를 결성한 뒤 좌파전선에 합류하기도 했다. 이들은 공산당 등에서 갈라져 나온 다른 소수 정파들과 함께 좌파전선 안에서 제3의 축을 형성하고 있다. 더불어 주목할 만한 것은 반신자유주의 운동의 상징과도 같은 ATTAC(금융거래과세시민행동연합)의 주요 활동가들이 좌파전선의 지지 대오를 이루고 있다는 사실이다.

아무튼 이러한 좌파전선의 구심은 역시 좌파당이다. 2013년 3월 말에 좌파당은 제3차 당대회를 가졌다. 이번 전당대회는 이 당과 좌파전선의 이후 활동 방향을 결정한 문서들을 채택해 주목을 받았다. 그 중에서도 가장 관심을 모은 것은 「생태사회주의에 대한 18개의 테제」였다. 이 문서는 좌파당이 그야말로 야심차게 준비한 것이었다. 좌파당은 2012년 12월에 제1차 생태사회주의자 대회를 개최해 이 문서의 초안을 작성했다. 당 바깥에서도 초안 작성 과정에 적극 참여했다. 반자본주의신당의 이론가로 유명한 미셸 뢰비나 ATTAC의 역전 노장 수전 조지가 그 대표적인 인물들이다.

핵발전의 단계적 철폐 못 박아

「생태사회주의 테제」는 자본주의뿐만 아니라 생산(지상)주의를 극복해야 한다고 주창한다. 끝없는 성장의 추구는 자원 고갈과 기후 변화를 초래해 인간 해방을 가로막는다. 따라서 자본주의와 마찬가지로 무한 성장을 전제하는 사회민주주의나 20세기 사회주의는 대안이될 수 없다. 물론 생태사회주의도 전통적인 사회주의처럼 생산수단의 사회적 소유나 부의 재분배를 중요시한다. 하지만 과거에는 이 과제들이 생산력을 더욱 확대하기 위한 출발점이었다면, 이제 이것들은 생태적 계획을 실현하기 위한 사전 조치들이다. 생태적 계획의 목표는 낭비 없이 대중이 정말로 필요로 하는 것들을 생산하면서 동시에 노동 시간은 대폭 단축하는 것이다.

또한 「생태사회주의 테제」는 핵발전의 단계적 철폐를 못 박는다. 사실 지난 대선에 좌파전선이 제출한 공약집(국내에도 『인간이 먼저다』라는 제목으로 출간되었다)은 '핵발전 철폐'를 분명히 하지 않았다. 아마도 좌파전선의 다른 한 축인 공산당이 핵발전소 폐지에 미온적이기 때문에 그랬던 것 같다. 그러나 좌파당은 이번 당대회에서 「생태사회주의 테제」를 채택함으로써 탈핵 입장을 확고히 했다. 좌파당의 이런 선명한 입장 덕분인지, 녹색당이 사회당 정부에 참여한 데 실망한 많은 녹색당원들이 좌파당에 합류하고 있다. 멜랑숑과 함께 공동대표를 맡고 있는 마르틴 빌라르만 해도 본래는 녹색당 하원의원이었던 여성운동가다.

좌파당이 채택한 또 다른 문서 「대담해지자!」는 이런 생태사회주의 지향을 구체적으로 실현할 전략을 제시한다. 그 핵심은 시민혁명이다.

프랑스 대중 정치에 '혁명'이라는 단어가 다시 등장하는 순간이다. 「대담해지자!」가 내놓은 시민혁명의 목표는 새 헌법을 제정해 제6공화국을 수립하는 것이다. 제6공화국에서는 대통령제 대신 내각제를 실시해야 하고 전면적 비례대표제 도입, 남녀 동수제 등 대의제를 혁신해야 하며 대중의 직접 참여 통로를 확대해야 한다. 또한 이제 정치 영역의 민주화뿐만 아니라 기업 내부의 민주화를 당면 과제로 추진해야 한다. 「대담해지자!」는 그 주요 참고 사례로, 금융위기 이후 아이슬란드의 국민투표와 제헌의회, 아랍 혁명, 베네수엘라의 볼리바리안 혁명 등을 든다.

'생태사회주의' '시민혁명' '제6공화국' 등등. 좌파당이 내놓은 이 일련의 비전들은 사회당 정부의 무대책이 점점 더 참아낼 수 없는 수준으로 치닫는 상황에서 프랑스 사회에 인상적인 파문을 일으키고 있다. 물론 그렇다고 좌파당의 앞길이 장밋빛이기만 한 것은 아니다. 무엇보다 좌파전선을 이끌고 확대한다는 게 그렇게 호락호락한 시험이 아니다.

좌파당에는 미래가 있다

이미 무시할 수 없는 균열이 있다. 좌파전선 내 제3세력들이나 좌파당이 사회당의 우경화가 돌이킬 수 없는 수준을 넘어섰다고 판단하는 데 반해 공산당은 여전히 사회당을 견인하려고 노력해야 한다는 쪽이다. 이런 입장 차이는 각급 선거 결선투표에서 사회당과 선거연합을 할지 말지의 논쟁으로 비화할 가능성이 높다. 좌파당 안에서도 이미 창당 주역 중 마르크 돌레즈(전 사회당 하원의원) 등이 사회당에 대한 멜랑숑의 '좌경적' 입장과 '생태주의 편향'을 비판하며 탈당하는 사건이 있었다.

하지만 이런 도전에도 불구하고 좌파당에게는 미래가 있다. 다른 무엇보다, 오랜만에 자신의 본령에 충실한 좌파의 모습을 보여주고 있기 때문이다. 누구보다도 먼저 새로운 비전을 과감히 던지고 그래서 전에 없던 논란과 고민, 행동을 불러일으키는 일 말이다.

17

덴마크 적록연합,
치열하게 논쟁하고
당론으로 하나되다

〈여총리 비르기트〉라는 덴마크 드라마 시리즈가 있다. 비르기트 뉘르보라는 여성 정치인이 덴마크 총리가 돼 온갖 어려움을 헤쳐 나가는 게 주 내용이다. 시즌1이 2010년에 나왔는데, 덴마크에서는 시청률이 50% 넘게 나올 정도로 인기를 끌었다. 대선 당시 박근혜 후보에게 도움이 되길 바랐는지 국내에서도 한 종편 채널이 이 드라마를 방영한 바 있다.

덴마크의 여성 정치인 바람

드라마뿐만 아니다. 현실에서도 지금 덴마크 총리는 여성이다. 〈여총리 비르기트〉의 주인공은 우파로 나오지만, 실제 여성 총리는 사회민주당 소속이다. 영국 노동당 전 대표 닐 키녹의 며느리이기도 한 48세의 헬레 토닝-슈미트가 그 사람이다. 그녀는 2011년 총선 승리로 총리가 되었다. 비록 드라마 주인공과 정치색은 반대지만, 〈여총리 비르기트〉의 인기 덕을 톡톡히 보았다고 한다.

그런데 덴마크의 여성 정치인 바람은 이것으로 끝이 아니다. 토닝-슈미트가 총리가 된 총선에서 또 다른 여성 후보 바람이 있었다. 그 주인공은 요한네 슈미트-닐센. 1984년생으로 총선 당시는 이십대였고 이제 갓 서른 살인 젊은 여성이다. 그녀 역시 한 좌파 정당 소속이다. 사회민주당보다 왼쪽에 있는 또 다른 좌파 정당인데, 그 이름이 인상적이다. '붉은색과 푸른색의 연합'이라는 뜻의 적록연합RGA이다.

적록연합은 본래 2~3% 수준의 지지를 받아왔는데, 2011년 총선에서는 득표율이 6.7%로 껑충 뛰었다. 이에 따라 의석도 4석에서 12석으로 3배 늘었다. 최근에는 집권 연정의 인기가 하락하면서 이 당의 지지율이 10%를 훨씬 넘어서고 있다. 혹자는 이들이 사회민주당을 제치고 좌파의 새로운 대표자로 부상할 가능성까지 점친다. 덴마크 정치에서 화제의 중심으로 떠오른 이 적록연합은 어떠한 당인가? 이 이야기를 하기 전에 우선 덴마크 좌파정치 지형을 살펴보자.

다른 유럽 국가들처럼 덴마그에도 좌파 정당이 여럿 있다. 그중 이제껏 주류의 지위를 차지해온 것은 역시 사회민주당(현재 정식 명칭은 '사회민주주의자들')이다. 그런데 2011년 총선에서 사회민주당 지지가 예전보다 늘어난 것은 아니었다. 이 당의 득표율은 오히려 2001년 총선 이후 계속 떨어지고만 있다. 2007년 총선에서는 25.5%이던 것이 4년 뒤에는 24.8%에 그쳤다. 그럼에도 사회민주당이 연정을 구성할 수 있었던 것은 이 당 자체의 승리 때문이 아니라 한편으로는 우파의 패

가운데 흰옷을 입은 여성이 덴마크의 총리 헬레 토닝-슈미트다. 사회민주당 소속인 그녀는 2012년 방한하여 맞은편에 앉은 이명박 전 대통령과 정상회담을 가졌다.

배 덕분이었고 다른 한편으로는 다른 좌파 세력의 약진 덕분이었다.

공산주의자와 트로츠키주의자의 연합

다른 좌파 정당도 하나가 아니다. 위에 소개한 적록연합도 있지만, 이제까지는 그보다 더 규모가 컸던 사회주의인민당SF도 있다. 이 당은 덴마크 공산당에서 갈라져 나온 세력이다. 1956년 소련이 헝가리 혁명을 무참히 짓밟은 후, 서유럽 각국 공산당 안에는 소련에 환멸을 느낀 당원들이 생겨났고, 이들은 결국 당을 떠났다. 이렇게 공산당을 떠난 이들은 대개 독자적인 대중 정치 세력을 만드는 데 실패했는데, 단 한 곳의 예외가 덴마크였다.

덴마크 공산당 탈당파는 1959년 사회주의인민당을 창당해서 사회민주당 왼쪽의 대중정당으로 성장했다. 이 당이 일찍이 내건 대(對)소련 독립 노선은 10년 뒤에 이탈리아 공산당 등이 표방하게 되는 '유럽 공산주의'의 원조라 할 수 있다. 사회주의인민당은 2011년 총선에서 9.2%를 득표했고, 사회민주당은 이 당과 중도우파 사회자유당이 동참한 덕분에 현 연정을 구성할 수 있었다.

하지만 사회민주당·사회주의인민당·사회자유당, 이 세 당의 의석을 다 합쳐도 77석으로, 총 175석의 과반이 안 된다. 그런데도 어떻게 연립내각을 구성할 수 있었을까? 12석을 얻은 적록연합이 연정에 직접 참여는 않되 지지표를 던지기로 결정한 덕분이었다. 이런 절묘한 캐스팅보트 역할을 맡게 된 정당, 적록연합의 역사는 길게 보아 1967년으로 거슬러 올라간다.

이 무렵 사회주의인민당은 사회민주당에 대한 비판적 지지 노선에 만족하고 있었다. 그러자 이에 불만을 품은 세력 일부가 탈당해 새로 좌파사회주의당을 창당했다. 사회민주당 왼쪽에 기존의 사회주의인민당과 공산당에 더해 좌파사회주의당이 또 생긴 것이다. 이 당은 많지는 않지만 그래도 계속 의석을 확보(2~4석 사이)하면서 비공산당 급진 좌파의 원내 교두보 역할을 했다.

1970~1980년대는 신진 좌파에게는 성장의 호기였다. 1985년 우파 정부의 노동법 개악 시도에 맞서 총파업이 벌어졌다. 이 파업 자체는 애초의 투쟁 목표를 달성하지 못한 채 끝나고 말았지만, 이때의 경험 때문에 덴마크 우파는 다른 유럽 국가들에 비해 신자유주의를 좀 더

조심스럽게 도입할 수밖에 없게 됐다. 이런 상황에서 좌파 주도로 유럽연합 반대 운동이 끈질기게 이어져 1992년에는 덴마크의 단일 통화 가입을 국민투표를 통해 막아내기도 했다.

또 하나 특기할 만한 것은 핵발전 도입 반대 운동이다. 주류 정당들이 덴마크에도 핵발전소를 건설하려 하자 급진 좌파들이 이에 반대하고 나섰다. 덕분에 핵발전소 건설은 저지되었고, 덴마크는 지금 전세계적인 재생에너지 선진국이다. 녹색당이 등장하기 전부터 급진 좌파가 핵발전 반대 운동을 주도했기 때문에 이후 덴마크에서는 이들이 곧 '녹색' 정치 세력으로 인정받게 되었다.

하지만 1980년대 말, 혼란의 순간이 도래했다. 현실사회주의권의 동요와 붕괴가 덴마크 좌파에게도 커다란 충격으로 다가온 것이다. 직격탄을 맞은 쪽은 당연히 그간 친소 입장을 고수해온 공산당이었지만, 다른 세력도 충격이 만만치 않았다. 무엇보다 그간 급진 좌파의 원내 거점 역할을 해온 좌파사회주의당이 1987년 총선에서 원외 정당 신세가 되고 말았다. 뭔가 새로운 돌파구가 필요했다. 바로 이때 등장한 게 적록연합 프로젝트다.

좌파사회주의당과 공산당은 다음 총선 도전을 위해 선거연합 결성을 모색하기 시작했다. 이 논의에 트로츠키주의 정파인 사회주의노동자당SAP과 마오주의 세력인 공산주의노동자당KAP도 합류했다. 오랜 대립의 역사를 지닌 정통 공산주의자들과 트로츠키주의자들이 함께 미래를 모색하기 시작했다는 것 자체가 이들의 결단이 보통 수준이 아니었음을 말해준다.

그렇게 해서 1989년에 정당연합이 결성됐다. 그 이름은 그냥 '연합'이었다. 지금도 이들은 선거에 '연합'이라는 당명으로 출마한다. 덴마크에서는 굳이 그 앞에 수식어를 붙이지 않아도 이들이 어떤 색깔인지 누구나 다 알고 있다. 다만 나라 바깥에는 잘 알려져 있지 않기 때문에 앞에 '적색과 녹색'이라는 수식어를 붙인다. 그래서 흔히 '적록연합'이라 불린다. 앞에서 말한 것처럼, 덴마크에서는 급진 좌파가 생태주의의 대변자로 인정받는 분위기여서 적록연합이 곧 녹색당의 위상도 겸하고 있다.

유럽에서도 무척 앞선 시도

출범 당시 적록연합은 정당들의 연합이면서 동시에 하나의 독자 정당이기도 했다. 좌파사회주의당과 공산당 등 창당 주역들은 자신들의 독자 조직을 유지했다. 그러면서 이들 조직 중 어디에도 속하지 않은 신참자들이 적록연합에 개별 입당할 수 있도록 문호를 열었다. 집행부 역시 당 내 당들이 파견한 대표자들뿐만 아니라 개별 입당 당원들이 선출한 간부들로 구성됐다.

1980년대 말 당시만 해도 이것은 아직 상당히 낯선 실험이었다. 비슷한 사례로는 1970년대에 남미의 우루과이에 등장한 확대전선이나 적록연합이 출범하기 3년 전 스페인에서 결성된 연합좌파[U] 정도가 있을 뿐이었다. 포르투갈에서 적록연합과 쌍둥이처럼 닮은 좌파블록[BE]이 등장한 것은 10년 뒤였다. 이로부터 다시 5년이 지나야, 요즘 이런 조직 형태의 대명사로 각광받는 그리스의 급진좌파연합이 만들어진다.

프랑스에서는 이제 와서 좌파당, 공산당 등이 좌파전선을 발전시키려 하고 있다. 적록연합은 유럽에서도 무척 앞선 시도였던 것이다.

그렇다고 적록연합이 처음부터 잘 나가기만 한 것은 아니다. 출범 직후인 1990년에 맞이한 첫 총선에서 적록연합은 원내 진출 하한선인 2%를 넘지 못했다(1.7%). 이 결과에 실망해 공산당 소속 일부가 탈퇴하기도 했다. 하지만 서로 잘 화합하지 못할 것만 같던 적록연합 내 여러 정파들은 실험을 계속 밀고 나갔다. 그래서 4년 뒤 총선에서는 3.1%의 득표로 원내에 진출하는 데 성공했다. 6석의 의석은 적록연합 내 세력 분포를 정확히 반영했다. 좌파사회주의당과 공산당이 각각 2석이었고, 사회주의노동자당과 공산주의노동자당은 1석씩 확보했다.

이렇게 발전하는 가운데, 점차 정당 간 연합 대신 한 정당이라는 정체성이 강화되어갔다. 공산주의노동자당과 최대주주인 좌파사회주의당은 차례로 당 내 당을 해산했다. 또한 개별 입당한 신입 당원 수가 계속 증가했다. 의원들은 기성 정당들과는 달리 적록연합 집행부의 당론을 철저히 따랐다. 저마다 출신 정파가 다름에도 불구하고 정파의 입장보다는 연합 집행부의 최종 결정에 더 무게를 두었다. 그에 따라 적록연합 전체의 지도력이 더욱 권위를 갖게 되었다.

지구 반대편 우리에게 시사하는 것

물론 긴장은 여전히 존재한다. 야당이면서도 현 연정의 존립에 생사여탈권을 쥐고 있기 때문에 생긴 새로운 긴장도 있다. 예전에는 조금 더 자유롭게 예산안에 반대 표결을 할 수 있었지만, 이제는 그것이 연정 붕괴(와 우파의 재집권 가능성)로 이어질 수 있기 때문에 보다 신중한 태도를 보이지 않을 수 없다.

2013년 예산안 표결 과정에서도 이 때문에 적록연합 안에서는 격렬한 논쟁이 있었다. 하지만 각 정파와 당원들은 이후의 치열한 논쟁을 열어두면서도 다시 한 번 집행부의 최종 당론(찬성 표결)을 존중하는 모습을 보였다. 정당연합 실험으로부터 새로운 하나의 정당이 서서히 부상하고 있음을 다시 한 번 확인할 수 있다. 이러한 덴마크 적록연합의 진중한 성장 과정은 지구 반대편 우리에게도 분명 시사하는 바가 있다.

18

여전한 카네이션 혁명의 기억,
도전하는 급진 좌파들

2013년 7월초 열흘 가까이 포르투갈은 정치 위기의 소용돌이를 겪었다. 주요 각료들이 사퇴하면서 우파 연립정부가 무너질 조짐을 보였다. 조기 총선이 실시되는 것 아니냐는 관측도 있었다. 하지만 아니발 카바코 실바 대통령이 진화에 나서서 일단 연정 붕괴는 막았다.

1974년 포르투갈의 카네이션 혁명

일이 이렇게 된 것은 긴축정책 때문이었다. 포르투갈은 다른 남유럽 국가들과 마찬가지로 지난 몇 년간 재정위기에 시달렸다. 그래서 2011년에 유럽연합EU 등으로부터 구제금융을 받지 않을 수 없었다. 국제 채권단은 구제금융 조건으로 긴축을 요구했다. 그러나 긴축정책은 위기를 더욱 심화시키는 결과만 낳았다. 실업률은 18%로까지 치솟았다.

당연히 경제정책 책임자들을 향해 대중의 불만이 끓어올랐다. 이것이 연립정부 내에 긴장과 갈등이 높아진 이유였다.

지금 포르투갈 사정이 이렇다. 그리스와 너무도 닮은 모습이다. 그런데 우리가 잊지 말아야 할 이 나라의 또 다른 얼굴이 있다. 그것은 포르투갈이 서유럽에서 가장 최근에 혁명을 경험한 나라라는 사실이다. 1974년 포르투갈에서는 '카네이션 혁명'이 일어났다.

당시 이 나라는 한국의 유신정권과 비슷한 권위주의 체제 아래 있었다. 그리고 이때까지도 해외 식민지를 움켜쥐고 있었다. 이 두 상황이 얽혀 혁명의 도화선이 되었다. 아프리카 식민지에서 민족해방투쟁이 벌어져 진압군을 보내야만 했다. 그러자 양심적 장교들이 이에 반발해 1974년 4월 25일 쿠데타를 일으켰다. 처음에는 쿠데타였다. 하지만 낡은 체제에 반발하던 대중이 이에 호응하면서 혁명으로 발전했다. 이때 반란군을 지지하는 시민들이 가슴에 붉은 카네이션을 달고 거리에 나왔기 때문에 '카네이션 혁명'이라는 이름이 붙었다.

혁명의 결과로 수립된 제헌의회는 2년 뒤인 1976년 새 헌법을 제정했다. 여기에는 당시의 혁명적 분위기가 그대로 담겼다. "경제적·사회적·문화적 민주주의"를 국가 목표로 제시했고, "참여민주주의의 심화"를 언급했다. 노동자 권리 보장에 대한 상세한 규정이 헌법에 실렸고, 사용자는 파업에 맞서 직장폐쇄를 할 수 없다는 조항도 있었다. 한마디로 이제까지 자본주의 국가의 헌법 중 가장 '사회주의적'인 헌법이었다.

이게 포르투갈의 또 다른 얼굴이다. 물론 혁명의 열기는 곧 잦아들었다. 새 헌법 제정 이후 잇단 선거에서 좌파 제1정당으로 떠오른 사회당PS은 1976년 헌법의 이상을 실현하기보다는 서유럽 자본주의에 통합되는 길을 택했다. 지금 그 길의 끝에서 포르투갈은 도무지 탈출구가 보이지 않는 경제 위기와 마주하고 있다. 하지만 30여 년 전 혁명의 여진을 결코 만만히 봐서는 안 된다. 우파 정당인 현 집권당의 명칭이 '사회민주당PSD'이라는 당황스러운 사실도 어쩌면 그 증거 중 하나다. 우파 정당조차 이 정도 이름이 아니면 표를 받을 수 없는 나라가 바로 포르투갈이다.

그리스 공산당과 흡사한 포르투갈 공산당

오랫동안 이런 분위기의 최대 수혜자는 사회당이었다. 2008년 금융위기가 일어날 때에도 집권당은 사회당이었다. 하지만 주제 소크라테스 총리의 사회당 정부가 위기 대책으로 긴축정책을 내놓으면서 인기가 급락했다. 역시 긴축으로 위기에 대응하다 몰락하고 만 그리스의 중도좌파정당 범그리스사회주의운동PASOK과 같은 운명이었다. 결국 2011년 총선에서 사회당은 우파인 사회민주당에게 정권을 내줬다. 사회당이 얻은 28.1%는 2년 전 총선 득표율 36.6%에서 8.5%p나 빠져나간 수치였다.

현재 포르투갈에서는 좌파의 두 세력이 이런 사회당에 도전장을 내밀고 있다. 그 첫번째는 통합민주연합CDU이다. 이 조직은 상설 정당연합이다. 공산당PCP과 생태주의'녹색'당PEV(이하 녹색당)이 주축이고, '민주개입'이라는 소규모 좌파 조직도 함께하고 있다. 공산당은

카네이션 혁명 기념 행사에서 정부 정책에 항의하고 있는 젊은 여성. 혁명의 기억을 간직하고 있는 포르투갈에서는 우파 정당조차 이름이 사회민주당이다. 지금 이 나라에서 좌파는 새로운 도약을 준비하고 있다.

left
SIDE
STORY

1974~1976년의 혁명기에는 좌파의 주도권을 놓고 사회당과 경쟁하던 유서 깊은 조직이다. 2010년 작고한 노벨문학상 수상 작가 주제 사라마구가 이 당의 고참 당원이기도 했다. 그런데 이 공산당이 1987년부터 모든 선거에 신생 녹색당과 선거연합을 결성해 참여하기 시작했다. 이것이 통합민주연합의 출발이다.

공산당과 녹색당은 분명 별개의 당이다. 당 조직이 따로 있고 일상 활동도 별개다. 선거에 공동의 후보명부를 제출하지만(포르투갈의 선거 제도는 완전 정당명부비례대표제다), 의원단은 별도로 구성한다. 심지어는 아주 중요한 쟁점에 대한 입장도 제각각이다. 가령 녹색당은 핵발전에 반대하는데 공산당은 찬성 입장이다. 그런데도 어쨌든 선거 때는 마치 하나의 당처럼 힘을 모은다. 지역 조직이 더 촘촘한 공산당이 녹색당 당원들에게 지역 당사를 선거운동 사무실로 개방하기도 한다. 또한 공동의 청년 조직 '청년 통합민주연합'을 운영하기도 한다.

총선 때마다 통합민주연합은 줄곧 7~8%를 득표했다. 거의 변함이 없다. 이것은 강점이기도 하고 약점이기도 하다. 그만큼 통합민주연합, 그중에서도 공산당에게는 탄탄한 고정 지지층이 존재한다. 특히 조직 노동자들 사이에서 그렇다. 그러나 수십 년째 지지율이 늘 그 수준에 고정돼 있다는 것은 분명 한계다. 이는 통합민주연합이 사회당의 견제 세력으로 존속할 수는 있어도 사회당을 대체할 주자로 부상하기는 쉽지 않다는 것을 말해준다. 이 점에서 포르투갈 공산당은 그리스 공산당KKE과 무척 닮았다. 두 당 모두 낡은 스탈린주의 전통에서 좀처럼 벗어나지 못하고 있는 게 이런 한계의 이유일 것이다.

그래서 두번째 도전자에 주목하지 않을 수 없다. 바로 좌파블록BE이다. 좌파블록은 한국에서 민주노동당이 막 창당을 준비하던 1999년에 출범했다. 마오주의 정파인 민중민주연합UDP, 트로츠키주의 세력인 혁명적사회주의당PSR 그리고 공산당에서 출당당한 이들의 조직인 '정치21', 이 세 조직이 창당의 산파 역할을 했다. 포르투갈에서는 혁명 시기부터 이들 급진 좌파 세력이 만만치 않은 세를 보였다. 그러나 현실 정치에서는 사회당과 공산당에 밀려 빛을 보지 못했던 게 사실이다. 한데 이들이 좌파블록으로 뭉치면서 상황이 바뀌었다.

통합의 계기는 좌파의 뼈아픈 패배에서 비롯됐다. 1998년 포르투갈에서는 낙태의 비범죄화를 놓고 국민투표가 실시됐다. 좌파는 비범죄화에 찬성했고 우파는 반대 입장이었다. 그런데 결과는 '반대' 진영의 승리였다. 유권자의 31.9%가 국민투표에 참여한 가운데, '찬성'이 48.28%, '반대'가 50.07%가 나왔다. 사회당, 공산당, 급진 좌파, 여성주의자들이 광범하게 결집했음에도 불구하고 결과가 이랬다. 범좌파 내에서도 특히 급진 좌파 정파들이 이 패배를 심각하게 받아들였다. 이들은 사회당(그리고 공산당)을 대체할 좌파의 새로운 주도 세력이 등장해야만 이런 좌파의 무기력 상태를 극복할 수 있다고 보았다. 그래서 이 새로운 구심을 만들기 위해 통합을 단행했다.

좌파블록 창당 주도한 세 조직, 정파로 남아

통합민주연합과 달리 좌파블록은 처음부터 단일정당으로 출발했다. 정당연합 형태로 가자는 의견도 있었지만, 치열한 토론과 표결 끝에 하나의 정당으로 합치는 쪽을 택했다. 다만 창당을 주도한 세 조직은 당내 정파로 계속 남아 활동하기로 했고, 이것은 현재도 마찬가지다. 그래서 대의기구의 50%는 당원이 선출하는 한편 나머지 50%는 세 정파에 할당하는 독특한 대의 제도를 취하게 되었다. 세 정파는 정파 할당 부분 내에서 1/3씩 동일한 수의 의석을 배정받는다.

좌파블록은 창당 첫 해에 치른 총선에서 2.4%를 득표해 두 명의 의원을 당선시켰다. 사회당이 딱 절반의 의석을 차지하는 바람에 이 두 개의 의석만으로도 캐스팅보트의 힘을 발휘할 수는 있었다. 그래서 등원 1년 만에 여성에 대한 가정폭력을 형사 처벌하는 법안을 제출해 통과시키기도 했다. 이것이 좌파블록의 첫번째 입법 성과였다. 하지만 한동안은 득표율이 2% 수준에 머물며 좌파 내 소수 세력 신세를 벗어나지 못했다. 공산당과 달리 조직 노동에 뿌리박지 못한 것이 커다란 한계였다. 창당 초기 좌파블록은 '지식인 정당'이라는 이미지가 강했다.

그러나 비정규직 확산에 반대하는 투쟁에 앞장서면서 점차 상황이 바뀌었다. 좌파블록의 첫번째 의원 중 한 명이자 대통령선거에 후보로 출마하기도 한 프란시스코 로사의 인기도 한몫했다. 이에 힘입어 2005년 총선에서 좌파블록의 득표율은 드디어 5% 선을 넘어섰다 (6.4%). 이 무렵 좌파블록은 사회당을 대체할 대안으로 부상하는 것을 당의 전략 목표로 정했다. 좁아터진 사회당 왼쪽 공간을 놓고 공산당과 경쟁하는 게 아니라 말이다.

경제 위기가 시작되고 나서 실시된 첫 선거인 2009년 총선에서 드디어 역사적 기회가 왔다. 이 선거에서 좌파블록은 9.81%를 득표해 의석을 8석에서 16석으로 두 배 늘렸다. 지지율이 처음으로 통합민주연합(7.86%)을 앞지른 것이다. 좌파블록으로 이동한 유권자들은 대개 과거 사회당 지지자들이었다. 좌파의 대표자 위상을 놓고 사회당과 경쟁하겠다는 전략이 실제 먹혀들어간 셈이다. 특히 경제학자 출신인 로사가 대변한 경제 대안이 주효했다. 그것은 첫째 모든 국가 채무의 공개 감사, 둘째 외채 재협상, 셋째 부자 증세와 금융 과세를 통한 은행 부실 해결이었다. 지난 그리스 총선에서 급진좌파연합SYRIZA이 내걸었던 대안과 거의 같은 내용이었다.

'좌파 정부' 건설을 대안으로 제시

2011년 총선에서 좌파블록의 전진은 잠시 주춤하는 모습을 보였다. 득표율이 5.2%로 떨어졌고 의석은 다시 8석으로 줄어들었다. 공산당과 달리 좌파블록은 지지층의 응집력이 약해 정세에 따라 쉽게 흔들릴 수 있다는 것을 보여주는 결과였다.

그럼에도 불구하고 좌파블록은 그리스의 급진좌파연합처럼 '좌파 정부' 건설을 대안으로 제시하며 다시 전열을 가다듬고 있다. 자본주의의 위기와 긴축정책에 맞서는 모든 좌파 세력의 결집에 좌파블록이 앞장서겠다는 것이며 이를 통해 사회당이 점한 공간을 쟁취하고 말겠다는 것이다. 드라마는 오히려 이제 시작이다.

19

독일 좌파의 궁지,
유럽 좌파의 딜레마

"유럽의 위기는 끝나지 않았다." 독일 사회민주당SPD의 여성 사무총장 안드레아 나알레스는 영국 일간지 『가디언』에 기고한 글에서 이렇게 단언했다. 나알레스의 진단처럼 위기는 여전히 진행 중이다. 구제금융 조건으로 강요된 긴축정책 때문에 재정위기 국가들의 경제 사정은 나아질 기미를 보이지 않는다. 이들 국가의 장기 침체는 결국은 독일 같은 수출 국가에 부메랑이 되어 돌아올 것이다.

'적록연정'이 추진한 신자유주의

바로 이런 상황에서 독일 총선이 치러졌다. 한국에선 추석 연휴 마지막 날이었던 2013년 9월 22일에 독일에서는 연방의회 선거가 실시됐다. 이 선거는 비단 독일 한 나라만의 관심사가 아니었다. 온 유럽의 눈길이 독일로 쏠렸다. 유럽연합의 방향타를 쥐고 있는 게 독일이기 때문이다. 지난 몇 년간 앙겔라 메르켈 총리의 기독교민주연합CDU자유민주당FDP 연립정부는 남유럽 국가들에 위기의 책임을 전가하는데 앞장서왔다. 그러면서 독일 경제는 수출 확대와 자본 유입으로 홀로 이득을 챙겼다. 이 기조가 계속되는 한, 유로존이 현재 모습 그대로 유지되기는 쉽지 않을 것이다.

총선에서 메르켈 진영에 맞선 제1야당은 사회민주당이다. 독일 사회민주당은 창당한 지 150년이 넘는, 세계에서 가장 오래된 좌파 정당이다. 한데 이 당은 지금 긴 위기의 한복판에 있다. 1998~2005년 사이에 게르하르트 슈뢰더 총리가 이끈 사회민주당-녹색당 연립정부('적록연정')가 위기의 발단이다. 1999년 재무장관으로 입각해 활동한 당 대표 오스카 라퐁텐이 돌연 사임하는 일이 벌어졌다. 노선 대립이었다. 녹색당 쪽 입각자들까지 포함한 다수의 장관들은 영국 노동당의 '제3의 길' 노선에 가까운 정책 기조를 따랐다. 반면 라퐁텐은 정통 사회민주주의를 복구하자는 입장이었다. 이 대립에서 독일판 '제3의 길'론자들이 승리한 것이다. 몇 년 뒤 라퐁텐은 아예 사회민주당을 탈당하기에 이른다. 전임 당 대표가 탈당했으니 보통 일이 아니었다.

한편 정부 안에서 거칠 게 없어진 슈뢰더 총리는 '아젠다 2010'이라는 이름 아래 복지제도 및 노동시장 '개혁'에 나섰다. 이 정책을 입안한 위원회를 폭스바겐 경영자 출신인 페터 하르츠가 이끌었기 때문에 흔히 '하르츠 개혁'이라고도 부른다. 그 핵심은 복지 축소와 노동 유연화였다. 실업급여 수급자의 구직 의무를 강화했고, 파견 근로, 정리해고 등에 대한 규제를 완화했다. 그동안 영미식 신자유주의로부터 많이 비껴나 있던 독일 사회에 신자유주의 바람을 몰고 온 것이다. 그것도 우파 정부가 아닌 적록연정이 말이다.

이때부터 사회민주당에는 대규모 탈당 사태가 벌어졌다. 라퐁텐의 탈당은 그 한 신호탄이었다. 주로 하르츠 개혁에 분노한 노동조합원들이 집단 탈당했다. 1998년 집권 당시 사회민주당 당원 수는 78만여 명이었는데, 2000년대 중반에 50만 명대로 줄어들었다. 2005년 총선은 이런 탈당 러시 속에서 치러졌고, 따라서 '메르켈 바람'이 아니었더라도 권좌는 넘어갈 수밖에 없었다. 현재는 사회민주당보다 오히려 기독교민주연합이 당원 수가 더 많은 형편이다.

사회민주당의 위기에서 성장한 좌파당

그런데도 슈뢰더 정부의 정책 기조를 따르는 인물들이 이후에도 계속 사회민주당의 얼굴 역할을 했다. 2005년부터 2009년 사이에 사회민주당이 메르켈 총리 아래서 대연정에 참여했을 때 주요 장관직을 맡은 프랑크-발터 슈타인마이어나 페어 슈타인브뤽이 그런 이들이다. 슈타인브뤽은 이번 총선에서 사회민주당 총리 후보로 나오기도 했다. 이들 아래서 지지율은 20% 초반대(2009년 총선 득표율은 23.0%)로까지 떨어졌다. 사회민주당 역사상 기록적으로 낮은 수치라 할 수 있다.

이러한 사회민주당의 하향세와 대비되는 게 신흥 좌파정당인 '좌파당Die Linke'의 등장과 성장이다. 좌파당의 뿌리는 둘이다. 하나는 구舊 동독 사회주의자들의 결집체인 민주사회주의당PDS이다. 민주사회주의당은 구 동독 지역에서는 이미 오래전부터 강력한 세를 자랑했다. 하지만 그 영향력이 구 동독 바깥으로 확장되지는 못했다. 그레고르 기지 같은 인기 있는 대중 정치인의 활약에도 불구하고 이것은 넘기 힘든 벽이었다.

돌파구는 사회민주당의 위기로부터 열렸다. 구 서독 지역의 사회민주당 탈당 세력은 2005년 총선을 앞두고 준정당 조직인 '노동과 사회정의WASG'를 출범시켰다. 라퐁텐과 상당수 노동조합 활동가들이 함께했다. 그간 소수 정파 활동을 벌이던 다양한 급진 사회주의자들도 결합했다. 독일에서 사회민주당 탈당 세력이 이 당 바깥에 유의미한 새 좌파 흐름을 만든 것은 제1차 세계대전 중에 반전파가 탈당해 독립사회민주당을 만들고 독일 혁명 와중에 공산당이 등장한 이후 거의 한 세기 만에 처음이었다. 이 '노동과 사회정의'가 바로 좌파당의 또 다른 뿌리다. 전국 선거에서 서로 협력하던 민주사회주의당과 '노동과 사회정의'가 2007년에 통합해 새로 좌파당을 만들었다.

창당 이후 좌파당은 쭉 성장 가도를 걸어왔다. 물론 급진 좌파 특유의 이념 논쟁이 가열돼 당의 존립 자체가 의문시된 적도 있었다. 주류 언론은 노골적으로, 라퐁텐으로 대표되는 구 서독 쪽 당원들의 급신주의와 기지로 대표되는 구 동독 쪽 당원들의 현실주의 사이의 대립을 부각시키기도 했다. 하지만 이런 잡음에도 불구하고 좌파당은 상승세를 유지했다. 2005년 총선에서 8.7%를 얻은 데 이어 2009년 총선에서는 11.9%까지 획득했다. 특히 구 서독의 노동계급 밀집지역인 자를란트 주와 노르트라인-베스트팔렌 주에서 괄목할 성장을 보였다는 게 중요하다.

독일 좌파정치의 비극

사회민주당으로서는 이런 좌파당의 성장에 나름대로 대응하지 않을 수 없었다. 그것은 주로 당내 좌파에게 일정한 역할을 부여하는 것으로 나타났다. 현실정치는 당내 우파가 주도한 반면 당 골간 조직에서는 좌파의 목소리가 높아졌다(위에 소개한 나알레스 사무총장도 당내 좌파의 대표적인 인물이다). 이번 총선 공약에도 당 내 좌파의 주장이 많이 반영됐다. 그 핵심 내용은 시간당 8.5유로의 법정 최저임금 도입, 교육 훈련 예산 증액, 보육 시설 확충, 경기 활성화를 위한 대규모 인프라스트럭처 투자 그리고 유럽연합 차원의 공공투자 및 금융 규제다. 이 중에서도 특히 강조하는 게 법정 최저임금 도입이다. 독일에는 아직도 최저임금제도가 없다. 이제까지는 노동조합 조직률이 높아서 산업별 단체협상으로 모든 걸 해결했던 것이다. 하지만 이제는 노동조합의 영향력이 약화돼 단체협상만으로는 저임금 문제를 해결할 수 없게 됐다. 그래서 뒤늦게 최저임금제도를 도입하려 하는 것이다.

한데 이런 사회민주당의 공약은 좌파당 공약과 많은 부분 겹친다. 좌파당도 법정 최저임금 도입과 보육 시설 확충을 핵심 공약으로 내세웠다. 물론 차이도 있다. 좌파당은 하르츠 개혁으로 축소된 복지의 원상회복을 강조한다. 사회민주당·녹색당과의 차이가 좀 더 뚜렷이 드러나는 것은 대외 정책이다. 두 당이 독일군의 해외 파병에 찬성하는 데 반해 좌파당은 강력 반대한다.

그럼에도 사회민주당 공약과 좌파당 공약은 분명 서로 만나는 부분이 있었다. 좌파당의 슬로건 "100% 사회국가"와 사회민주당의 슬로

건 "좋은 사회" 사이의 거리는 그렇게 멀지 않다. 그렇다면 다른 유럽 국가에서 흔히 그러는 것처럼 일정한 선거연합을 시도해볼 수도 있었을 것이다. 실제로 여론조사 결과를 봐도, 사회민주당과 녹색당의 지지율에 좌파당의 지지율까지 더해야 기독교민주연합과 자유민주당의 지지율을 따라잡는 것으로 나왔다. 그러나 사회민주당과 녹색당은 좌파당과는 결코 연대하지 않겠다고 못 박았다. 심지어는 좌파당이 연정에 참여하지는 않으면서 연정 구성에는 찬성표를 던져주는 것까지 사양한다고 밝힐 정도였다.

여기에 독일 좌파정치의 비극이 있다. 사회민주당 안에서도 좌파는 좌파당과의 연대, 더 나아가 연립정부 구성이 필요하다는 입장이다. 하지만 아직은 이에 대한 날선 반대가 더 다수다. 전임 당대표 쿠르트 벡은 좌파당과의 연대를 지지한 것 때문에 결국 대표 자리를 내놓아야 했다. 사회민주당의 이런 입장에는 여러 이유가 있다. 좌파당의 한 뿌리가 구 동독 사회주의자들이라서 경원시하는 반공 분단 정서도 있고, 라퐁텐 등 사회민주당 탈당파에 대한 감정의 앙금도 있다. 하지만 역시 가장 중요한 것은 당이 급진화될 가능성에 대한 당 내 주류의 경계다. 사회민주당이 신자유주의 시기의 체질에서 벗어나려면 아직 갈 길이 먼 것이다. 아무튼 이런 복잡한 사정으로 인해 애초에 독일 총선에서 야당이 집권할 가능성은 그리 높지 않았다.

예상대로의 선거 결과

독일인들은 확실히 이변과는 거리가 먼 사람들이다. 아니면 독일의 여론조사 기술이 특출하든가 말이다. 9월 22일의 총선 결과는 사전 여론조사 추이와 거의 차이가 없었다. 메르켈을 3선 총리 후보로 내세운 기독교민주연합/기독교사회연합csu(바이에른 주에서만 활동하는, 기독교민주연합의 자매 정당)은 41.5%를 획득해 압도적 1위를 차지했다. 2위인 사회민주당의 득표율은 여전히 20%대에 머물렀다(25.7%). 그나마 지난 총선보다는 그래도 2% 늘어난 수치였다.

3위는 8.6%를 확보한 좌파당이었다. 2009년 총선보다 3.3% 떨어진 결과인데도 좌파당은 잔칫집 분위기였다. 워낙에 언론에서 곧 망할 당처럼 보도해온 탓에 이 정도 결과도 오히려 승리로 받아들여졌다. 더군다나 제3당이 되었다는 사실이 커다란 성과로 여겨졌다. 녹색당은 불과 0.2% 차이로 좌파당에 밀려 제4당이 되었다. 녹색당의 경우는 기대치가 높았던 탓에 실망도 컸다. 하지만 최대의 패배자는 역시 자유민주당이었다. 이 당은 의석 확보 기준인 5%를 넘지 못해(4.8%) 원외 정당 신세가 되고 말았다. 무려 93명의 자유민주당 소속 의원들이 일자리를 잃었다. 독일 정치권에서 노골적으로 영미식 신자유주의를 옹호하던 세력의 몰락이었다. 독일 좌파는 이것을 이번 선거의 최대 성과로 자축했다.

총선 결과만 놓고 보면, 논리적으로는 적-적-녹 연립정부도 가능했다. 기독교민주연합/기독교사회연합이 311석이고 사회민주당, 좌파당, 녹색당이 모두 합쳐 320석이었다. 그러나 지그마르 가브리엘 대표를 중심으로 한 사회민주당 지도부는 메르켈 측과의 대연정 구성 협상에 매진했다. 무려 두 달 동안이나 지루한 협상이 계속됐다. 메르켈 측이 최저임금 도입이나 주요 도시 주택 임대료 통제 같은 사회민주당 핵심 공약을 수용하려 하지 않았기 때문이다. 마침내 11월 말에 협상이 타결됐다. 공개된 협정문에는 최저임금제와 임대료 통제가 포함돼 있었다. 사회민주당 지도부는 자당의 승리라고 자평했다.

그러나 자세히 뜯어보면 꼭 그렇지만도 않다. 협정문에 따르면, 8.5유로의 최저임금은 2015년에 도입하되 2017년에야 효력을 발휘하게 된다. 좌파당은 그렇게 되면 주요 기업들이 그 전에 다 최저임금 적용에서 빠져나갈 방안들을 마련해놓을 것이라고 비판했다. 좌파당은 당연히 사회민주당 측의 협상 결과를 혹평했다.

기독교민주연합/기독교사회연합과 사회민주당 사이의 협정문은 12월 초에 47만5000명에 달하는 사회민주당 당원들의 인준 투표를 거쳤다. 당원 인준 투표는 지난 몇 년간 대규모 탈당 사태를 경험한 바 있는 사회민주당이 마련해놓은 당내 민주주의 절차다. 나알레스 사무총장은 "이 정도 결과라면 '반대'보다는 '찬성' 투표가 어울린다"고 당원들을 설득하고 나섰다. 오랫동안 사회민주당 당원이기도 했던 노벨문학상 수상 작가 귄터 그라스는 메르켈과 다시 한 번 대연정을 구성해서는 안 된다는 입장을 밝히기도 했지만, 당 내부는 거의 찬성하는 분위기였다. 결국 76%의 찬성으로 좌우연정이 성립됐다.

좌파가 거쳐야 할 재구성의 지난한 과정

독일 좌파의 비극은 결국 유럽 좌파 전체의 딜레마이기도 하다. 2005~2009년 같은 좌우연정이 다시 서면서, 유로존의 균열은 더욱

사회민주당과의 연정 성립으로 3선 임기를 수행하게 된 메르켈 총리. 좌우연정이 다시 서면서 이에 맞서야 하는 임무가 좌파당에 주어졌다. 독일 좌파를 재구성하는 과제도 함께.

심각해질 것이다. 이제 좌파당은 자신들이 주장하는 것처럼 "사실상의 유일 좌파 야당"으로서 메르켈 체제에 맞서야 할 것이다. 어쩌면 이게 독일 좌파의 철저한 재구성을 위해 더 나은 기회일지도 모르지만, 세상은 분명 더 힘들어지고 더 혼란스러워질 것이다.

　신자유주의 시대를 겪고 나서 좌파가 거쳐야 할 재구성 과정은 이렇게 고되고 기나긴 것이다. 우리는 지구 곳곳에서 이러한 시련 혹은 단련이 진행되고 있음을 확인했다. 지금 독일은 그 가장 첨예한 무대다.

20

이웃 나라
일본의 좌파

좌파정치의 오랜 미덕 중 하나는 국민국가의 틀을 넘어서는 국제연대의 전통이다. 동아시아에도 20세기 전반에는 이런 전통이 살아 있었다. 우리 항일혁명운동사만 봐도 중국과 일본의 좌파와 연대하며 동아시아 전체의 변혁을 위해 싸운 선배들의 기록을 쉽게 발견할 수 있다. 그러나 지금은 그렇지 못하다. 좌파 정당들은 자국 정치의 맥락 안에 갇혀 있을뿐더러 교류도 활발하지 않다. 더구나 동아시아가 점점 더 지구 자본주의의 중심으로 부상하는 데 반해 이 지역의 좌파정치는 오히려 과거보다 쇠퇴하는 양상이다. 무엇보다 점점 더 우경화하는 일본 정치가 그런 인상을 던져준다.

일본은 본래 뿌리 깊은 좌파정치의 전통을 지니고 있다. 1920년대에 노동운동, 농민운동 등의 성장을 바탕으로 좌파 대중정당들(흔히

'혁신정당'이라 불렸다)이 활발하게 등장했다. 사회민중당, 일본사회당 그리고 노동자농민당이 그런 정당들이었다. 남성 보통선거제가 도입된 덕분에 이들 정당은 의회에 진출해 활동하기도 했다. 다만 공산당만은 철저히 탄압받았다. 천황제를 부정했기 때문이다.

패전 이후 한동안은 좌파정치의 전성기였다. 전쟁 전의 혁신정당 흐름들이 결집해 사회당을 창당했고, 공산당도 드디어 활동의 자유를 얻었다. 우파가 전쟁 책임을 지고 있었던 데다가 패전 후 비약적으로 성장한 대중운동 덕분에 사회당, 공산당 모두 전에 없던 인기를 누렸다. 1947년에는 사회당의 가타야마 데쓰 총리가 이끄는 좌우연정이 들어서기도 했다.

일본 좌파의 고질적 병폐, 부족화

이 짧은 전성기는 한국전쟁을 계기로 냉전체제가 자리 잡으면서 곧 끝나버렸다. 하지만 이후에도 한동안 좌파는 일본 사회의 무시할 수 없는 주요 축이었다. 원내에서는 사회당이 늘 1/3 이상의 의석을 점하며 자유민주당의 냉전 드라이브를 막았다. 노동조합운동도 공공부문을 중심으로 전투적 기풍을 견지했다. 무엇보다 1950~1960년대 내내 학생운동이 활발히 지속됐고, 그래서 좌파 청년 세대가 끊임없이 배출됐다.

문제는 좌파 전반의 부족部族화에 있었다. 여기에는 주류 좌파의 책임도 있었고, 신좌파 세대의 문제도 있었다. 우선 사회당은 일본노동조합총평의회(약칭 총평)의 배타적 지지 방침에 지나치게 의존하고 있었다. 그래서 선거 때마다 노동자들의 몰표를 받기는 했지만, 당 자체의 기반은 극히 취약했다. 제1야당임에도 불구하고 당원 수는 극히 적었다. 굳이 당원을 확대하지 않아도 총평이 조직과 재정을 책임져줬기 때문이다. 이런 상황에서 당 내 좌파, 그중에서도 '사회주의협회'라는 정파가 당의 골간을 장악했는데, 그들은 낡은 교조적 마르크스주의를 추종했다. 사회주의협회의 노선은 일본 자본주의의 발전 상황과도 맞지 않았고 신좌파 청년들에게도 별로 매력이 없었다. 그래서 서유럽의 신좌파 세대가 1970년대를 거치며 주류 좌파 정당에 입당해 당내 좌파 흐름을 강화한 것과 달리 일본에서는 사회당이 조로早老해버리고 말았다.

한편 공산당 역시 자폐적 성격이 강했다. 공산당은 한국전쟁 시기에 농촌 게릴라 전술을 추진해 일본 사회에서 고립된 적도 있지만, 이후 '인민적 의회주의'라는 이름 아래 대중 정치의 길을 꾸준히 개척해왔다. 사회당과는 달리, 일간지 『아카하타赤旗』를 중심으로 독자적인 조직 기반을 확보하기 위해 노력하기도 했다. 하지만 공산당은 스탈린주의를 부정하기는 했지만 스탈린주의의 어떤 요소들, 가령 '무오류의 전위정당' 신화를 버리지는 못했다. 그래서 과거 일본 공산당이 범한 여러 오류를 제대로 평가하지 않고 공산당 정통론을 고집하는 측면이 있었다. 이런 태도가 공산당과 신좌파 사이의 균열과 대립을 낳았다. 나중에는 아예 서로 폭력을 주고받는 불구대천의 원수가 되었다. 이탈리아 공산당이 신좌파와 긴장을 빚으면서도 그 에너지를 흡수해 1970년대 한때 집권 목전까지 갔던 것과는 사뭇 다른 양상이다.

일본에서도 1956년 소련 공산당 20차 당대회에서 스탈린의 죄상이 폭로되고 곧이어 헝가리 혁명이 일어나자 공산당에서 이탈한 젊은이들을 중심으로 신좌파가 형성됐다. 숫자로만 따지면 일본의 신좌파 세대도 프랑스나 이탈리아, 서독에 못지않았다. 흔히 서유럽에 비해 일본 신좌파는 너무 커다란 패배를 겪어서 이후 지속적인 영향을 미치지 못했다고 하는데, 사실 패배한 걸로는 서독도 마찬가지였다. 결정적으로 다른 점은 서독 신좌파의 상당수는 1970년대 후반 녹색당 건설 운동에 합류해 대중 정치의 새 흐름을 만들었던 데 반해 일본은 그렇지 못했다는 것이다. 그럴 수밖에 없었던 가장 커다란 이유는 일본 신좌파 사이에 유독 심했던 정파주의였다. 어찌 보면 공산당의 스탈린주의 문화가 스탈린주의를 비판하며 등장한 신좌파 세대에게도 고스란히 반복된 셈이다.

신좌파 세대가 일본 사회에서 흔적도 없이 증발해버린 것은 아니다. 하지만 폭력 사태로까지 치달은 병적인 정파주의(그에 비하면 한국 운동권의 정파주의는 아무것도 아니다) 때문에 세력화에 실패하고 말았다. 그나마 진지하게 방향 전환을 모색한 이들도, 비록 생활협동조합이나 지역운동에 뿌리를 내리기는 했지만, 전국적 정치 흐름을 만들지는 못했다.

총평 의존 정당이었던 일본 사회당

이런 상황에서 1980년대 말~1990년대 초에 일본 정치에는 우경화의 쓰나미가 밀려온다. 마치 우리의 지난 몇 년을 연상시키는 사태가 일본 좌파를 덮쳤고, 그 결과가 지금의 우경화한 일본 정치 지형이다. 이 이야기를 하자면, 우선 전후 일본 사회당의 체질부터 다시 살펴보아야 한다.

"5만 당원으로 1000만 표를 모으는 불가사의한 당". 한 정치학자는 일본 사회당을 이렇게 묘사한 바 있다. 실제로 사회당 당원 수는 원내에 다수 의석을 확보한 좌파 대중정당 치고는 너무나 적었다. 1969년 당원 재등록 기간 중에 확인된 당원 수는 고작 3만 명이었다. 이 중 5000명 가량이 국회의원과 지방의원이었다는 점을 감안하면, 사회당에는 간부만 있고 당원은 거의 없었다고 해도 과언이 아니다.

그런데도 사회당이 존립하고 또한 제1야당으로 버틸 수 있었던 요인은 단 하나, 바로 일본노동조합총평의회(총평, '일본의 민주노총'이라 할 수 있었다)의 배타적 지지였다. 총평은 선거 기간 중에 사회당의 자금과 조직 동원을 떠맡았다. 대신 사회당 국회의원 대부분은 총평 간부 출신이었다.

사실 좌파정당이 노동조합과 긴밀한 관계를 맺는 것 자체는 너무도 당연한 일이다. 다만 그 관계가 어떤 방식으로 이뤄지느냐가 문제다. 일본의 노동자들은 당에 대거 개별 입당하지도 않았고 그렇다고 사회당에 영국 노동당식의 노동조합 집단입당제도가 존재한 것도 아니었다. 오직 총평 간부들만 사회당에 입당하고 당과 관계를 맺었다. 비록 총평 간부들이 급진적 성향을 지녔다고는 해도 이렇게 의원과 의원 지망자, 노조 간부들로만 이뤄진 좌파정당이 오래도록 건강하게 발전하기란 불가능했다.

더군다나 일본의 노조는 산별이 아닌 기업별이었다. 일본 노조운동은 조직률이 50%를 넘던 전쟁 직후의 전성기에 산별로 전환하는 데 실패했고, 결국 기업별 노조 체제가 정착되었다. 그 결과, 중소기업 노동자들은 대기업 중심의 기업별 노조 체제 바깥에서 계속 미조직 상태로 머물렀다.

이런 노동조합운동의 한계는 고스란히 사회당의 한계로도 다가왔다. 대기업 노동조합은 점점 우경화했고, 그러면 그럴수록 사회당은 총평 산하 일부 전투적 공공부문 노동조합만의 노동자정당이 되어갔다. 그리고 대다수 미조직 노동자에게는 '남의 당'이었다. 이런 사회당을 국민들이 수권능력을 갖춘 당이라고 볼 리 만무했다. 사회당은 언제인가부터 자민당의 지나친 횡포를 견제할 수단에 그칠 뿐이었다.

노동운동의 우경화, 사회당의 몰락

이런 상황에서 총평계 노동운동의 위기가 닥쳤다. 1980년 중의원 선거에서 압승을 거둔 자민당은 기존의 일본형 케인스주의를 시장지상주의적 긴축 재정으로 전환하면서 동시에 노동계를 손보기 시작했다. 대표적으로, 1987년에 '국철國鐵 개혁'이라는 구호 아래 철도 사유화를 단행했다. 총평의 핵심인 공공부문 노동조합을 깨기 위한 조치였다.

같은 해에 민간 대기업 노조의 우경화한 분위기를 대변하는 새로운 총연맹 렌고連合(일본노동조합연합)가 800만 조합원을 자랑하며 출범했다. 2년 뒤에는 총평이 결국 해산하고 렌고에 흡수 통합됐다. 렌고의 노선은 총평의 정반대라고 보면 된다. 노동조합에 의존해온 사회당으로서는 이제 렌고에 맞춰 자신도 오른쪽으로 향하지 않으면 안 되는 신세가 되었다. 노조운동의 우경화와 함께 노동자들의 사회당 지지율도 지속적으로 하락했다.

사회당은 나름의 자구 노력을 벌였다. 시민운동 출신의 여성 정치인 도이 다카코를 대표로 내세운 것도 그 일환이었다. 이러한 노력이 결실을 맺은 것인지 1989년 참의원(상원) 선거와 1990년 중의원 선거는 사회당이 오랜만에 약진하는 의외의 결과를 보여주었다. 사회당의 득표율이 다시 20%를 넘어섰다.

그러나 사회당의 약진은 오히려 당을 궁지에 몰아넣는 결과를 낳았다. 사회당에 표를 빼앗긴 소수 정당들(대표적으로 공명당)이 자민당과 유착하기 시작했고, 이에 따라 보수 세력 주도 정계개편에 시동이 걸린 것이다. 렌고는 이를 부채질하는 역할을 했다. 렌고는 "사회민주주의와 리버럴 세력의 총결집(이른바 '사민-리버럴 정당'론)"을 주장하며 노골적으로 좌파정당인 사회당을 해체하고 중도정당을 건설하라고 요구했다. 우리는 이 대목에서 2012년 한국 대선의 이른바 '빅 텐트'론을 떠올리지 않을 수 없다.

자민당에서 떨어져 나온 일본신당, 신생당 등 보수 계열 신당이 대거 선거에 참여한 93년 7월 중의원 선거는 사회당 붕괴의 신호탄이 되었다. 사회당의 의석은 136석에서 70석으로 절반이 줄었다. 당의 오른쪽에서나 왼쪽에서나 똑같이 대규모 이탈이 나타났다. 렌고 소속 노조 지도부는 사회당이 너무 왼쪽에 있다며 사회당이 아닌 보수 신당들을 지지하기로 결의했다. 반면 기존 사회당 지지자 중에서 38.9%

만이 사회당을 지지하고 나머지는 대거 이탈했는데, 이 중에는 좌파 성향 유권자라고 할 수 있는 사람들이 다수를 차지했다. 사회당의 와해가 시작된 것이다.

총선 직후 렌고 지도부의 압력으로 일본신당의 호소카와 모리히로가 주도하는 최초의 비자민당 연립정부가 들어섰다. 이 연정에 사회당도 무라야마 토미이치 신임 위원장이 입각했고 한때 무라야마가 총리가 되기도 했다. 겉만 보면, '집권'이고 '성공'이었다. 하지만 공동 집권의 주역은 어디까지나 자민당에서 탈당한 보수 정파들이었다. 보수파와의 공동 집권은 사회당의 정체성 위기만 가중시켰다. 사회당의 영혼이 사라진 그 자리에 더 이상 대중적 좌파 구심은 존재하지 않았다. 일본 사회의 총보수화가 시작된 것이다.

총보수화의 시작이 된 보수파-사회당 공동 집권

지금 일본의 좌파정치 공간은 초토화된 것이나 마찬가지다. 사회당은 1996년 1월 사회민주당(약칭 사민당)으로 당명을 바꿨다. 이때 좌파 일부는 탈당해 신사회당이라는 소규모 징당을 따로 차렸고(지방의원은 있으나 아직까지 원내 의석은 없다), 48명의 우파 의원은 렌고의 권유에 따라 신생 중도우파 정당인 민주당에 합류했다. 사회당의 전통은 사민당으로 이어졌지만, 사실상은 기존 사회당의 붕괴였다.

사민당은 소선거구-비례대표 병립제가 처음 실시된 1996년 중의원 선거에서 16명의 당선자를 냈다. 비례대표 선거에서는 공산당이 13%를 얻은 데 반해 6%만을 얻었다. 사민당은 초기에는 그래도 도이 다

12년 만의 공산당 소속 지역구 당선자인 참의원 기라 요시코(왼쪽)와 공산당 소속 중의원 가사이 아키라(오른쪽). 일본 공산당은 일본의 재무장에 강력히 반대하고 과거사에 대해 가장 전향적인 태도를 보이는 당이다. 가사이 아키라 의원은 일본의 조선왕실의궤 반환에 적극 기여하고, 위안부 피해 할머니들을 만나 사죄하기도 했다.

카코 위원장의 인기에 의지해 근근이 버텼지만 도이가 물러난 뒤에는 계속 당세가 추락하고 있다. 저번 중의원(총480석) 선거에서는 정당 투표 2.38% 득표로, 2개의 의석을 차지하는 데 그쳤다.

　물론 공산당이 버티고 있다. 일본 공산당은 현재 자민당보다 더 많은 지방의원을 보유하고 있다. 중의원 선거에서는 정당투표 6.17% 득표로 8석을 확보했다. 일단 선방이었다. 그러다가 2013년 도쿄도都 지방선거에서는 의석을 8석에서 17석으로 늘리며 상승세를 보이기 시작했다. 7월의 참의원(총242석) 선거에서는 기존 의석 6석에 5석을 더하는 결과를 얻었으며, 더 중요한 것은 지역구 당선자를 배출했다는 사실이다. 최근 여론조사에서는 비록 자민당과는 비교할 수 없는 수치이지만 6% 정도의 지지율을 보이며 유일 좌파 야당이자 제1야당의 위상을 인정받고 있다.

사회당이 붕괴하고 '사민-리버럴 정당' 민주당마저 제 것으로 만들지 못한 공간을 공산당이 채워나가고 있는 셈이다. 공산당이 그나마 버티고 있으니 다행이다. 하지만 워낙 사회당, 공산당, 신좌파 사이의 분열과 대립이 심했던 터라 공산당이 과연 진보적 여론 전체의 새로운 대변자 역할을 할 수 있을지는 의문이다.

아무튼 일본 좌파정당의 역사를 보면 볼수록 저들이 20세기 후반에 보인 여러 패착이 지난 2~3년 동안 한국 진보정당운동에서 집약적으로 반복된 것 아닌가 하는 생각이 든다. 두 나라의 진보좌파 모두 지금 그 폐허를 수습하고 새 출발을 모색해야 하는 처지다. 동병상련 — 이것이 지금 두 나라 진보좌파를 가로지르는 열쇳말이다.

left
SIDE
STORY

3부

새로운 **좌파정치**의
발걸음

21

'우리 중의 한 사람'
함딘 사바히

2012년 5월 23일과 24일에 걸쳐 이집트에서는 대통령 선거가 실시됐다. 전해에 타흐리르 광장에 쏠렸던 세계인의 이목이 다시 한 번 이집트로 향했다. 다들 아랍 혁명의 중간 결과가 이집트에서 어떠한 차기 권력으로 모습을 드러낼지 숨죽여 지켜보았다.

후보들 중에서 특히 서방 언론의 주목을 받은 것은 아므르 무사였다. 오랫동안 외교관으로 활동했고 아랍연맹 사무총장을 역임한 바 있는 그는 미국과 유럽 엘리트들이 보기에 가장 무난한 후보였다. 무소속이라는 점에서 군부를 비롯한 구 지배층과 혁명 민심을 중재할 적임자로 보이기도 했다. 여론조사에서도 무사는 여러 후보들 중에서 단연 앞서는 결과를 보여주었다.

짐작과는 달랐던 이집트 대선 결과

무사를 뒤쫓는 후보로는 압델 모넴 아불 포투가 거론되었다. 그 역시 무소속이었다. 다만 본래 당적이 없었던 것은 아니었고, 몇 달 전까지만 해도 무슬림형제단의 주요 지도자였다. 그러나 대선에 참가하지 않겠다는 무슬림형제단의 초기 방침을 무시하고 독자 행보를 벌였다는 이유로 조직에서 쫓겨났다. 이후 그는 온건 이슬람주의자의 이미지를 무기로, 이슬람주의 지지자들과 혁명 청년 등 다양한 집단을 자신의 지지자로 규합하려 했다.

많은 서방 관측통은 이집트 대선이 무사 대 아불 포투의 구도로 진행될 것으로 전망했다. 어쩌면 그러길 바랐던 것인지도 모른다. 둘 다 서구 자유주의의 틀에서 크게 벗어나지 않는 인물들이고 따라서 아랍 혁명이 단순한 대의민주제 복원으로 일단락되는 것을 보장해줄 카드로 보였기 때문이다.

그런데 투표일이 다가올수록 조짐이 심상치 않았다. 여론조사 결과가 요동치기 시작했다. 이제까지의 예측들이 무엇보다도 무슬림형제단의 조직력과, 이에 못지않은 무바라크 잔당들의 영향력을 얕보았다는 것이 드러났다.

무슬림형제단의 대중정당인 자유정의당은 애초의 방침을 바꿔 자체후보를 내기로 했다. 당의장인 무함마드 무르시가 자유정의당이 최종 선택한 후보였다. 무르시 후보는 선거운동 초반에는 상대적으로 주목을 받지 못했지만, 막판이 되자 놀라운 속도로 지지율이 올라갔다. 몇 달 전 총선에서 제1당으로 부상한 자유정의당의 저력이 대선에서도 여지없이 발휘된 것이다. 실제로 개표가 시작되자 무르시 후보는 일찌감치 1위 자리를 굳혔다. 결국 576만 표(24.78%)를 얻어 무르시가 1위로 결선 투표에 진출했다.

하지만 또 다른 예상치 못한 결과가 기다리고 있었다. 혁명의 와중에 무바라크 정권의 마지막 총리를 역임한 무소속 아메드 샤피크 후보가 2위로 치고 나왔다. 샤피크는 전 정권 참여 이력 때문에 한때 선관위로부터 후보 자격을 박탈당하기까지 했다. 그러다 겨우 이의 신청이 받아들여져 후보로 나올 수 있었다. 그래서 그가 결선 투표에 진출하리라고 예측한 이들은 많지 않았다. 결과는 달랐다. 샤피크 후보는 550만 표(23.66%) 득표로 당당히 6월 16~17일의 결선 투표에 진출했다.

유럽 사회민주주의와 유사한 좌파 민족주의

그런데 이집트 정치 '전문가'들의 수모는 이것으로 끝이 아니었다. 개표 과정에서 샤피크 후보와 2위 자리를 놓고 각축을 벌인 후보가 있었다. 애초에 양대 주자로 주목 받았던 부사나 아불 포투가 아닌 또 다른 후보였다. 좌파 나세르주의를 표방하는 존엄당(아랍어로 '카라마'당)의 후보 함딘 사바히가 그 사람이었다.

사바히 후보도 처음에는 서방 언론으로부터 전혀 주목 받지 못한 인물이었다. 그런데 선거전 막바지에 지지율을 급상승시켰고, 482만 표(20.72%)를 얻어 3위를 기록했다. 그만큼 서방 세계는, 혁명 발발 직전과 마찬가지로, 지금도 아랍 민심을 제대로 알지 못하고 있는 것이다.

사바히 후보는 카이로 같은 대도시, 즉 2011년 혁명 중심지에서 높은 득표율을 보였다. 특히 알렉산드리아에서는 압도적인 지지를 받았다. 이는 아불 포투 후보에게 몰릴 줄 알았던 혁명 참가자들의 지지가 사바히 후보 쪽으로 쏠렸다는 것을 말해준다. 어찌 보면, 이번 선거에서 혁명 민심의 대변자가 사바히였던 셈이다.

사실 존엄당과 사바히 말고도 혁명의 주역이라 할 만한 정치 세력들은 더 있다. 대선 전에 실시된 총선에서 의석을 확보한 정치 세력들 중에는 '이집트블록'과 '혁명계속연합'이 여기에 해당한다. 240만 표(8.9%) 득표로 총 508석 중 35석을 확보한 이집트블록은 세속파 자유주의 정당들의 결집체로, 사회민주당과 또 다른 중도좌파정당 국민진보연합당 등이 참여하고 있다. 74만 표(2.8%) 득표로 9석을 획득한 혁명계속연합은 혁명을 주도한 좌파 성향 청년층의 지지를 받고 있으며, 국민진보연합당 탈당파가 만든 사회주의대중연합당, 사회당, 청년혁명연합 등이 포함돼 있다.

대선후보들 중에는 사바히 말고도 다른 혁명 지도자가 있었다. 무소속으로 나온 인권 변호사 칼레드 알리가 그 사람이다. 그럼에도 불구하고 광범한 노동자, 빈농 그리고 청년층의 지지를 모은 것은 사바히 후보였다. 그 배경에는 사바히가 속한 이집트의 독특한 정치적 흐름, 즉 좌파 나세르주의가 있다.

서방 제국주의와 투쟁하며 국민국가를 건설한 나라들을 보면, 독특한 좌파 민족주의 전통이 지금도 그 나라 정치에서 중요한 역할을 하는 것을 확인할 수 있다. 이러한 전통은 각 나라에서 대체로 유럽

이집트 대선에 나와 돌풍을 일으키며 3위를 기록한 함딘 사바히. 그는 나세르주의를 표방하는 이집트 좌파의 대표로 혁명 당시에도 거리로 나온 이집트 대중들과 함께하며 그들을 대표했다.

의 사회민주주의 정도에 해당하는 중도좌파 위상을 점하고 있다. 가령, 터키에는 케말 아타튀르크로부터 비롯된 공화인민당의 케말주의가 있고, 인도에는 국민회의당이 대표하는 간디-네루 전통이 있다. 이집트의 나세르주의도 그 빼놓을 수 없는 사례다.

가말 압델 나세르 — 잘 알려져 있다시피, 그는 1952년 불과 34살의 나이에 군사 혁명을 일으켜 왕정을 무너뜨리고 이집트에 공화국을 출범시킨 풍운아였다. 이후 그는 1970년 사망할 때까지 대통령으로 있으면서 이집트 국내뿐만 아니라 국제 질서를 격동시켰다. 영국과 프랑스가 소유하고 있던 수에즈 운하를 국유화해 신식민주의 질서를 청산했고, 이 과정에서 이들 나라 및 이스라엘과 전쟁도 불사했다. 또한 아랍권 전체를 하나의 연방으로 통합하자는 범아랍주의를 표방하며 실제로 시리아와 함께 연방을 건설하기도 했다. 더 나아가 유고슬라비아의 티토, 인도의 네루, 인도네시아의 수카르노, 가나의 은크루마 등과 함께 비동맹운동을 출범시켜 미국과 소련 중심의 세계 질서에 균열을 냈다. 나세르는 반세기 전 아랍의 우고 차베스였다.

팔레스타인과 연대하는 데 누구보다 적극적인

나세르는 국내에서는 노동자, 농민의 권리를 강조하며 국가자본주의 체제를 수립했다. 이슬람 전통을 존중하면서도 정교분리 원칙을 명확히 했고, 이 과정에서 무슬림형제단을 가혹하게 탄압하기도 했다. 나세르는 만년에 자신의 이러한 통치 기조를 '아랍 사회주의'라 표현했다. 이후 이집트에서는 나세르가 국내외 정치에서 시도한 이상을 아랍 사회주의 혹은 나세르주의라 통칭했다.

1970년에 나세르가 돌연 사망하고 나서도 권력은 계속 그의 군사혁명 동지들이 독점했다. 안와르 사다트와 호스니 무바라크 모두 그의 옛 동지들이었다. 그러나 마치 멕시코의 장기집권당 제도혁명당이 멕시코 혁명 이념의 계승자를 자임하면서도 실제로는 좌파 민족주의 기조를 헌신짝처럼 내다버린 것처럼, 나세르의 후계자들도 나세르 노선은 내팽개치고 그의 철권통치만 이어받았다. 신자유주의의 물결에 이집트 사회를 '개방'했고, 미국의 뜻에 따라 이스라엘과 굴욕적인 평화협정을 맺었다.

좌파 나세르주의는 바로 이러한 역사적 배신에 맞서며 시작되었다.

나세르의 이상을 깃발 삼아 포스트-나세르 체제에 저항하는 흐름이 '좌파 나세르주의'라 불리며 이집트 사회에서 좌파정치의 중심 세력으로 등장한 것이다. 그리고 이 좌파 나세르주의의 발전 과정이 곧 사바히 후보의 인생 역정이었다.

사다트 정부가 한창 나세르 노선의 폐기를 추진하던 1977년에 카이로대학 총학생회장이었던 사바히는 동료 학생들과 함께 반反사다트 운동에 앞장섰다. 이후 그는 민주나세르주의당 그리고 지금의 존엄당을 결성하며 사다트-무바라크 체제에 끈질기게 맞섰다. 이 때문에 여러 차례 구속과 투옥을 감수해야 했으며, 심지어는 2000년에 의원에 당선된 뒤에도 감옥신세를 져야 했다. 이런 그가 반反무바라크 시위가 시작되자 즉각 혁명 대오에 동참한 것은 너무도 당연했다.

이번 대선에서 사바히의 슬로건은 "우리 중의 한 사람"이었다. 노동자, 농민의 지지를 염두에 둔 구호였다. 사바히 후보의 공약도 국가자본주의 체제로의 복귀와 최저임금제 도입, 사회복지 강화 등을 골자로 하는 경제 개혁이 핵심이었다. '타흐리르('해방'이라는 뜻이며, 2011년 혁명의 상징이 된 카이로 중심 광장 이름이기도 하다)'라는 명칭의 강력한 부유세를 주장한 것도 그 일환이었다. 또한 이슬람주의자들과는 달리 정교분리의 세속주의를 고수하면서 무슬림과 콥트 기독교도 사이의 연대를 강조했다.

세속주의를 주장하는 점에서 사바히 후보가 적어도 무슬림형제단에 비해서는 서방 세계에 가깝게 느껴질지 모른다. 하지만 그렇지도 않다. 미국의 중동 정책과 이스라엘-팔레스타인 문제에 사바히와 존엄당은 어쩌면 자유정의당보다 더 강경한 입장이다. 사바히의 마지막 감옥행은 2003년 이라크 전쟁 반대 투쟁 때문이었다. 그는 또한 이스라엘의 가자 봉쇄 기간 중에는 직접 가자에 체류하며 팔레스타인 민중과의 연대를 실천하기도 했다.

이러한 나세르 범아랍주의의 충실한 계승은 미국과 유럽 엘리트들에게는 어쩌면 이슬람주의보다 더 위험한 것일 수 있다. 더 이상 아랍의 저항을 '서구 계몽주의 대 이슬람 근본주의' 식의 구도 속에 가둬둘 수 없게 만들기 때문이다.

이집트 세속 좌파의 지구촌 신고식

물론 사바히 후보와 그 지지자들은 대선에서 승리하지 못했다. 하지만 이것은 패배라기보다는 오히려 이집트 밖 세상에 이집트 세속 좌파의 존재와 그 잠재력을 알리는 첫 신고식이었다고 해야 할 것이다. 혁명의 주역들은 자신을 실체화할 힘을 지니고 있으며 그 힘은 이집트 역사에 뿌리내리고 있음이 분명히 드러났다. 그 후 6월의 결선투표에서 이슬람 근본주의와 군부 잔당 사이에 답답한 양자택일을 해야 했음에도 불구하고 이집트 혁명의 앞길이 마냥 어둡지만은 않은 이유가 여기에 있다.

2012년 6월에 실시된 이집트 대통령선거 결선에서는 51.73%를 획득한 자유정의당의 무르시 후보가 48.27%를 얻은 샤피크 후보를 누르고 대통령에 당선됐다. 하지만 드라마는 그 다음부터였다. 권력을 쥔 무슬림형제단의 행보는 실망스럽기 그지없었다. 우려했던 대로 이들은 이슬람 근본주의를 도입하려 했다. 경제난은 해결의 실마리를 보이지 않았고, 이에 항의하는 노동쟁의를 무르시 정부는 혁명 전 무라바크 정권과 다를 바 없이 폭력으로 억눌렀다. 결국 2013년 6월 30일 청년·노동자·여성 등 혁명 주역들이 다시 거리로 쏟아져 나왔다. 사바히 지지자들을 비롯한 여러 좌파 정파들도 이에 함께 했다. 제2의 혁명이 일어날 판이었다.

그런데 바로 이 때 군부가 개입하고 나섰다. 7월 3일 국방장관 압둘 파타 알-시시가 이끄는 군부가 무르시 대통령을 권좌에서 축출했다. 대중 혁명의 조짐이 군부 쿠데타로 돌변한 것이다. 거리의 반정부 시위대는 일단 무르시 정권의 퇴진을 환영했다. 그러나 군부는 무슬림형제단의 폭력 저항을 진압한다는 명분으로 좀처럼 권력을 이양하지 않을 태세다.

그래서 이집트의 범좌파 세력들은 이번에는 군부독재 시도에 맞서 거리의 투쟁을 이어가고 있다. 자칫하면 혁명이 또 다른 권위주의 정권의 등장으로 변질될지도 모른다. 과연 이런 고난을 뚫고 이슬람 근본주의와 친미 권위주의라는 양극단에 맞서 세속 좌파가 아랍 사회전체의 대안으로 부상할 수 있을까? 이 물음에 대한 답은 오직, 다시 투쟁에 나선 이집트의 혁명 대중에게 달려 있다.

22

시리아 좌파, 독재정권도
외세 개입도 거부한다

그리스와 스페인 재정위기 때문에 세계인의 눈이 지중해의 유럽쪽 연안에 쏠려 있었을 때 지중해 반대편에서는 내전의 불길이 타오르고 있었다. 다름 아닌 시리아다. 2011년 벽두에 튀니지에서 '아랍의 봄'의 첫 봉화가 오른 이후 곧바로 그 횃불을 이은 곳 중 하나가 시리아다. 그런데 비슷한 시기에 혁명이 시작된 이집트에서는 새 정부가 들어섰는데도 시리아에서는 아사드 세습 독재정권과 혁명 대중 사이의 항쟁이 계속되고 있다.

각 지역에서 혁명 운동을 이끌고 있는 것은 지역조정위원회들이다. 민주화 시위의 주축인 청년들이 자발적으로 이러한 지역 투쟁 조직들을 결성했다. 그래서 정치 세력들과의 연계는 약하다. 반면 서방 세계가 혁명 지도부로 인정하고 있는 시리아 국민평의회SNC는 정파들의 연합체다. 현재 SNC는 시리아의 이웃 나라인 터키의 이스탄불에 망명 본부를 꾸리고 마치 임시정부처럼 행동하고 있다. 대다수 지역조정위원회들도 SNC의 권위를 일정하게 인정하는 분위기다.

반反아사드는 곧 이슬람주의자?

SNC에 여러 정파들이 공존한다고는 하지만, 사실 그 과반수는 무슬림형제단을 중심으로 한 이슬람주의자들이다. 이 때문에 "반反아사드 세력은 곧 이슬람주의자들"이라는 식으로 바라보는 시각이 많다. 누구보다도 아사드 정권이 이런 시각을 부추기고 있다. 하지만 이러한 그림은 진실이 아니다. 시리아에는 독재정권과 이슬람주의자들 말고도 혁명 진영의 또 다른 주요 구성 요소인 다양한 세속 좌파 세력들이 존재한다는 것을 놓쳐선 안 된다.

본래 시리아는 중동 지역에서 좌파정치가 가장 발전한 곳이다. 프랑스에 맞서 독립 투쟁을 이끈 것이 좌파였고, 독립 이후에도 좌파 정당들이 정국을 주도했다. 이것은 아랍 세계에서 공산당이 처음으로 원내에 진출한 나라가 시리아라는 사실에서도 잘 알 수 있다. 시리아 공산당은 1954년 총선에서 서기장 칼리드 박다쉬를 당선시켜 아랍권 공산당들 중 첫 원내 정당이 되었다.

이러한 세속 좌파 중 가장 강력했던 것은 바트주의자들이다. '바트'는 아랍어로 '부흥'을 뜻한다. 바트주의는 유럽 제국주의에 맞서 아랍 세계의 부흥을 꾀하는 좌파 민족주의 이념이다. 바트주의의 내용은 세속주의, 아랍 사회주의 그리고 범아랍주의로 요약된다. 바트주의자들은 '아랍 사회주의'란 이름으로 일종의 국가자본주의 체제를 수립해 계급 갈등을 극복하려 했다. 그리고 서구 열강이 식민 통치 과정에서 인위적으로 구획한 국경선을 넘어 아랍 세계를 하나의 국가로 대통합하려 했다(범아랍주의). 이에 따라 시리아 바트주의자들은 1950년대에 이집트의 나세르 정부와 함께 통일 아랍 공화국 건설을 시도하기도 했다. 비록 실패로 끝나기는 했지만 말이다.

비극은 이 바트주의의 정치 노선에서 시작됐다. 바트주의자들은 아랍 세계의 대통합을 실현하는 과정에서 바트당이 각 나라의 정치 및 사회의 전위가 되어야 한다고 주장했다. 바트당이 사실상 일당 통치를 해야 한다는 것이었다. 그래서 시리아든 이라크든 일단 바트당이 집권한 나라에서는 이후 이 당의 장기 독재가 시작됐다. 스탈린주의가 그랬던 것처럼 이러한 일당 독재 체제는 결국 일인 독재 체제로 치닫게 마련이다. 이라크에서는 사담 후세인이 결국 그 자리를 차지했다. 그리고 시리아에서는 현 바샤르 알-아사드 대통령의 아버지인 하피즈 알-아사드가 30년간 권력을 독점했다.

흥미로운 것은 아사드 체제의 경우 바트당 이외의 다른 정당들의 활동을 완전히 금지하지는 않았다는 점이다. 단, 합법적으로 활동하는 데는 조건이 따랐다. "바트당이 정치와 사회를 영도한다"는 헌법 제8조를 받아들여야 했으며, 바트당이 주도하는 정당연합 '국민진보전선'에 가입해야 했다. 그러면 선거에 참여해 의석을 확보할 수 있었다. 하지만 집권당은 바뀔 수 없었다. 어디까지나 바트당이 여당이며 원내 제1당이었다.

한반도의 남쪽과 북쪽에 각각 유신 체제와 유일 체제가 수립되던 그때(1970년대)에 시리아에는 이러한 바트당의 권력 독점 체제가 수립되었다. 상황이 이렇게 되면서, 그간 바트당과 경쟁하면서 시리아 정치를 이끌던 다른 좌파 정치세력들은 선택의 기로에 놓였다. 일종의 관제 야당이 되더라도 일단 국민진보전선에 가입해 합법 활동을 보장받을 것인가, 아니면 비합법 투쟁에 나설 것인가.

이 선택 앞에서 모든 좌파 정치세력들이 예외 없이 체제내파와 반체제파로 양분됐다. 가령, 시리아 공산당 안에서 작은 스탈린 역할을 하고 있던 박다쉬는 국민진보전선 가입을 결정했다. 이후 공산당은 정부 정책들에 이견을 내기는 해도 권력 자체에 도전하지는 않았다.

독재정권에 맞서 싸운 시리아 좌파

그러나 시리아에는 박다쉬파 공산당만 있는 게 아니다. 공산당 내에서 그렇지 않아도 박다쉬의 전횡에 문제의식을 느끼고 있던 반대파들은 국민진보전선 가입 결정에 맞서 분당을 결행했다. 사실 이들도 처음에는 아사드 체제에서 합법 야당으로 남아 있어야 하는 것 아닌지 고민하는 입장이었다. 하지만 아사드 정부가 레바논 내전에 개입하면서 이스라엘 정부와 뒷거래를 하고 극우 기독교 민병대를 지원하는 것을 보고서는 완전히 미련을 접었다.

이들은 박다쉬파 공산당에 맞서 '시리아 공산당-정치국파'를 따로 만들었다. 아사드 체제에서 20년 이상을 감옥에서 보내 '시리아의 만델라'라고 불리는 리아드 알-투르크가 바로 이 당의 역사적 지도자다. 그래서 시리아 공산당-정치국파를 '알-투르크파 공산당'이라 부르기도 한다.

공산당만이 아니다. 나세르주의자들도 둘로 나뉘었다. 시리아의 나세르주의자들은 바트당과 비슷하게 '아랍 사회주의'를 주창하면서도 바트주의자들이 포기한 시리아-이집트 통합의 꿈을 버리지 않은 이들이다. 이러한 나세르파 중에서도 국민진보전선 가입을 받아들인 쪽은 현재 '아랍민주연합주의당'이라는 관제 야당으로 활동하고 있다. 반면 이에 반대한 무리는 '민주아랍사회주의연합'을 결성해 반아사드 투쟁에 나섰다.

반아사드 민주화 운동의 큰 흐름 중 하나는 알-투르크파 공산당이나 민주아랍사회주의연합처럼 기존 좌파들 중에서 반체제 노선을 선택한 세력들이다. 이러한 반체제 좌파들은 한국에서 광주항쟁이 벌어진 1980년에 아버지 아사드의 철권통치에 맞선 최초의 대중 봉기가 일어나자 '전국민주행진'이라는 연합체로 총결집했다. 당연히 엄청난 탄압이 뒤따랐다. 수많은 투사들이 감옥에 갇히거나 외국으로 망명해야 했다. 공산당-정치국파의 리드 알-투르크는 이때 투옥돼 18년 뒤인 1998년에야 풀려나게 된다.

NCC가 아사드와의 협상을 열어놓은 이유

2000년 6월 아버지 아사드의 죽음과 함께 찾아온 이른바 '다마스쿠스의 봄' 때에도 반체제 좌파들은 민주화 여론의 중요한 한 축을 이루었다. 전국민주행진이 곧바로 국내 활동을 재개했다. 이제는 '재야의 어르신'이라는 호칭으로 통하게 된 알-투르크는 감히 "독재자는 죽었다"고 발언해 체제의 인내심을 자극하기도 했다. 안타깝게도 '다마스쿠스의 봄'은 아들 아사드의 집권과 함께 단명했다. 하지만 그 여진은 2005년 민주화 세력들이 총결집해 연서명한 '다마스쿠스 선언'으로 이어졌고 결국 2011년 혁명 운동으로 폭발했다.

당시 대규모 평화적 가두 시위에서도 전국민주행진은 나름대로 구심 역할을 했다. 터키에서 SNC가 결성될 때 국내에서는 전국민주행진을 중심으로 '민주 변혁을 위한 전국조정위원회NCC'가 출범했다. NCC의 의장은 민주아랍사회주의연합 소속인 인권변호사 하산 압둘-아짐이다. SNC가 이슬람주의자들이 다수를 차지하고 여기에 자유주의자들과 일부 좌파가 결합한 구성을 보이는 데 반해 NCC는 국내에서 오랫동안 비합법 투쟁을 벌여온 좌파 정치세력들로만 구성돼 있다. 현재 SNC와 NCC에 모두 참여하고 있는 조직으로는 알-투르크파 공산당의 후신인 민주인민당(2005년에 개명)이 유일하다.

SNC와 NCC는 혁명 지도부의 통합을 위해 계속 대화를 시도하고 있다. 그러나 서로간의 중대한 입장 차이 때문에 통힙은 쉽지 않다. 이것은 SNC 다수파와 NCC 사이의 입장차일 뿐만 아니라 SNC 내 좌우파 사이의 쟁점이기도 하다.

우선 서방의 군사 개입 문제다. SNC의 다수파는 서방 세계가 시리아에 리비아식 군사 개입을 단행하기를 바란다. 반면 NCC는 혁명이 반드시 시리아 민중 자신의 힘으로 승리해야 한다고 강조한다. 외세의 개입은 혁명을 왜곡시키고 시리아 국민국가를 해체시키는 결과만

자신들의 내전에 개입하려는 미국을 규탄하는 시리아인들의 시위. 시리아 좌파는 독재정권에 반대하지만, 서구가 리비아식으로 개입하는 것도 반대한다. 그들은 자신들의 손으로 정권을 끌어내려야 한다고 생각한다.

낳을 것이라는 입장이다.

다음으로 아사드 정권과의 대화 문제다. SNC와 NCC 모두 아사드 대통령의 퇴진이 목표라는 점에서는 차이가 없다. 하지만 SNC가 아사드 정권과의 일체의 대화를 거부하는 데 반해 NCC는 협상 가능성을 열어놓고 있다. NCC의 이러한 입장은 내전의 확대만은 최대한 막아야만 한다는 판단에서 나온 것이다.

제국의 '제5열' 노릇을 견제하기 위해

이러한 입장차를 놓고 SNC가 더 '혁명적'이고 NCC는 '타협적'이라고 평하는 보도도 있다. 그러나 이것은 사태를 잘못 봐도 한참 잘못

본 것이다. NCC야말로 시리아 사태를 평화적 대중 혁명으로 전개시키려는 세력들의 결집체다. 이에 반해 SNC에 참여한 상당수 세력은 시리아를 '제2의 리비아'로 만드는 것도 불사하는 입장이다. 당장 전면적 무장 투쟁에 나서자는 주장으로만 보면 SNC 다수파가 더 급진적으로 보일 수도 있다. 하지만 더 긴 역사적 안목으로 보면 이들은 '아랍의 봄'을 제국주의의 또 다른 세력 확장 기회로 변질시킬 '제5열' 노릇을 하고 있는 것일지 모른다.

그래서 지금 시리아에 SNC 말고 NCC도 존재한다는 것이, 반체제 세속 좌파들의 대오가 버티고 있다는 것이 더욱 다행스럽게 느껴진다. '아랍의 봄'이 제국주의의 역사에 다시 포획되는 것을 막는 엄청난 과제가 지금 시리아 좌파의 어깨에 놓여 있다.

23

청바지 입은 간디인가,
스킨헤드 스탈린인가

이제까지 러시아에서 수만 명 규모의 시위는 그리 낯익은 장면이 아니었다. 블라디미르 푸틴의 8년 통치 기간(2000~2008년)에는 확실히 그랬다. 간혹 시위가 있어도 시위대의 대부분은 옛 소련 시절을 그리워하는 노인들이었다.

그러나 이것도 이제는 옛날이다. 푸틴이 다시 대통령에 당선돼 세번째 임기를 수행하고 있는 지금, 모스크바에서는 반(反)푸틴 시위가 일상이 되어 있다. 시위대의 구성도 과거와는 다르다. 노인들도 꽤 눈에 띄지만, 대다수는 젊은이들이다.

발단은 2011년 12월 4일의 두마(러시아 하원) 선거였다. 선거 결과, 푸틴이 이끄는 집권 여당 통합러시아당이 과반수를 차지했다. 그러나 이 결과가 민심의 정확한 반영이라고 믿는 사람은 별로 없었다. 광범한 선거 부정의 증거들이 속속 드러났다.

사실 과거에도 러시아의 선거 시스템이 특별히 믿을 만했던 것은 아니다. 하지만 이번에는 사람들의 반응이 달랐다. 집권당의 무리한 부정 행위가 4개월 뒤(2012년 3월) 대선에서 푸틴을 당선시킨다는 예정된 결말로 나아가기 위한 수순임을 알고 있었기 때문이다. 또한 이런 광대극을 그냥 보고 넘겨줄 수 없을 정도로 러시아인들 사이에서 푸틴 체제에 대한 환멸과 반감이 늘어나고 있었기 때문이다.

끈질긴 반反푸틴 시위 이끄는 탁월한 선동가

총선 다음날부터 모스크바 시내에 수천 명의 시민들이 모여들기 시작했다. 누가 조직한 것도 아닌데, 부정 선거에 항의하는 집회가 곳곳에서 열렸다. 그러더니 총선 후 첫 토요일인 10일에는 러시아의 주요 도시에서 동시에 대규모 시위가 벌어졌다. 모스크바의 볼로트나야 광장에는 3만 명이 운집했다. 집회 참가자들은 "정치범 석방, 총선 무효화, 선거관리위원장 해임, 선거 부정 공개 조사, 야당 활동의 법적 보장과 정당-선거제도 개혁, 새로운 총선 실시"를 요구했다.

대규모 시위는 한 번으로 끝나지 않았다. 러시아의 겨울은 광장에 모여 구호를 외치고 거리를 행진하기에 알맞은 철이 아니다. 그런데도 2012년 봄이 다 되도록 시위가 계속 이어졌고, 그때마다 수만 명의 시민들이 모였다. 마침 2011년은 '아랍의 봄'에서 스페인의 '분노한 자들'의 운동, 미국의 월스트리트 점령 운동으로 이어지는 전세계적 저항운동의 해였다. 러시아의 반푸틴 시위는 마치 이 반란의 해의 대미를 장식해주는 듯 보였다.

반푸틴 시위가 거듭될수록 정권의 대응도 거세졌다. 특히 매번 시위대 맨 앞에 서서 조직되지 않은 시민들에게 투쟁의 방향을 제시하는 한 인물이 집중적인 탄압의 대상이 되었다. 겉모습만 보면, 서유럽의 극우파 스킨헤드를 연상시키는 민머리 젊은이다. 하지만 탁월한 연설 솜씨와 현장 지휘 능력으로 시위 군중 누구에게나 자연스럽게 지도부로 인정받는 인물이기도 하다. 그의 이름은 세르게이 우달초프. 불과 37세(1977년생)의 좌파 운동가다.

물론 우달초프 말고도 시위를 이끄는 명망가들은 많이 있다. 정치색도 다양하다. 현재 시위 지도부 역할을 하는 조직은 광범한 반푸틴 세력 연합체인 '다른 러시아'인데, 본래 이 조직에서 가장 유명한 인물은 전前 세계 체스 챔피언인 가리 카스파로프다. 그는 '시민연합전선'이라는 반푸틴 운동 단체를 만들어 정치운동가로 변신했다.

'다른 러시아'의 또 다른 주요 지도자로는 '민족-볼셰비키당'을 이끄는 에두아르드 리모노프를 들 수 있다. 그는 민족주의와 스탈린주의를 결합시킨 독특한 '민족-볼셰비키주의'의 주창자다. 자유주의자에 민족주의자에다가 좌파까지, 참으로 다채로운 세력들이 '푸틴 체제 반대'를 위해 '다른 러시아'에 모여 있는 것이다. 그리고 그중에 젊은 좌파 우달초프도 있다.

우달초프는 가계부터 예사롭지 않다. 그의 증조부는 10월혁명을 성공시킨 볼셰비키당의 저명한 지도자 중 한 명이라고 한다. 그래서였는지 우달초프는 21살 대학생 시절부터 좌파 조직에서 활동했다. 구 소련 공산당에 뿌리를 둔 여러 정당들 중에서도 유독 스탈린주의 성향이 강했던 공산주의노동자당의 청년 조직 '붉은 청년 전위AKM'였다. 이 무렵 찍은 우달초프 부부의 결혼 사진이 걸작이다. "푸틴은 자본주의 앞잡이" "승리는 우리 것"이라는 플래카드를 든 젊은 부부 뒤에 커다란 스탈린 초상이 걸려 있다. 다른 나라 좌파라면 누구나 "이런 똘아이들!" 하고 실소하지 않을 수 없을 장면이다.

스탈린 초상 앞에서 결혼사진 찍은 시절

그렇다고 이 모습이 곧 지금의 우달초프는 아니다. 그도, AKM도 지난 10년간 적지 않은 변화를 겪었다. AKM은 2004년 공산주의노동자당과의 관계를 끊었다. 한때는 제1야당인 러시아연방공산당의 문을 두드리기도 했지만, 결국은 기존 좌파정당 바깥에서 새로운 길을 찾았다.

보리스 카갈리츠키 등의 신좌파 지식인들이 세계사회포럼의 러시아 판으로 기획한 러시아사회포럼이 전환점을 마련해주었다. AKM은 사회포럼에 모인 재야 좌파들과 함께 '좌파전선'이라는 새 연합 조직을 만들었다. '이슬람 마르크스주의'를 주창하는 무슬림 지도자 게이다르 제말이나 잘 나가는 경영인이면서 좌파정치가이기도 한 일리야 포노마레프 같은 독특한 인물들이 새 조직에 합류했다.

좌파전선은 '분노의 날'이라는 정기 집회를 꾸준히 열면서 이름을 알려갔다. 좌파전선의 이러한 지속적 활동은 2011년에 폭발한 반푸틴 대중투쟁을 예비하는 것이었다. 이 과정에서 우달초프는 수십 차례의 연행 기록을 남겼다. 그렇다고 폭력 시위를 벌인 것은 아니었다. 우달 초프가 선동가인 것은 맞지만, 그가 선동하는 것은 철저한 비폭력 투쟁이다. 어떤 점에서는 가죽 잠바와 청바지를 입은 간디처럼 보이기도 한다. 2011년 12월에 시위 주동 혐의로 투옥되었을 때도 그는 단식 농성으로 정권에 맞섰다.

우달초프의 정치 노선도 우스꽝스러운 결혼 사진을 찍던 시절과는 분명 다르다. '극좌파'라는 분류와는 달리, 그는 자신을 때로 '사회민주주의자'라 부른다. 한편으로는 소비에트(평의회)를 건설해서 민중 권력을 수립해야 한다고 주장하고, 다른 한편으로는 과거 스탈린주의 체제보다는 스웨덴 복지국가를 더 닮은 대안을 제시한다. 지금 러시아 사회에는 혁명이 필요하다고 단언하지만, 그러면서 또한 그 혁명은 10월혁명 같은 사회주의 혁명은 아니라는 단서를 붙인다. 부패하고 억압적인 푸틴 체제를 타도하고 민주주의를 확립하는 혁명이 먼저라는 것이다.

서유럽식 노선 구별법으로 보면, 혼돈 그 자체다. 사회민주주의니 레닌주의니 하는 익숙한 범주에 전혀 들어맞지 않는다. 하지만 우딜초프와 좌파전선이 소련 붕괴 후 지난 20년 동안 러시아 사회에 명멸한 좌파 조직들 중에서 그래도 가장 진지한 세력인 것만은 분명하다. 이미 반푸틴 시위 현장에서는 많은 이들이 이를 인정하고 있다. 좌파전선은 집회장에서뿐만 아니라 제도 정치에서도 이런 인정을 받고자 한다. 당국은 이들을 합법정당으로 인정해주길 한사코 거부하고 있지만 말이다.

러시아의 젊은 좌파 지도자 세르게이 우달초프. 카리스마적인 선동 실력으로 자연스레 반푸틴 시위의 지도자가 되었다. 그는 경찰에 여러 차례 연행되었으며, 지금은 가택연금 상태에 있다.

'재스탈린화' 주장하는 러시아연방공산당

좌파전선 같은 신생 좌파의 제도 정치 진입이 절실히 필요한 것은 그만큼 러시아의 기존 좌파정치 지형이 불모 상태이기 때문이다. 소련 붕괴 이후 줄곧 제1야당 자리를 유지하면서 제도 정치 내에서 좌파의 대표자 역할을 해온 것은 '러시아연방공산당'이다. 대선 때마다 매번 후보로 출마해 옐친, 푸틴과 겨룬 겐나디 주가노프가 20년 가까이 이 당을 이끌어왔다. 이 당은 2011년 총선에서도 19.19%를 득표해 푸틴의 통합러시아당에 이은 제2당 자리를 유지했다.

하지만 보편적인 좌파의 기준에서 보면 당혹스러운 점들이 많다. 러시아연방공산당은 당의 이념으로 마르크스-레닌주의와 함께 애국주의를 내세운다. 또한 이들의 지지 기반은 도시가 아니라 농촌이다. 급속한 자본주의화 과정에서 소외된 농촌 지역의 지지를 받고 있는 것인데, 아무튼 도시 노동자계급이 좌파정당의 주된 지지층이라는 상식과는 거리가 있다. 주가노프는 2010년 스탈린의 생일에 대통령에게 보내는 공개 서한에서 러시아 사회의 "재스탈린화"가 필요하다고 주장하기도 했다.

이런 러시아연방공산당과 두마 내에서 경쟁하는 또 다른 좌파정당이 있다. 2006년에 창당한 '정의러시아당'이다. 정의러시아당의 이념은 대체로 사회민주주의라 할 수 있다. 좌파전선의 지도자이기도 한 일리야 포노마레프가 이 당의 두마 의원으로 활동하고 있기도 하다. 이 당은 지난 총선에서 13.24%를 득표해 러시아연방공산당에 이어 제3당이 되었고, 도시 지역에서는 러시아연방공산당보다 더 많은 지지를 얻었다.

어찌 보면 상당한 발전 잠재력을 지니고 있다고 하겠다. 하지만 정의러시아당에도 러시아연방공산당만큼이나 께름칙한 측면이 있다. 정의러시아당 창당 초기에 이 당을 이끌던 세르게이 미로노프는 푸틴 정권과 적극 협력했다. 마치 관제 야당 같은 모습이었다. 물론 푸틴의 장기 집권 야욕이 노골화되면서 협력 관계는 중단됐다. 최근에는 러시아연방공산당보다 정의러시아당이 반푸틴 시위에 더 앞장서는 모습도 보이고, 미로노프가 대선에 정의러시아당 후보로 나가 푸틴과 맞서기도 했다. 하지만 아직까지는 전투적 야당으로서 폭넓은 신뢰를 받지는 못하고 있다.

잿더미 위에서 예기치 않게 등장한 새 세대

흥미로운 것은 좌파전선이 잠재적 경쟁 상대인 러시아연방공산당과 정의러시아당에 적극적인 협력 노선을 취하고 있다는 점이다. 우달초프는 대선 시기에 러시아연방공산당 주가노프 후보의 선거운동본부에서 일하기도 했다. 주가노프가 우달초프를 러시아연방공산당의 차기 지도자로 지명할 것이라는 소문까지 나돈다. 그러면서 우달초프는 정의러시아당의 미로노프, 포노마레프와도 긴밀한 협력 관계를 지속하고 있다. 우달초프는 러시아연방공산당과 정의러시아당을 설득해서 칼리닌그라드 시장선거에 러시아연방공산당 후보를 반푸틴 좌파 단일 후보로 출마시킨다는 합의를 이끌어내기도 했다.

이것은 기존 좌파정당들과의 연합전선을 통해 새로운 좌파정치 흐름과 광범한 좌파 유권자층 사이의 접촉면을 확보하려는 시도인가? 아니면, 우달초프로 상징되는 새로운 좌파 흐름조차도 결국은 러시아 정치의 아수라장에서 헤어 나올 수 없다는 것을 보여주는 징후인가? 아직은 잘 모르겠다.

하지만 이것 하나만은 확실하다. 지난 한 세기의 비극으로 좌파의 모든 긍정적 자산이 다 붕괴된 것처럼 보였던 나라에서도 새 세대의 등장과 함께 예기치 못한 가능성이 등장하고 있다는 사실 말이다.

24

퀘벡은 어떻게
대학 등록금 인상을
저지했나

2012년 9월 20일 캐나다 퀘벡 주의 신임 주정부는 대학 지원금 삭감과 등록금 인상 계획을 철회한다고 발표했다. 또한 대학가의 시위와 집회를 규제하는 주법률 제12호도 폐지하겠다고 공표했다. 이것은 모두 전임 자유당PL 정부가 정권의 명운을 걸고 추진하던 정책들이다. 하지만 9월 4일 퀘벡 총선으로 권력이 퀘벡당PQ으로 넘어가면서 이들 정책은 물거품이 되고 말았다.

이렇게 정책이 확 바뀌었을 뿐 아니라 사람도 크게 바뀌었다. 퀘벡에서는 처음으로 여성이 주지사(영국 국왕이 임명하는 '주지사'가 따로 있지만 실제 행정 수장은 주의회 다수당 대표가 맡는다)가 되었다. 퀘벡당 대표 폴린 마르와가 그 사람이다. 이런 결과들을 놓고 보면, 선거 하나로 참 많은 것을 바꿀 수 있구나 하는 생각이 들기도 한다.

등록금 인상폭, 43년간 300%

그런데 잘 보아야 할 게 있다. 대학 등록금 인상 철회는 단지 이번 선거만의 쟁점이 아니었다. 또한 퀘벡당이 독자적으로 주장한 것도 아니었다. 정권 교체로 등록금 인상을 막기까지는 선거 이전의 기나긴 대중운동이 있었다. 바로 퀘벡 대학생들의 등록금 인상 반대 투쟁이다. 이 투쟁은 2008년 금융위기 이후 극적인 모습으로 부활한 전세계 학생운동 중에서도 영국과 칠레의 경우와 함께 가장 인상적인 사례로 주목받았다. 만약 이 투쟁이 없었다면 선거를 통한 정책 전환도 없었을 것이다.

투쟁의 발단은 퀘벡에서도 정부 재정 문제였다. 신자유주의 전성기에 퀘벡 정계에는 균형 재정 원칙이 마치 신앙처럼 뿌리 내렸다. 그러던 차에 금융위기가 닥쳤고, 이로 인해 주정부 재정이 압박을 받게 되었다. 장 샤레스트의 자유당 정부는 다른 여느 집권자들과 마찬가지로 이 문제를 복지 지출 축소로 해결하려 했다. 예산 삭감의 가위질이 시작되었고, 이 가위질의 첫번째 대상으로 대학 지원금이 지목되었다.

퀘벡의 교육 예산은 어떤 이들에게는 자랑거리이고 다른 어떤 이들에게는 골칫거리다. 1960년대의 이른바 '조용한 혁명'으로 복지 제도가 정착된 퀘벡에서는 1968년부터 1990년까지 20여 년간 대학 등록금이 연간 540달러로 동결되었다. 이후 몇 차례 인상을 거쳐 현재는 연간 2168달러다. 1968년부터 43년간의 인상폭이 300%다. 이것은 같은 기간의 물가인상률 557%에 한참 못 미치는 수치다. 등록금으로 다 충당하지 못하는 대학 예산은 주정부 지원금으로 메워왔다. 덕분에 퀘벡은 캐나다에서 대학 등록금이 가장 싼 주였다. 퀘벡 대학생들은 학비의 10%만 자비로 부담하면 됐다. 이 액수는 캐나다 다른 주의 대학생들이 내는 등록금의 1/3에도 못 미치는 것이었다.

30만 학생 시위, 50만 연대 시위

복지 퀘벡의 상징과도 같은 이 대학 시스템이 자유당 정부에게는 예산 낭비의 커다란 구멍으로만 보였다. 샤레스트 주지사는 이 전통에 손을 대기로 결심했다. 그는 연초에 2017년까지 대학 등록금 본인 부담분을 3793달러로 1000달러 훨씬 넘게 인상하겠다고 발표했다. 대신 장학금 지원 대상을 확대하고 등록금 대출 상환 기간을 5년에서 7년으로 연장하겠다는 단서를 달았다. 하지만 퀘벡에서 이제까지 경험하지 못한 대대적인 등록금 인상 조치라는 것은 분명했다.

자유당 정부는 이 방안을 놓고 학생 조합들과 협상에 나섰다. 퀘벡의 주요 학생 조합들로는 12만 명 규모의 퀘벡종합대학학생연맹FEUQ, 8만 명 규모의 퀘벡단과대학학생연맹FECQ 그리고 10만 명 규모의 '교육조합 연대를 위한 내연합CLASSE'이 있다. 이들은 모두 정부안에 완강한 반대 입장을 고수했다. 등록금 인상 대신에 정부가 고등교육 지원을 위한 추가 재원을 확보하라고 요구했다. CLASSE는 아예 대학 무상교육으로 나아가야 한다고 주장하기까지 했다.

결국 협상은 결렬되고, 투쟁이 시작됐다. 2012년 2월 13일 라발대학의 사회과학대 학생들이 휴업에 돌입했다. 휴업은 이내 퀘벡대학 몬레알(몬트리올) 캠퍼스로 확대되었다. 동맹휴업과 함께 거리 시위도 시작되었다. 3월 22일에는 동맹휴업에 참가한 30만 명의 학생들이 거리에 나섰다. 캐나다에서는 한동안 보기 힘들었던 대규모 시위였다.

정부는 강경 대응으로 맞섰다. 신임 마르와 주지사가 폐기하겠다고 약속한 주법률 제12호가 이때 등장했다. 이 법률은 대학가의 집회와 시위의 자유를 제약하고, 학생 조합들이 집단행동을 위해 수업 참여를 원천 봉쇄하는 피케팅 행위를 금지했다. 그러나 이러한 정부의 대응은 타는 불씨에 기름을 붓는 격이었다. 3월의 시위가 있고 정확히 두 달 뒤인 5월 22일에 등록금 인상 철회뿐만 아니라 악법 철폐를 요구하는 집회가 주도州都 몽레알에서 열렸다. 이 집회에는 무려 50여 만 명이 참가했다. 몽레알 전체 인구의 1/4에 달하는 수치였다. 이제 투쟁은 대학생들만이 아니라 이들을 지지하는 시민들도 적극 참여하는 양상을 보였다.

이후 몽레알의 주택가에서는 밤 8시마다 시끄러운 쇳소리가 울리기 시작했다. 투쟁을 지지하는 주민들이 냄비와 프라이팬을 들고 나와 두드리는 소리였다. 이것은 1970년대 초 칠레의 유명한 냄비 시위를 모방한 것이었다. 당시 칠레에서는 좌파 아옌데 성부에 맞서 우파를 지지하는 부유층 여성들이 냄비를 두들기며 시위를 벌였다. 하지만 40여 년 뒤 아메리카의 반대쪽 끝에서는 이것을 정부의 반서민 정책에 맞서는 저항의 표현으로 활용했다. 참으로 묘한 역사의 아이러니다.

아무튼 이런 투쟁 속에서 제1야당인 퀘벡당이 등록금 인상 철회를 당론으로 받아들였다. 그리고 자유당 정부가 정치 위기를 정면 돌파하려는 의도에서 실시한 조기 총선에서 퀘벡당이 원내 제1당이 됨으

교육의 공공성을 주장하며 등록금 인상 반대 시위에 나서고 있는 퀘벡의 대학생들. 퀘벡의 학생시위는 퀘벡의 정권을 바꾸는 결과로까지 이어졌다. 대중투쟁이 제도 정치의 변화를 이끈 것이다.

로써 상황이 반전되었다. 2011년의 전지구적 반란에 뒤이어 2012년의 반신자유주의 민중운동을 상징하던 퀘벡 대학생 투쟁이 전세계를 향해 모처럼 승리의 팡파르를 울렸다.

그러나 이 승리에는 뭔가 불안한 구석이 있다. 우선 퀘벡당의 의석이 과반수에 한참 못 미친다. 총 125식 중 54석에 불과하다. 득표율도 32% 수준이다. 반면 여당에서 제1야당이 된 자유당은 퀘벡당보다 단지 1% 적은 31%를 득표했고, 50석을 차지했다. 또 다른 우파 정당 퀘벡미래연합CAQ은 27%라는 만만치 않은 지지를 얻었지만, 소선거구제 때문에 의석수는 19석에 그쳤다. 어쨌든 두 우파 야당을 합치면 지지율 59%, 의석수 69석에 달한다. 퀘벡당 정부는 불안정한 소수파 내각인 것이다. 이런 소수파 정부이기 때문에 사실은 등록금 인상 철회도

입법의 형태로는 관철시킬 수 없다. 마르와 주지사의 복안은 주정부 긴급 조치로 등록금을 동결시키겠다는 것이다.

퀘벡연대 등장이 의미하는 것

퀘벡 역사에 길이 남을 대중 투쟁을 배경으로 총선이 실시됐음에도 불구하고 퀘벡당의 성적이 그리 신통치 않은 데는 이유가 있다. 퀘벡 당은 자유당과의 뚜렷한 차이를 보여주지 못했다. 물론 이번 선거에 서는 등록금 인상 반대를 내걸며 우파 정당들과의 대립선을 그을 수 있었다. 하지만 신자유주의 전성기에 퀘벡당이 보여준 모습들에 대한 기억이 워낙 강해서 이번 선거 한 번으로 그것을 극복할 수는 없었다.

잘 알려져 있다시피 퀘벡은 프랑스계 주민이 다수를 차지한다. 반 면 부와 특권은 소수 영국계에 집중돼 있다. 이런 퀘벡에서 1960년대 에 '조용한 혁명'을 이끌었던 정당은 자유당이었다. 당시만 해도 자유 당은 퀘벡 정치에서 중도좌파의 역할을 맡았었다. 그런데 '조용한 혁 명'의 결과로 프랑스계 노동자·서민의 목소리가 높아지면서 자유당 내 좌파의 중추인 프랑스계가 따로 퀘벡당을 창당하기에 이르렀다.

퀘벡당은 사회민주주의적 경제사회정책을 약속했다. 그러면서 이러 한 정책을 관철하려면 영국계가 주도하는 캐나다 자본주의에서 해방 되어야 한다고 주장했다. 프랑스계 주민들이 캐나다 연방으로부터 독 립을 쟁취해야 한다는 퀘벡 분리주의를 들고 나온 것이다. 이후 퀘벡 당은 퀘벡 독립을 장기 목표로 내세우며 퀘벡 주의 좌파 지역 정당으 로 발전했다. 캐나다 연방 차원에서는 따로 퀘벡블록BQ이라는 정당이 등장해 퀘벡당과 협력하며(연방 선거에는 퀘벡블록만 참여하고 주 선거에는 퀘벡당만 참여하는 식의 분업 구조) 독립을 추진했다. 이와 함께 자유당은 영국계를 대변하는 우파 정당으로 성격이 바뀌었다.

그런데 문제는 1980년대 이후 퀘벡당이 다른 사회민주주의 정당들과 마찬가지로 신자유주의에 무릎을 꿇고 더 나아가 이를 적극 수용했다는 사실이다. 퀘벡당은 미국과의 자유무역지대협정을 받아들였다. 대학 등록금 인상 시도를 불러온 균형 재정 기조도 수용했다. 또한 몇 차례 집권했음에도 불구하고 퀘벡 독립을 성사시키지 못했고 점차 분리주의 노선을 후퇴시켰다. 주선거에 정당명부비례대표제를 도입하겠다는 약속도 어겼다.

이 때문에 2006년에 퀘벡연대QS라는 새로운 좌파 지역정당이 등장했다. 퀘벡연대는 퀘벡당이 저버린 퀘벡 독립과 반자본주의의 대의를 다시 선명히 내걸었다. 이 당은 이번 선거에서 단지 등록금 동결만이 아니라 대학 무상교육을 공약했다. 그러면서 대학 등록금 문제의 원상 복귀와 법률 제12호의 폐지, 정당명부비례대표제의 도입, 부자 증세를 전제로 퀘벡당과의 선거 협상 가능성을 열어두기도 했다. 그러나 퀘벡당은 어떠한 대화도 거부하고 오히려 퀘벡연대를 집중 견제했다. 이런 견제와 언론의 적대적 태도에도 불구하고 퀘벡연대는 2008년 총선의 득표율 3.78%를 6.03%로 두 배 가까이 늘리며 (소선거구제에도 불구하고) 두 명의 당선자를 냈다. 퀘벡당에 대한 노동운동의 점증하는 불만 그리고 등록금 인상 반대 투쟁을 거친 청년층의 급진화가 퀘벡연대의 착실한 성장에 연료 역할을 한 것이다.

여전한 숙제, 대중투쟁과 제도정당

이런 여러 가지 점에서 퀘벡 학생 투쟁의 승리는 아직 불안한 잠정적인 것에 불과하다. 퀘벡당 정부의 입장이 언제 돌변할지 알 수 없으며, 우파 정당들의 공세로 새 정부가 쉽게 무너질 수도 있다.

따라서 투쟁을 중단하기에는 너무 이르고, 운동 주역들은 대의 정치와의 관계에 대해 좀 더 전략적인 고민을 해야 하는 상황이다. 지난 두 세기 동안 좌파정치에서 계속 그래왔던 것처럼, 지금도 여전히 대중투쟁과 제도정당의 관계는 간단치 않은 숙제임이 분명하다.

25

한 국가냐 두 국가냐,
그것이 문제로다

한국에서 박근혜 대통령이 당선되고 한 달 정도 지난 2013년 1월 22일 이스라엘에서는 총선거가 있었다. 다들 극우정당 '리쿠드(통합)' 소속인 전임 총리 베냐민 네타냐후의 낙승을 점쳤다. 이란과 전쟁도 불사하겠다는 식의 안보 공세 덕분에, 이스라엘 안에 점증하는 보수 여론이 네타냐후 지지표로 결집히리라고 내다봤다. 총선을 석 달 앞두고 리쿠드가 또 다른 주요 극우 정당 '이스라엘 베이테누(우리 조국 이스라엘)'와 전격 합당함으로써 이런 관측은 더욱 힘을 얻었다.

'이스라엘판 안철수' 라피드 돌풍

하지만 결과는 네타냐후에게는 실망스러운 것이었다. 여당인 '리쿠드 이스라엘 베이테누'가 가장 많은 득표를 하기는 했지만(23.32%), 의석이 11석이나 줄었다(전체 의석은 120석). 극우 성향 정당들을 다 합쳐야 겨우 과반수를 넘는다(61석). 그래서 총선이 끝나고 나서도 네타냐후는 연립정부 구성 문제로 골머리를 앓았다.

이런 결과를 낳은 첫번째 요인은 신생 중도 정당 '예쉬 아티드(미래는 있다)'의 돌풍이다. 창당한 지 1년도 안 된 이 당은 '이스라엘의 안철수' 격인 방송인 출신 대표 야이르 라피드의 인기에 힘입어 원내 제2당으로 급부상했다(19석, 14.32%). 주변국들과의 긴장보다는 협상 쪽을 선호하는 이 당과 그 왼쪽 정당들이 차지한 의석이 모두 합해 59석이다. 극우 세력과 팽팽한 힘의 균형을 이룬 것이다.

그런데 라피드 돌풍에 가려 주목받지는 못했지만 이런 균형을 만들어낸 또 다른 중요한 요인이 있다. 오래된 좌파 정당이며 평화 세력의 정치적 구심체 '메레츠(에너지)'의 선방 그리고 공산당을 비롯해 아랍계 시민들의 지지를 받는 정당들의 건재다.

사실 이스라엘의 대표적 좌파 정당은 따로 있다. 히스타드루트(이스라엘 노총)의 지지를 받는 정당, 노동당이다. 같은 이름의 다른 나라 정당들과는 달리 이 당은 사회민주주의 외에도 또 다른, 아니 더 중요한 이념을 지니고 있다. 중동에 유대인 국가를 건설한다는 시온주의가 그것이다. 이 당의 전신인 '마파이(이스라엘 노동자당의 히브리어 약칭)'는 이 시온주의 이념에 따라 이스라엘 건국을 주도했다. 아랍과의 전쟁을 이끈 유명한 이스라엘 정치인들, 다비드 벤 구리온, 골다 메이어 등이 다 마파이 소속이었다.

1970년대까지만 해도 이스라엘에서는 마파이와 그 후신인 노동당이 정권을 독차지했다. 그러다가 1970년대 말부터 리쿠드가 부상하면서 두 당이 번갈아가며 집권하기 시작했고, 이제는 판세가 완전히 역전됐다. 노동당 소속의 이츠하크 라빈 총리가 1993년 팔레스타인 해방기구PLO의 야세르 아라파트 의장과 오슬로 협정을 맺은 순간이 어쩌면 이 당의 마지막 절정이었다. 1년 뒤 라빈 총리가 암살당하고 새로 들어선 팔레스타인 자치기구와 이스라엘 사이에 긴장이 고조되면서 노동당은 리쿠드에게 주도권을 완전히 빼앗기고 말았다. 이후 이당은 극우 세력의 안보 공세에 부화뇌동하는 모습만을 보였다.

총선에서 노동당은 여성 대표 셸리 야히모비치를 내세워 반전을 꾀했다. 처음에는 새 대표 카드가 먹히는 듯 싶었다. 하지만 라피드 바람이 일자 노동당 지지율은 모래성처럼 무너지고 말았다. 노동당은 잠재 지지층 중 다수를 예쉬 아티드에게 빼앗겨 3위에 머물렀다(15석, 11.39%).

그럴 수밖에 없었던 게 노동당의 현재 모습은 중도 정당을 표방하는 예쉬 아티드와 별반 차이가 없다. 사회경제정책 측면에서 노동당은 오래전부터 영국 노동당식 '제3의 길' 노선을 받아들인 상태다. 대외 정책 측면을 보면, 리쿠드와 확연히 구분되는 평화 노선도 아니다. 이런 입장이라면 유권자들로서는 차라리 기성 정치인 냄새가 덜 나는 라피드의 당을 지지하는 편이 낫겠다고 생각하는 게 당연했다.

'두 국가 해법'의 메레츠 약진
그런데 이런 상황에서 또 다른 좌파 정당 메레츠는 의석을 3석에서

6석으로 두 배 늘렸다(득표율 4.54%). 메레츠도 노동당만큼이나 그 연혁이 오래된 정당이다. 이 당의 모태는 이스라엘 건국 시기에 창당한 '마팜(통합노동자당의 히브리어 약칭)'이다. 마팜 역시 마파이와 마찬가지로 시온주의를 표방했다. 하지만 마파이에 비해 '좌파' 시온주의라 할 만한 입장을 보였다. 아랍 세계와의 대결보다는 공존을 더 강조했고, 그 일환으로 이스라엘 영토 내 아랍계 시민들의 권리를 강조했다.

메레츠는 1992년에 마팜이 다른 소수 좌파 세력들을 통합, 재편하면서 등장했다. 마팜이 시온주의와 함께 마르크스주의를 이념으로 내세웠던 데 비해 메레츠는 사회민주주의를 내걸었다. 이 점에서는 많이 온건해졌다고 할 수 있다. 그러나 이스라엘 사회의 가장 뜨거운 쟁점인 평화에 대해서만큼은 과거보다도 더 선명한 입장을 내세웠다. 마침 라빈 총리가 팔레스타인과 협상에 나서던 상황에서 메레츠는 이스라엘 내 평화운동을 정치적으로 대변하기 시작했다.

메레츠도 이번 총선에서 노동당처럼 여성 대표를 내세웠다. 인권운동, 여성운동으로 명성을 쌓은 자하바 갈 온이 그 사람이다. 되도록 좌파 색채를 지우려 한 야히모비치와 달리 갈 온은 오히려 메레츠가 '좌파' 정당임을 강조했다. 또한 오슬로 협정으로 시작된 '두 국가 해법', 즉 팔레스타인 독립을 성사시켜 유대 국가와 팔레스타인 국가의 공존을 추구하자는 입장을 선명히 내걸었다. 이런 정당이 단순 생존을 넘어 당세를 확장했다는 것은 이스라엘 안에 평화를 지지하는 흐름이 분명히 존재한다는 것을 보여주는 지표다.

이와 함께 주목해야 할 것은 아랍계 시민들의 지지를 받는 정당들이 모두 합해 10%에 가까운 득표를 기록했다는 사실이다. 이러한 정당으로는 '통합아랍명부-타알', '하다쉬(평화와 평등을 위한 민주전선의 히브리어 약칭)', '발라드(민족민주연합의 히브리어 약칭)'가 있다. 이 중 하다쉬는 이스라엘 공산당이 다른 급진적 평화운동 세력, 좌파 세력들과 함께 만든 연합전선이다. 공산당은 선거 때마다 당의 이름이 아니라 이 전선의 이름으로 출마하며 3% 안팎의 지지를 얻었는데, 이번에도 이 득표율을 유지하며 4석을 차지했다. 4명의 당선자 중 3명은 아랍계이고, 유대계는 1명이다.

시온주의 비둘기파의 한계

한편 통합아랍명부-타알이나 발라드는 좌파 정당이라기보다는 아랍 민족주의 정당에 가깝다. 하지만 이스라엘 사회 내의 소수자인 아랍계 시민(인구 중 20.4%)의 권리를 쟁취하려 한다는 점에서 이들 정당은 분명 진보적 역할을 맡고 있다. 어찌 보면, 그 어떤 세력보다도 이스라엘 체제에 위협적이라고 할 수도 있다. 이스라엘이 유대인만의 국가가 아니라 유대계와 아랍계가 공존하는 다인종 국가가 되어야 한다는 입장이기 때문이다. 그래서 2009년에 선거관리위원회는 이 두 정당의 인가를 취소하기도 했다. 대법원에서 결국 뒤집히고 말았지만 말이다.

메레츠와 하다쉬 그리고 아랍계 정당들의 이번 총선 득표율을 합하면, 14%에 가깝다. 의석으로는 17석이다. 결코 만만히 볼 숫자는 아니다. 게다가 정책도 비슷한 데가 많다. 이들 정당 모두 당분간은 두 국

이스라엘의 아랍계 정당 하다쉬. 유대인만의 국가를 추구하는 이스라엘에서 하다쉬 같은 아랍계 정당은 유대인과 아랍인들이 공존하는 국가를 만들려고 한다. 그것은 '유대인 국가' 이스라엘의 국가 정체성을 뒤흔드는 강력한 도전이다.

가 해법을 성실하게 추진해야 한다는 데 동의한다. 그래서 이스라엘 바깥의 진보적 논평가들은 이들 사이의 연대에 대해 희망 섞인 관측을 내놓기도 한다.

하지만 이것은 바깥에서 보는 것처럼 그렇게 쉽게 성사될 수 있는 과제는 아니다. 갈 온 대표도 사안별 연대 이상의 협력 가능성(가령 선거연합)은 없다고 못 박고 있다. 바로 여기에 이스라엘 내 평화-좌파 세력의 딜레마가 있다. 메레츠가 원칙 있는 평화 옹호 세력이라고는 하지만, 위에서 이야기한 것처럼 이들은 시온주의의 비둘기파다. 이들 역시 시온주의의 기본 전제를 공유한다. 이스라엘을 유대인 국가로서 지키고 유지하려 하는 것이다. 다만 리쿠드나 노동당이 아랍 세계와의 무력 대결을 통해 이를 실현하려 한다면 메레츠는 평화적 해결 방식을 추구한다는 점이 다를 뿐이다.

이것은 저명한 소설가이면서 메레츠의 오랜 지지자인 아모스 오즈의 발언에서도 확인할 수 있다. 오즈는 이번 총선에서 메레츠를 지지하는 핵심 이유로, 이스라엘 정계에서 이 당만이 두 국가 해법을 강력히 지지하고 있다는 점을 들었다. 그는 중동에서 유대인 국가를 유지하기 위해서는 팔레스타인 독립을 인정하고 이들과 공존하는 것 외에 다른 길이 없다고 주장했다. 리쿠드나 노동당은 팔레스타인인의 국가 수립을 막음으로써 오히려 유대인 국가의 장기 지속 가능성을 파괴하고 있다는 것이다.

이런 시온주의의 비둘기파에게 아랍계 정당들의 성장은 무엇을 뜻하겠는가? 그것은 곧 두 국가 해법과는 전혀 다른 해결책, 즉 '한 국가' 해법의 현실성에 대한 살아 있는 증거다. 한 국가 해법이란 유대계와 아랍계가 공존하는 하나의 국가를 세우자는 입장이다. 한때 두 국가 해법을 지지했던 팔레스타인의 지성 에드워드 사이드도 만년에는 한 국가 해법만이 현실적이라고 역설했다.

남아공 백인의 운명을 받아들여야 한다?

이것은 곧 유대인 국가의 해체를 뜻한다. 즉 시온주의의 폐기다. 이 다인종 국가에서는 결국 아랍계가 유대계의 숫자를 압도할 것이다. 이미 전 국민의 1/5을 넘어선 이스라엘 내 아랍계 시민들의 존재가 다름 아닌 그 전조다. 그리고 이들의 지지를 받는 정당들의 성장은 이런 인구 분포의 역전이 동반할 정치적 미래를 예고한다. 이 미래 국가에서 유대계는 남아프리카공화국의 백인들과 같은 운명이 될 것이다.

평화를 위해서 국가 구성 자체를 재검토해야 한다는 것, 이것은 현실 정치 세력들이 감내하기에는 너무 어려운 요청임에 분명하다. 하지만 이스라엘 안과 바깥의 다양한 좌파-평화 세력들이 전쟁광들에게 맞서자면 이 요청을 우회할 수만은 없을 것이다. 시간이 지날수록 이 사실은 더욱더 첨예하게 다가올 것이다.

26

차베스 대통령 동지,
잘 가시오

2013년 3월 5일 베네수엘라의 우고 차베스 프리아스 대통령이 서거하자 국내 언론도 이를 상당히 비중 있게 다루었다. 평소 미국이나 일본 외의 외신을 소상히 접하기 힘든 나라에서 베네수엘라라는 머나먼 이국이 이 정도 관심을 받다니, 차베스가 정말 인물은 인물이었던 것 같다.

물론 평소의 정치적 입장에 따라 평가는 크게 엇갈렸다. "신자유주의 극복을 바라는 전세계 민중에게 영감을 던져준 지도자"라는 찬사가 있는가 하면 "죽을 때까지 집권하려 한(실제 그렇게 된 셈이다) 독재자"라는 힐난도 있었다. '진보'라 분류되는 매체에서도 "독재자"라는 표현을 주저 없이 사용했다.

차베스는 독재자였는가

이런 여러 평가들 중에서 가장 맥을 잘 짚은 것은 《프레시안》에 게재된 안태환의 글(「차베스, 남미의 '김일성' 아닌 '전태일'!」)과 《참세상》에 올라온 원영수의 글(「죽어서도 불편한 차베스」)이라 생각한다. 이 두 글은 기본적으로 우고 차베스와 볼리바리안 혁명을 긍정적으로 평가하면서도 그를 둘러싼 여러 쟁점 또한 균형 있게 제시했다. 대체로 이와 같은 입장에서 차베스를 추념해보고자 한다.

원영수는 위의 글에서 차베스를 "문제를 해결하기보다 문제를 제기하고 갈등을 만드는 문제적 인간"이라 규정했다. 더없이 적절한 표현이다. 차베스는 '문제적 인간'이었다. 보통 이런 인간상이 다 그렇듯이 그역시 일방적으로 존경하거나 무시하고 말 수 없는 복잡한 면모를 보였다. 가령 리비아의 카다피 같은 독재자들과 어울려 다닌 모습은 썩보기 좋지 않았다. 미국에 반대한다고 해서 덮어놓고 누구든 동지이자 맹방으로 여기는 태도는 차베스를 지지하는 사람들 사이에서도 많은 비판을 받았다. 이런 모습은 그에게 따라 붙은 '독재자'의 이미지를 강화하곤 했다. 그런 그조차 유독 북한과는 거리를 두었지만 말이다.

하지만 이승만이나 박정희를 '독재자'라고 부르는 것과 같은 맥락에서 차베스를 그렇게 규정할 수 있는지는 의문이다. 14년간 장기 집권한 게 중요한 근거가 되는데, 그렇게 따지면 '독재자'의 범주 안에 들어가야 할 정치 지도자들이 예상 외로 많다. 프랭클린 루스벨트도 차베스처럼 네 번 연이어 대통령에 당선되었고 13년간 권좌에 있었다. 마지막 임기를 시작하자마자 병마로 쓰러진 것 역시 닮았다. 그러나 아무도 그를 '독재자'라고 하지는 않는다. 더 극단적인 사례도 있다. 스웨덴 사회민주당의 타게 에를란데르는 복지국가의 전성기이던 1940~1960년대에 무려 23년간 계속 총리로 있었다. 그러나 역시 그의 '독재'를 규탄하는 이야기는 들어본 적이 없다. 냉정히 보면, 이들의 위대한 개혁은 이러한 장기 집권 없이는 불가능한 면이 있었다. 뉴딜이 성공하고 스웨덴 복지국가가 굳건히 뿌리내린 데는 10년, 20년간의 긴 집권 기간이 분명 긍정적인 영향을 미쳤다. 혹 차베스는 이들의 교훈을 충실히 따랐던 게 아니었을까. 볼리바리안 혁명만 유독 이 교훈을 마다할 이유가 어디 있겠는가.

루스벨트, 에를란데르와 차베스 사이의 공통점만큼이나 주목해야 할 것은 차베스와 이승만, 박정희 사이의 중대한 차이다. 그것은 차베스가 매번 선거를 통해, 그것도 누구라도 '공정했다'고 평가하지 않을 수 없는 선거를 통해 집권했다는 점이다. 이 문제에 대해서는 베네수엘라 선거에 참관했던 전 미합중국 대통령 지미 카터도 보증한 바 있다. 민주주의냐 독재냐를 가리는 가장 핵심적인 기준은 현 집권 세력에서 야당으로 정권이 교체될 가능성이 실질적으로 보장되어 있는지 여부다. 적어도 이 기준에서 보면, 차베스와 그의 정권을 '독재'라 이름 붙이는 것은 맞지 않다. 베네수엘라 야권은 대선에서 선거 룰에 따른 집권 가능성을 충분히 보장받아왔기 때문이다. 지난 대선만 떠올려 봐도 그렇다. 이 선거에서 엔리케 카프릴레스를 야권 단일 후보로 내 45%까지 득표한 반反차베스 진영이 자신들을 차베스 당선이 예정된 쇼의 들러리 정도로 보았다고는 도저히 믿을 수 없다. 룰은 공정하게 살아 있었다. 그런데도 만약 차베스를 '독재자'라 불러야 한다면, 우린 '형식 민주주의를 충실히 따르는 독재자'라는 전혀 새로운 개념을 창안해야만 할 것이다.

볼리바리안 혁명은 무엇을 성취했는가

'차베스=독재자'론에 대한 반박은 이쯤 해두자. 우리의 관심은 단순히 그의 사후 명예 회복을 거들어주는 데 있지 않기 때문이다. 이토록 세계인에게 회자되는 그의 정치 행보에, 그리고 그가 앞장서 펼쳐놓은 볼리바리안 혁명에 과연 우리가 영감을 얻을 만한 성취가 존재하는지 확인하는 게 본론이다.

그런 성취는 존재하는가? 여기서 내리는 답은 '그렇다'다. 차베스와 볼리바리안 혁명은 라틴아메리카, 아니 전세계 좌파정치의 오랜 난제들 몇 가지를 인상적으로 극복했다. 이것은 가령 1970년대 초반 칠레에서 벌어졌던 일과 차베스의 베네수엘라를 대조해보면, 명확히 드러난다.

40여 년 전 칠레에서 어떤 일이 있었던가? 1970년 대통령에 당선된 인민연합(사회당·공산당 등 좌파 세력들의 연합)의 살바도르 아옌데는 구리 광산 국유화 등 급진적 개혁을 단행했다. 이에 맞서 국내에서는 기득권 세력이 들고 일어났고, 국제적으로는 미국이 파상 공세를 가했다. 당시 막 곳곳에서 군사정권이 들어서고 있던 남미 상황에서 칠레는 너무 멀리 떨어져 있는 쿠바를 제외하면 고립무원이었다. 1972년에는 자본가 파업까지 일어났고, 보다 못한 민중이 직접 전면에 나섰다. 정부를 지지하는 민중들은 공장에서 노동자 자주 경영을 시작하고 지역에서 주민 자치 조직을 만들며 자본가파업에 맞섰고, 승리했다. 하지만 정부는 이러한 민중 권력 양상을 더욱 발전시켜 개혁의 원동력으로 만들지 못했다. 이런 상태에서 1973년 9월 11일 미국의 사주를 받은 군부 쿠데타가 일어나 3년간의 개혁 시도는 비극으로 끝나고 말았다.

이후 30여 년간 시장 지상주의가 라틴아메리카를 휩쓸었다. 이 기간 동안 칠레의 패배는 중남미 좌파 전체에게 고통스러운 상흔으로 남았다. 1999년 시작된 베네수엘라의 볼리바리안 혁명은 바로 이 아픈 경험이 증거한 두터운 장벽들을 '돌파'하며, 역사의 새로운 지평을 열었다. 무엇을 돌파했는가?

첫째, 차베스 정부는 군부 쿠데타를 이겨냈다. 칠레에서처럼 베네수엘라에서도 2002년 쿠데타가 일어났다. 하지만 칠레 인민연합 정부와 달리 차베스 정부는 무너지지 않았다. 물론 차베스도 쿠데타군에 사로잡혀 총살 일보직전까지 가는 수난을 당하기는 했다. 그러나 어쨌든 그는 살아남았디. 합법정부에 충성하는 진압군이 제때 도착해 그를 구했고, 반군을 쉽게 제압했다. 다른 많은 요인들이 있었지만, 무엇보다도 차베스 자신이 장교 출신이라는 점이 힘을 발휘했다. 군인 출신이라서 군부독재자의 좌익판 정도로 항상 따가운 의심의 눈총을 받기도 했지만, 군 내에 굳건한 지지 기반을 가진 덕분에 '1973년 9월 11일'의 악몽을 성공적으로 떨쳐낼 수 있었던 것이다. 차베스 자신의 말마따나 그의 정부는 "아옌데처럼 평화적이고 민주적"이면서도 "아옌데와는 달리 무장"하고 있었다.

둘째, 볼리바리안 혁명은 대중의 적극 참여를 원동력으로 하는 사회 개혁의 길을 개척했다. 칠레 아옌데 정부는 위기 시기에 정부를 지지하며 등장한 민중 권력 흐름과 안정적이면서 생산적인 연계를 맺는데 실패했다. 반면 차베스 정부는 대중의 직접 참여를 사회 개혁을 이뤄나가는 데 중요한 요소로 보고 이를 국가기구를 통한 제도적 접근과 연결시키려 노력했다. 2002년 군부 쿠데타를 민중의 힘으로 물리치고 나서는 더욱 그랬다. 정부가 나서서 주민 평의회 결성을 장려했고 노동자 자주경영 시도에 기회를 주었다.

사실 차베스 정부가 실시한 개혁의 주된 내용은 제2차 세계대전 후 서유럽 사회민주주의 정당들이 추진한 바로 그것이었다. 무상의료·무상교육, 즉 공공복지 확대였다. 이런 점에서 차베스 정부가 내세운 '21세기 사회주의'라는 구호는 차베스 지지 논객들이나 야당이 주장하는 것만큼 야심차거나 불온한 것은 아닐지 모른다. 하지만 분명 중요한 혁신이 있었다. 사회민주주의적 내용의 남반구식 반복이라 하더라도 이것은 지난 세기 북반구의 경험에 비해 "대중의 창의와 주도"가 훨씬 강조되는 사회민주주의였다. 선거 정치나 공무원의 활동에만 내맡겨진 익숙한 방식은 아니었다. 이것은 북반구의 앞선 나라들이 오히려 주목하고 배워야 할 성과다.

셋째, 베네수엘라 좌파 정부는 베네수엘라 한 나라를 넘어선 변화의 힘을 만들어내는 데 성공했다. 한 세대 전 칠레 좌파 정부와 달리 이들은 외롭지 않았다. 운도 따랐고, 그 운을 살려내는 참신한 노력도 있었다. 차베스 정부가 쿠데타를 이겨낸 그 해에 브라질에서 노동자 당의 룰라가 대통령에 당선되었고, 잇달아 수많은 중남미 국가에 좌파 정부가 들어섰다. 1999년 차베스 정부의 등장이 라틴아메리카 전체의 '좌파 붐'의 시작이었음이 확인되는 순간이었다. 차베스는 이 절호의 기회를 십분 활용했다. 비록 변혁 노선의 차이는 있지만, 브라질의 룰라 정부, 아르헨티나의 좌파 민족주의 성향 키르치너 정부와 적극 협력했다. 이 세 나라가 서로 연대하자 미국에 맞서는 강력한 대항력이 실체를 갖추게 되었다. 멕시코 이남을 통째로 복속시키려던 부시 정부의 '미주자유무역지대' 구상은 맥없이 무너졌다. 남미 대륙에 대한 미국의 개입력은 결정적으로 약화됐다.

이 기반 위에서 차베스 정부는 쿠바·에콰도르·볼리비아 등 급진 좌파 노선의 국가들과 '미주 볼리바리안 동맹ALBA'이라는 초유의 실험에 나섰다. 자본의 이익이 아니라 민중의 필요를 중심에 놓은 초국적 경제 협력과 통합 시도. 이것은 '신자유주의 지구화 반대'가 곧 '일국적 폐쇄주의'로 이해되던 상상력의 교착 상태에 신선한 파문을 던져주었다. 차베스가 이끌어낸 또 다른 거대한 돌파였다.

그러나 베네수엘라가 아직 넘어서지 못한 것들

하지만 차베스 자신이 자주 인용한 칼 마르크스의 경구처럼, "역사는 인간이 만드는 것"이지만 "스스로 선택한 환경이 아니라 이미 존재하는, 주어진, 물려받은 환경 아래서" 만드는 것이다. 지난 역사를 극복하려는 사회 변혁 시도들 역시, 역설적으로 역사의 업보로부터 자유로울 수 없다. 볼리바리안 혁명 역시 마찬가지다.

'석유'에 대해서는 이미 많이 이야기되었다. 차베스 정부는 베네수엘라의 석유 자원에 크게 의존한 것이 사실이다. 어쩌면 차베스 정부가 아옌데 정부에 비해 성공할 수 있었던 가장 큰 이유는 '석유'와 '구리'의 차이에 있었던 것일지 모른다. 석유 판매자가 누릴 수 있는 교섭력이 후자에 비해 전자가 보인 강점의 상당 부분을 설명한다. 그러나 볼리바리안 혁명이 언제까지 이것을 마냥 '이점'으로 누릴지는 알 수 없다. 석유 의존 경제 구조는 언젠가 필연적으로 더 이상 '이점'이 아닌 '한계'로 베네수엘라의 미래를 내리누르게 될 것이다. 자원 수출에 의존하는 경제는 반드시 새로운 자립 경제로 전환되어야 한다. 물론 차베스도 이것을 알고 있었다. 하지만 시간은 그의 편이 아니었다. 이제는 차베스 없이 베네수엘라 민중이 이 숙제를 풀어나가야 한다.

또 하나 결정적인 역사적 제약은 베네수엘라의 취약한 국가-시민사회 구조다. 차베스 등장 이전에 거대 정당들은 모두 부패해 있었고 노동조합은 철저히 소수 노동자의 경제적 이해만을 좇았다. 새로운 사회를 꿈꾸는 이들이 기댈 만한 조직이라곤 거의 없었다. 그래서 사람에게, 한 사람에게 지나치게 의존하지 않을 수 없었다. 과거에 아르헨티나에서는 그 사람이 후안 페론이었고 이집트에서는 가말 압델 나세르였던 것처럼, 베네수엘라에서는 그 사람이 차베스였다. 이 문제에 대해서도 차베스는 충분한 경각심을 갖고 있었던 것 같다. 이를 극복하려던 그의 결정적 시도가 2007년 새 여당 조직 '통합사회주의당'의 창당이었다. 다행히 이 시도는 너무 늦지는 않았던 것으로 보인다. 차

지지자들에 둘러싸인 우고 차베스 전 대통령. 서구 언론은 대개 그를 독재자라고 표현하지만, 그는 합법적인 선거로 당선되었으며 민중의 지지를 받았다. 그리고 그가 이끈 볼리바리안 혁명은 베네수엘라 사회와 국제 질서에 중대한 변혁을 일으켰다.

베스가 쓰러졌음에도 불구하고 노동운동가 출신인 니콜라스 마두로 부통령이 비교적 안정적으로 그의 뒤를 잇고 있는 것을 보면 말이다.

아무튼 이제 그는 가고 없다. 논란도 있고 애증도 있지만, 그가 있음으로 해서 어쨌거나 세상의 고민과 토론은 그의 등장 전보다 수준이 높아졌다. 신자유주의에 대한 패배 의식에 짓눌려 있던 개혁가들은 화들짝 놀라 깨어나야만 했고, 지난 세기의 책들만 붙잡고 있던 혁명가들은 이제 기성 민주주의 틀 안에서 출발하면서도 이를 넘어서는 새로운 전망을 진지하게 고민하지 않을 수 없게 됐다. 이렇게 세상의 수준을 조금이라도 높이는 사람들은 그렇게 많지 않다. 하물며 정치인은 말이다. 하지만 차베스는 분명 퇴장보다는 등장으로 세상에 더 많이 기여한 흔치 않은 정치가였다.

차베스 없는 베네수엘라의 미래

차베스의 장례식이 있고 나서 한 달 뒤인 2013년 4월 14일에 대통령선거가 다시 실시됐다. 차베스 진영에서는 니콜라스 마두로 부통령이 후보로 출마했고, 반대파에서는 2012년 대선에도 후보로 나섰던 엔리케 카프릴레스 주지사(미란다 주)가 단일 후보로 도전장을 내밀었다. 선거 기간 중의 여론조사에서는 마두로 쪽이 꽤 앞서는 것으로 나왔다. 그러나 막상 투표함을 열어보니, 마두로 후보가 이기긴 했지만, 표차가 20여만 표에 불과했다. 마두로 당선자가 50.6%를, 카프릴레스 후보가 49.1%를 얻은 초접전이었다.

이것은 그만큼 마두로 정부가 이어받은 도전 과제가 만만치 않다는 것을 말해준다. 베네수엘라 인구의 다수를 차지하는 도시 빈곤층이 여전히 볼리바리안 혁명을 지지하는 것은 분명하다. 그러나 이것은 점점 더 유보 조건을 단 지지로 변해가고 있다. 차베스도 생전에 해결하지 못한 두 가지 난제 때문이다. 하나는 인플레이션이고, 다른 하나는 조직 범죄의 만연이다. 이 중 특히 인플레이션은 생필품 생산이 원활하지 않은 베네수엘라의 산업구조를 개선하지 못한 채 석유 수익의 재분배라는 단기 처방만 지속한 결과다.

이런 도전에 마주한 마두로 정부는 과연 어떤 선택을 할 것인가? 어떤 이는 마두로가 볼리바리안 혁명 과정에 등장한 새로운 엘리트 세력을 대변한다고 하기도 하고, 다른 어떤 이는 반대로 그가 혁명의 대의를 견지하면서 이런 신흥 관료층을 견제하려는 쪽이라고 분석하기도 한다. 아직은 어느 쪽이 맞는지 장담하기 힘들다. 하지만 차베스가 버스 운전사 출신에 노동운동으로 성장한 인물을 후계자로 지명한 것은 나름대로 고뇌와 숙고의 결과일 것이다. 풀뿌리 대중이라는 자신의 출발점을 결코 잊지 않는 혁명이라면, 어떻게든 역사의 출구를 뚫어내지 않겠는가.

27

튀니지에서 시작된
'아랍의 봄' 제2막

2013년 3월 26일부터 30일까지 튀니지 수도 튀니스에서는 세계사회포럼WSF이 열렸다. 세계사회포럼은 '다보스 포럼'이라고도 불리는 세계경제포럼WEF에 맞서 브라질에서 시작된 전세계 반신자유주의 사회운동의 대회다. 그런데 그 세계사회포럼이 2013년에는 '아랍의 봄'의 진원지 튀니지에서 개최된 것이다.

정국 주도하는 튀니지노동총연맹

튀니지에서 벤 알리 독재정권을 무너뜨린 것으로 시작된 아랍 민주화 물결은 최근 이집트 정국 혼란, 시리아 내전 등으로 잠시 주춤하는 양상을 보이고 있다. 튀니지에서도 마찬가지다. 세계사회포럼이 열리기 불과 한 달 전인 2월 6일에 좌파 지도자 초크리 벨라이드가 암살당하는 사건이 벌어졌다.

암살 배후로는 제헌의회 내 제1당으로서 혁명 이후 연립정부를 이끌어온 이슬람 정당 '엔나흐다 운동('부흥 운동'이라는 뜻. 이하 '부흥당')'이 지목됐다. 부흥당과 직접 관계는 없더라도 최소한 이들과 연계를 맺은 이슬람 근본주의자들의 소행이라는 게 정설이다. 좌파·노동 진영은 혁명 이후 가장 커다란 규모의 파업과 시위로 이러한 테러에 항의했다. 부흥당이 강경파·온건파로 나뉘고 내각이 새로 구성될 정도로 정치 위기는 심각했다. 세계사회포럼은 이런 혼란 속에 진행되었다.

그런데도 이번 대회는 대성공이었다는 평가를 받는다. 이슬람 근본주의의 준동에도 불구하고 '여성의 권리'를 주제로 삼아 활발한 토론을 벌였다. 또한 재정위기로 고통 받는 지중해 건너편 나라들에서도 많은 이들이 참가해 '아랍의 봄'과 긴축 반대 운동의 연대를 모색했다. 총 2만 명이 행사에 참가해 성황을 이루었다. 이런 것을 보면, 튀니지는 분명 다른 아랍 국가들과는 다른 데가 있다. 사회에 깊이 뿌리내린 좌파와 대중운동의 힘이 감지된다.

그 힘은 무엇보다도 노동운동에서 나온다. 튀니지 민주 혁명은 2010년 12월에 모하메드 부아지지라는 청년이 노점상 탄압에 항의하며 분신하는 것으로 시작됐다. 이 사실이 SNS를 통해 알려지면서 수많은 젊은이들이 거리로 쏟아져 나와 독재자 벤 알리 대통령을 몰아냈다. 그래서 이 혁명은 대개 청년들의 혁명으로 기억된다. 하지만 또 다른 중요한 행위자가 있었다. 튀니지 노동총연맹UGTT이다. 노총이 정권으로부터 등을 돌린 게 벤 알리의 사퇴에 커다란 영향을 끼쳤다. 벨라이드가 암살당한 직후에도 노총은 항의 총파업을 조직하며 정국을 주도했다.

혁명을 주도한 비합법 조직들

조합원 50만 명의 튀니지 노총은 프랑스에 맞선 독립운동 시기부터 정치 투쟁을 활발히 벌였다. 독립 투쟁 과정에서는 노총의 초대 사무총장 파르핫 하체드가 희생당하기도 했다. 이때부터 노총은 튀니지에서 세속 좌파의 버팀목이자 대중적 기반으로 자리 잡았다. 초대 대통령 하비브 부르기바는 이런 노총을 일종의 공동 집권 주체로 대접하지 않을 수 없었다. 부르기바의 뒤를 이은 벤 알리도 이 점에서는 마찬가지였다. 하지만 부르기바 대통령이 장기 집권에도 불구하고 어쨌든 좌파 민족주의 기조를 유지한 데 반해 벤 알리 정부는 독재에다가 정책 기조까지 신자유주의로 선회했다.

이런 알리 정부에 참여하는 바람에 노총 내부에도 위기가 닥쳤다. 하지만 혁명 직전에 지도부가 반정부파로 바뀌면서 노총은 혁명 과정에서 명예를 되찾을 수 있었다. 이후 노총은 줄곧 혁명 세력의 거점 역할을 하고 있다. 특히 우편·통신·보건·교육 부문에서 투쟁이 치열하다. 이 때문에 이슬람 근본주의자들의 공격 대상 1순위가 되기도 하지만 말이다.

이런 분위기는 제헌의회 의석에도 일정하게 반영돼 있다. 이슬람 세력인 부흥당이 제1당이라고는 하지만 이들의 의석은 총 217석 중 89석에 불과하다. 나머지 의석은 세속파 정당들이 나눠 갖고 있다. 이 중에는 좌파색이 뚜렷한 정당들도 있다.

　가령 네번째로 많은 득표(7.03%)를 해 20석을 확보한 '노동과 자유를 위한 민주포럼(흔히 '에따카톨'이라는 아랍어 약칭으로 불린다)'은 사회민주주의 정당이다. 5석의 '민주현대주의의 기둥'은 '에따지드 운동'이라는 정당이 이끌고 있는데, 이들은 이전 튀니지 공산당을 이어받은 당이다. 이 중 에따카톨은 세속파 자유주의 정당인 '공화국 회의'와 함께 부흥당의 연립정부에 참여하기도 했다.

　그러나 에따카톨이나 에따지드를 혁명의 대변자라고 할 수는 없다. 이들은 벤 알리 정부 시절에 정권과의 정면 대결을 피하며 합법정당 지위를 유지한 전력이 있다. 실제 2011년 1월 혁명에 앞장선 정치 세력들은 대개 독재정권 시절에 비합법 조직이었다. 벤 알리가 물러나고 나서야 이들은 공개적인 대중 정치 활동을 펼칠 수 있었다. 그래서 혁명 직후 실시된 선거에서는 상대적으로 두각을 나타내지 못했다. 하지만 혁명의 주역인 청년, 노동자들에게는 이들이야말로 가장 믿을만한 정치적 동지다. 암살당한 초크리 벨라이드도 바로 이들의 일원이었다.

　이들의 역사는 1960년대로 거슬러 올라간다. 이 무렵 튀니지 좌파는 이념적 위기 상태였다. 그동안 좌파를 대변하던 튀니지 공산당이 프랑스 공산당의 영향 때문에 독립 투쟁에 소극적인 태도를 보인 탓이었다. 그래서 독립 이후 공산당은 그 위상이 크게 실추했다. 이 빈 공간을 메우며 새로운 세대의 좌파가 등장했다. 대학가의 학생운동에서 출발한 '아파크('전망'이라는 뜻)' 그룹이 그들이었다. 이들은 부르기

바 정권에 협력하던 구세대 좌파와 달리 사회주의와 민주주의의 실현을 전면에 부각시켰다.

'아파크' 그룹은 1980년대에 튀니지 노동자공산당PCOT이라는 정당으로 발전했다. 노동자공산당은 벤 알리 정권에 맞선 반독재 투쟁의 선봉에 섰다. 그래서 늘 탄압에 시달려야 했고, 사무총장인 함마 함마미는 혁명이 성공할 때까지 장기수 신세였다. 독재정권이 무너지자마자 노동자공산당은 당대회를 열어 당명에서 '공산주의'를 떼고 튀니지 노동자당으로 개명했다. 하지만 당의 이념은 여전히 마르크스-레닌주의를 표방한다.

좌파들 모두 노총 내에 기반 두고 활동

그런데 이들이 신좌파를 모두 대변하는 것은 아니다. 또 다른 중요한 흐름이 있다. 1960년대 말에 '아파크' 그룹 안에는 마오주의 열풍이 불었는데, 그 영향으로 1967년에 마오주의 분파가 떨어져 나오게 된다. 이들은 '애국민주파'로 자칭하며 『알-술라('불꽃'이라는 뜻)』라는 정치신문을 내기 시작했다. 애국민주파는 사회주의 혁명을 당면 과제로 내세우는 '아파크' 그룹의 노선에 반대했다. 대신 제국주의의 압박에 맞선 투쟁과 농지 개혁 과제에 집중하자는 입장이었다.

어찌 보면 '아파크' 그룹과 애국민주파 사이의 논쟁 구도는 1980년대 한국 운동권의 NL(민족해방파)-PD(민중민주) 대립을 연상시키기도 한다. 사회주의 혁명 노선을 주창한 '아파크' 그룹이 튀니지판 PD라고 한다면, 반제국주의 민주혁명을 강조한 애국민주파는 NL에 가깝다고 할까. 물론 '주체사상 없는' NL이겠지만 말이다.

민주애국파도 1980년대에 몇 개의 정당으로 발전했다. 그중 대표적인 것이 벨라이드가 이끌던 민주애국자운동MOUPAD이다. 비록 구체적인 전략은 다르지만, 민주애국자운동도 노동자공산당과 마찬가지로 마르크스-레닌주의를 내세운다. 1월 혁명 와중에 이 두 당은 '1월 14일 전선'을 만들어 서로 협력했다. 하지만 이후의 선거에는 독자 대응했다. 그 결과는 실망스러운 것이었다. 2011년 10월의 제헌의회 선거에서 노동자공산당은 1.57%로 3석을 확보했고, 민주애국자운동은 0.83%로 1석을 얻는 데 그쳤다. 거리에서는 가장 주목받던 세력들이 원내 소수파에 머물고 만 것이다.

이후 2012년 내내 좌파 통합의 목소리가 드높았다. 선거 대응도 문제였지만, 곳곳에서 터져 나오는 대중 투쟁을 효과적으로 대변하기 위해서도 공동 대응이 시급히 필요했다. 노동자공산당의 함마미와 민주애국자운동의 벨라이드가 이 노력의 중심에 섰다. 벨라이드는 우선 몇 개 조직으로 나뉘어 있던 애국민주파부터 하나로 묶어 통합민주애국자당을 새로 결성했다. 그러고 나서 다른 좌파 세력들과 함께 '1월 14일 전선'의 확대 재건을 추진했다. 여기에는 노동자공산당뿐만 아니라 트로츠키주의 정파인 노동자좌파연맹LGO도 함께 했다.

쉽지는 않았다. 좌파들이 항상 그렇듯이 날선 논쟁도 뒤따랐다. 일부에서는 노총이 연합전선의 구심이 되어야 한다며 노총이 조직적 지지 결정을 내릴 때까지 기다리자는 목소리도 있었다. 하지만 일단 좌파 정파들을 결집하고 나서 노총과의 관계를 발전시키자는 현실론이

튀니지의 좌파 지도자 초크리 벨라이드의 장례식 풍경. 그는 젊은 노점상의 분신으로 촉발된 튀니지의 민주화 운동에 함께했고, 여러 좌파 조직을 통합해 발전시켰다. 그러다 좌파의 성장을 경계한 이슬람 우파에게 암살당했다는 게 정설로 통한다.

더 많은 지지를 얻었다. 그 결과, 2012년 8월에 '혁명 대의 실현을 위한 인민전선(이하 '인민전선')'이 발족했다. 인민전선은 9월에 전국 대회를 열어 강령을 채택하고 노동자당의 함마미를 대표로 선출했다. 연합전선이지만 하나의 정당에 버금가는 구심력을 다진 것이다.

인민전선에는 노동자당, 통합민주애국자당, 노동자좌파연맹은 물론이고 그 외에도 9개의 정당 혹은 정치조직들이 결합했다. 이 중에는 '1월 14일 전선'에는 참여하지 않은 아랍 민족주의 세력들도 있다. 나세르주의 조직과 두 개의 바트주의 조직이 그들이다. 또한 녹색당과 사회민주주의 성향 조직도 함께했다. 좌파 민족주의부터 트로츠키주의까지 범좌파가 총결집했다 하겠다. 이 다양한 세력들의 공통점은 모두 노총 내에 기반을 두고 활동하는 정파들이라는 것이다.

인민전선, 다음 선거에서 15%대 득표 가능

벨라이드는 바로 이런 노력의 와중에 암살당하고 말았다. 그만큼 이슬람 우파를 비롯한 적대자들에게 인민전선이 만만치 않은 호적수로 보인 탓이리라.

다음 선거에서는 인민전선이 15%까지 득표할 가능성이 있다는 예측도 있다. 혁명 이후 3년이 지났는데도 헌법안조차 내놓지 못하는 지금 같은 지리멸렬 상태가 계속될수록 인민전선의 성장 가능성은 더욱 높아질 것이다. 튀니지 혁명이 '아랍의 봄'의 신호탄이 된 것처럼, 튀니지 좌파의 이러한 성장은 다시 한 번 아랍 세계 전체를 깨우는 기상나팔이 될 것이다.

28

브라질 노동자당 정부,
안으로는 '제3의 길',
밖으로는 국제주의

우고 차베스 대통령의 사망으로 실시된 베네수엘라 대선에서 차베스의 후계자인 통합사회주의당의 니콜라스 마두로 후보가 당선됐다. 그는 취임하자마자 남미 여러 나라 순방길에 올랐다. 그중 한 나라인 브라질에서 마두로 대통령은 자신에게 두 사람의 정치적 '아버지'가 있다고 말했다. 그가 언급한 두 '아버지' 중 한 사람은 당연히 고故 차베스 전 대통령이다. 그런데 다른 한 사람은 베네수엘라가 아닌 브라질 사람이다. 루이스 이냐시오 다 실바, 즉 브라질 전 대통령 룰라다.

노동자당 정부 11년에 대한 상반된 평가

좀 뜻밖이라 여길 수도 있겠다. 그간 대다수 언론이 중남미 좌파를 '온건' 좌파와 '강경' 좌파로 나누고 룰라와 차베스가 각 노선의 대표인 양 소개해왔기 때문이다. 마치 룰라와 차베스가 남미 좌파의 주도권을 놓고 서로 치열한 경합이라도 벌이는 것처럼 보도하기 일쑤였다. 이런 시각에서 보면, 차베스의 후계자가 룰라를 차베스와 동격에 놓고 높이 평가하는 게 당혹스러울 수밖에 없을 것이다. 그런데 단지 이 정도가 아니다. 룰라는 이번 베네수엘라 대선에서 내정 간섭의 위험을 무릅쓰며 노골적으로 마두로 후보를 편들기까지 했다.

여기에서 확인할 수 있는 것은 우선 남미 좌파에 대한 주류 언론의 시각이 사실과 다르다는 점이다. 룰라 대 차베스 식 경쟁 구도는 미국 쪽 논평가들의 머릿속에서나 작동한다. 경쟁보다는 오히려 굳건한 동지애가 진실에 더 가깝다. 더불어 확인하는 것은 룰라가 라틴 아메리카 좌파 전체에서 차지하는 높은 위상이다. 그것은 룰라 한 사람만이 아니라 그의 뒤를 이어 여성 대통령 지우마 호세프가 이끌고 있는 브라질 노동자당PT 정부의 위상이기도 하다.

사실 노동자당 정부의 지난 11년에 대해서는 많은 상반된 평가가 있다. 그중 절반 이상이 실망과 환멸이다. 집권 이전 룰라와 노동자당에 쏠렸던 관심과 기대를 돌이켜보면, 그럴 만도 하다. 브라질 노동자당은 1980년에 노동자 대투쟁의 결실로 처음 등장해 1980년대 내내 군부독재정권과 대결하며 성장했다. 바로 이 시기에 서유럽에서는 좌파가 신자유주의 지구화 공세에 하나둘 무릎을 꿇고 있었다. 브라질 노동자당의 성장은 이런 중심부 좌파의 모습과 극명히 대비되었다. 민주화 이후 첫 대통령 직선(1989년)에서 금속 노동자 출신인 이 당의 대선후보 룰라가 일약 돌풍을 일으키자 더욱 그러했다.

브라질 경제의 구조적 문제인 외채에 대해 당시 룰라 후보는 상환 중지 혹은 재협상을 공약했다. 지금 그리스에서 급진좌파연합SYRIZA이 내세우는 대안이 20여 년 전에는 브라질 노동자당의 핵심 공약이었다. 이후 10년 넘게 여러 우여곡절을 거친 뒤, 2002년 대선에서 룰라 후보가 마침내 대통령에 당선되었다. 10여 년 전의 룰라와 노동자당을 기억하는 이들은 어렵사리 집권에 성공한 브라질 좌파가 최소한 외채 재협상을 통해 초국적 금융 자본에 맞서는 첫번째 주자로 나서주길 기대했다. 그러나 이 기대는 무참히 깨졌다. 룰라는 당선되기도 전에 벌써 월스트리트에 맞서는 어떠한 도전도 감행하지 않겠노라 서약해버렸다.

재선 원동력이 된 '보우사 파밀리아'

그 후 브라질로부터 들려오는 소식은 급진 좌파 입장에서는 대체로 실망스러운 것들이었다. 특히 2005년에 터져 나온 룰라 정부 고위 인사들의 잇단 부패 스캔들은 변호의 여지가 없는 것이었다. 브라질은 베네수엘라와 달리 점차 외국 좌파의 관심권에서 멀어져갔다. 노동자당은 '제3의 길'이라는 이름으로 사실상 신자유주의 집행자 노릇을 하고 있던 영국 노동당의 남반구 판 정도로 취급받기 시작했다.

하지만 이런 비판만으로는 이후의 사태 전개를 다 설명할 수가 없다. 부패 추문에도 불구하고 룰라는 2006년 대선에서 재선에 성공했다. 흥미로운 것은 지지 기반이 크게 바뀌었다는 사실이다. 2002년 대선에서는 노동자당의 전통적 지지층인 남부의 조직 노동자와 중산층이 룰라에게 표를 던졌다. 그런데 4년 뒤에는 중산층이 이탈한 반면 도시 빈민이 룰라의 적극 지지층으로 선회했고 발전한 남부보다는 낙후한 북부에서 압도적 지지를 받았다. 투표층의 성격만 놓고 보면 1기 룰라 정부보다는 2기 쪽이 훨씬 더 '가난한 이들의 정부'라는 표현에 부합했다. 그리고 이러한 '가난한 이들', 즉 남부 대도시 빈민과 북부 빈농이야말로 브라질 민중의 가장 커다란 구성 요소다.

이들 새 핵심 지지층을 중심으로 노동자당 정부의 지지 기반이 새롭게 탄탄히 구축되었다. 그 결과가 룰라 대통령이 퇴임할 때까지 계속된 지지율의 고공 행진이다. 룰라의 지지율은 퇴임이 가까워올수록 더욱 늘어나 평균 70% 선을 상회했다. 이런 높은 지지율은 후임 호세프 대통령으로 고스란히 이어져 현재 80%에 육박하고 있다. 룰라 정부 말기가 2008년 금융위기로 세계 어느 나라에서나 기존 집권 세력이 불신의 대상이 되던 때임을 감안하면, 더욱 놀라운 성취다.

이 성공의 핵심에는 룰라 정부가 가장 야심차게 추진한 사회 정책이 있다. 자녀를 학교에 보내는 것을 전제로 저소득 가정에 매월 복지 수당을 지급하는 '보우사 파밀리아('가족 수당'이라는 뜻)' 프로그램이 그것이다. 대선이 있던 2006년까지 브라질 국민의 약 25%에 해당하는 1100만 가구 이상이 보우사 파밀리아의 혜택을 받았고, 이것이 룰라 재선의 원동력이 되었다 해도 과언이 아니다.

이 제도 덕분에 브라질의 극빈층 비중은 룰라 정부 첫 해인 2003년에 12%이던 것이 2008년에는 4.8%로 확연히 줄었다. 룰라 대통령 임기 동안에만 2800만 명이 빈곤에서 벗어났다. 노동자당 안에서 애초에 이 제도를 제안한 이들에 따르면 이것은 모든 국민에게 무조건 현

브라질은 획기적인 복지 정책인 보우사 파밀리아로 빈곤 해소에 큰 성과를 거두었다. 사진의 카드를 통해 매월 일정 액이 빈곤 가정에 지급되며, 원하는 대로 필요한 것을 구매할 수 있다.

금 수당을 지급하는 '시민기본소득'으로 나아가는 제1단계이지만, 여하튼 보우사 파밀리아는 그 즉각적 효과만으로도 브라질 역사의 변곡점 역할을 톡톡히 했다. 1930년대 미국의 뉴딜이나 같은 무렵 스웨덴의 복지국가 건설을 떠올리게 만드는 사례다.

　그러나 여전히 단서가 따라붙는다. 보우사 파밀리아는 훌륭한 '복지' 정책이기는 하되 '재분배' 정책은 아니다. 룰라 집권 이후에도 부유층 과세 부담에는 커다란 변화가 없었다. 노동자당 정부는 조세 제도를 손보지 않고 다만 집권 이후 지금까지 지속된 경제성장으로부터 복지 재원을 확보했다. 덕분에 부유층은 빈민 가정이 보우사 파밀리아로 가난에서 탈출하는 것보다 더 빠른 속도로 재산을 불리는 기쁨을 누렸다. 극빈층은 줄었지만 빈부격차 자체는 크게 바뀌지 않았다. 이것은 지난 10년간 유지된 성장률에 만약 문제가 생긴다면 새 복지제도 역시 커다란 타격을 받게 된다는 것을 의미한다. 아직은 그런 일이 일어나지 않았지만, 세계 경제위기는 브라질만 쉽게 비껴갈 수 있는 게 아니라는 점이 문제다.

'21세기 사회주의'의 핵심은 국제주의

아쉬운 것은 이것만이 아니다. 과거 스웨덴의 복지국가 건설은 이 나라 노동자들의 조직적 역량이 성장하는 과정과 함께 이루어졌다. 단지 노동자의 복지 수혜가 늘어났을 뿐만 아니라 노동조합 조직률이 90%로까지 늘어났다. 한데 브라질의 조직률은 우리보다 단지 조금 높은 17%에 불과하다. 노동자당 정부가 들어서고도 이 수치에는 별다른 변화가 없다. 노동자당 정부의 10년 넘는 집권에도 불구하고 브라질 사회의 계급 세력 관계는 그다지 바뀌지 않고 있는 것이다.

대차대조표를 정리해보면, 이렇게 말할 수 있겠다. 브라질 노동자당은 신자유주의와는 방향을 달리 하는 사회 개혁을 나름대로 추진하고는 있다. 하지만 신자유주의에서 벗어난 새로운 사회 모델의 구축과는 여전히 거리가 멀다. 굳이 말하면, '제3의 길'식 신자유주의 적응 노선과 남미판 '스웨덴식 개혁' 시도 사이의 중간 어디쯤에 있다고 할까.

다만 여기에 결정적으로 한 가지 보태야 할 게 있다. 노동자당 정부가 거의 의도적일 정도로, 국내 정책의 이러한 한계를 과감한 대외 정책으로 보완하고 있다는 사실이다. 룰라 정부는 집권 초기부터 이라크 전쟁에 단호히 반대했고, 북미자유무역지대NAFTA를 중남미로까지 확장하려던 미국의 미주자유무역지대FTAA 시도를 파탄 냈다(같은 시기 노무현 정부는 한미자유무역협정의 포로가 된 데 반해). 호세프 정부는 국제 사회에서 팔레스타인 주권국가 건설의 가장 강력한 지지자 역할을 하고 있다.

무엇보다 중요한 것은 이러한 브라질 좌파 정부의 대외 정책이 베네수엘라 등 다른 남미 좌파 정부들과 만나서 진보적 남미 통합으로 결실을 맺고 있다는 점이다. 2008년에 출범한 남미국가연합은 그 중심 무대이며, 룰라가 이 조직의 차기 사무총장 물망에 오르고 있다. 이러한 노력의 중심에는 노동자당의 이념가이자 전세계에서 가장 창의적인 외무장관인 셀소 아모링이 있고, '21세기 사회주의'의 핵심 중 하나는 '국제주의'임을 역설하는 대통령 외교보좌관 마르코 아우렐리오 가르시아가 있다. 노동자당이 창당 때부터 표방해온 '민주적 사회주의' 이념이 국제 정책으로 육화되어 나타나고 있는 것이다.

베네수엘라의 마두로 신임 대통령이 룰라에게 보낸 찬사는 이런 맥락 속에서 나온 것이다. 남미에서 가장 거대한 나라 브라질에 반신자유주의 국제연대를 추구하는 좌파 정부가 건재하다는 사실이 라틴 아메리카 좌파 전체에 주는 중대한 의미가 그의 발언에 담겨 있다. 노동자당을 처음으로 브라질 밖 세상에 알린 책(우리말로는 『다른 세계는 가능하다: 브라질 노동자당에서 배운다』라는 제목으로 나왔다)의 저자이면서 지금은 노동자당 정부에 대한 신랄한 비판자이기도 한 에미르 사데르 같은 좌파 지식인이 그럼에도 불구하고 비판적 '지지' 입장을 버리지 못하는 이유 또한 같다.

그래서 사데르는 노동자당 정부와 정면 대결하기보다는 정부 안의 진보적 부분과 동맹을 맺고, 보다 급진적인 개혁을 압박하는 전략을 추천한다. 아무튼 그 주체는 사회운동이다. 노동자당 정부의 모순된 정책과 실천을 브라질, 더 나아가 라틴 아메리카 전체의 사회적 세력 관계를 뒤바꾸는 방향으로 구부려야 한다는 과제가 지금 브라질 사회운동에 있다.

거리의 목소리를 경청하는 대통령

2013년 6월 브라질에서 돌연 청년들의 대규모 가두 투쟁이 시작됐다. 진원지는 브라질 최대 도시 상파울루였다. 상파울루는 2014년에 월드컵을 개최할 예정이고, 그 예행연습 격으로 2013년 6월에 국제축구연맹FIFA 컨페더레이션 컵 대회를 열었다. 그런데 이런 대규모 스포츠 행사에는 엄청난 예산이 소요되기 마련이다. 상파울로 시는 예산 부족분을 메우기 위해 공공교통 요금을 인상하기에 이르렀다. 청년들은 이에 분노한 것이다. 몇 주 전에 폭발한 터키의 탁심 게지 공원 난개발에 맞선 투쟁처럼 브라질에서도 자발적인 가두 시위가 시작됐다. 시위대는 교육이나 공공교통 예산은 부족한데 정치인들의 치적 과시용으로 스포츠 행사에 돈을 쏟아붓는 데 항의했다. 더구나 상파울루 시장 페르난두 하다드는 노동자당 소속이었다. 거리의 청년들은 이런 현실을 '부패'로 규정하면서 당장 대중교통 요금을 낮출 것을 요구했다.

'브라질의 봄'이라고까지 불린 이 운동은 2003년에 노동자당 정부가 처음 들어선 이후 가장 대규모의 대중 투쟁이었다. 호세프 정부는 청년들의 요구를 전폭 수용하지 않을 수 없었다. 호세프 대통령은 TV에 나와 "거리의 목소리를 경청하고 존중해야만 한다"고 밝혔다. 브라질 사회에서 그간 잘 보이지 않던 좌파 정부와 대중운동 사이의 생산적인 긴장 관계가 다시 등장하는 장면이었다.

  사실 6월 운동의 한쪽에서는 2014년 대통령선거를 맞이하는 호세프 대통령의 재선 가도에 흠집을 내보려는 우파 언론의 개입도 있었다. 보수 언론은 정부와 대중운동이 극한적인 대립 관계에 있는 것처럼 부추기면서 정부를 흔들려 했다. 6월 운동이 막 시작되자마자 에미르 사데르가 내놓은 논평도 다름 아닌 이 점을 경계했다. 노동자당 정부를 지나치게 두둔할 필요는 없으나 그렇다고 주류 언론의 공세에 현혹돼서도 안 된다는 것이었다. 그는 운동의 출발점이 된 대중의 요구, 즉 공공교통 및 교육 개선을 열렬히 옹호하면서 정부가 이 운동을 자기 쇄신의 소중한 기회로 삼아야 한다고 역설했다. 그는 이렇게 결론 내렸다. "아마도 이번 투쟁의 가장 커다란 성과는 청년층과 그들의 생활 여건을 둘러싼 기대와 현실이 21세기 브라질에 얼마나 중요한 정치적 의미를 지니는지 깨닫게 해줬다는 사실일 것이다."

  6월 투쟁 와중에 호세프 대통령의 지지율이 잠시 흔들리기는 했지만, 곧 대통령선거를 앞둔 현재는 양상이 사뭇 다르다. 호세프는 예상 득표율 40% 이상을 기록하며 지지도 면에서 여러 후보군 중 부동의 1위를 고수하고 있다.

29

팔레스타인,
민주적 연방공화국이 아니면
야만일 뿐이다

아랍의 봄이 진행되던 와중에도 팔레스타인은 봄기운과는 거리가 멀었다. 그리고 지금도 그렇다. 이스라엘의 봉쇄가 계속될 뿐만 아니라 팔레스타인 내부의 분열도 좀처럼 해결 기미를 보이지 않고 있다. 팔레스타인에서는 2006년부터 지금까지 웨스트뱅크의 자치정부와 가자의 하마스 정부가 서로 자신이 유일 합법 정부임을 주장하며 대치해왔다. 그러다가 2013년 들어서야 두 정부를 하나의 팔레스타인 정부로 통합하기로 합의했다.

이스라엘과 영구 전쟁 고집하는 하마스

한데 이 모처럼의 합의에 다시 먹구름이 꼈다. 취임한 지 2주밖에 안 된 라미 함달라 자치정부 총리가 6월 23일 전격 사퇴하는 일이 벌어진 것이다. 마무드 압바스 대통령과의 갈등 때문이었다. 통합 정부 수립을 책임지기로 한 함달라 총리의 사퇴는 통합 과정이 쉽지 않을 것임을 예고했다.

이런 혼란의 주된 책임은 팔레스타인의 양대 정치 세력, 즉 파타와 하마스에게 있다. 2006년 총선 이후, 팔레스타인 의회인 입법평의회는 이 두 정당이 지배하고 있다. 그중 파타('승리'라는 뜻)는 과거 임시정부 역할을 하던 팔레스타인 해방기구PLO를 이끌어온 정치 세력이다. 2006년 총선 전까지는 자치정부에서도 제1당이자 여당이었다. 야세르 아라파트가 이 당의 역사적 지도자였으며 그 이념은 세속적 좌파 민족주의다. 사회주의 인터내셔널SI에 참관 자격으로 가입해 있기도 하다.

파타는 팔레스타인 민족 해방을 위한 무장 투쟁을 가장 먼저 시작한 유서 깊은 정치조직이다. 하지만 오슬로 협정 이후부터는 이스라엘에 유화적인 입장을 취하고 있다. 이 때문에 팔레스타인인들 사이에서는 투항 세력이라는 비판도 받는다. 자치정부 내에서 장기간 권력을 독점하다보니 각종 부패 사건에 연루된 적도 많다. 이 당 소속인 압바스 대통령의 무능과 독단도 문제다. 그래서 파타는 인기가 계속 추락하고 있다.

파타에 대한 환멸에 반비례해 급성장한 또 다른 거대 정당이 '이슬람 저항운동', 흔히 말하는 하마스다. 잘 알려진 것처럼 하마스는 이슬람 근본주의 정당이다. 이들은 본래 이집트의 이슬람 근본주의 세력 '무슬림형제단'의 팔레스타인 내 동조 세력으로 출발했다. 팔레스타인에 정교일치의 수니파 이슬람 공화국을 건설하는 것이 이들의 목표다. 파타와 달리 하마스는 이스라엘과의 영구 전쟁을 고집한다. 이스라엘에게 하마스가 절멸의 대상인 것처럼, 하마스에게 이스라엘은 공존이 불가능한 불구대천의 원수다.

사실 현재 입법평의회의 최대 정당은 하마스다. 총 132석 중 하마스가 74석을 차지하고 있다. 하지만 팔레스타인 자치정부는 내각책임제를 취하지 않는다. 대통령이 총리를 지명한다. 압바스 대통령은 2006년 총선으로 하마스가 원내 제1당이 되었음에도 불구하고 이들이 주도하는 내각을 인정하지 않았다. 이스라엘은 이 내분 상태를 즐기며 계속 부추겼다.

팔레스타인 노동운동에 뿌리 둔 인민당

급기야 2007년 6월에 압바스 대통령은 '제3의 길'이라는 소수 정당에 속한 미국 유학파 경제학자 살람 파야드를 수반으로 한 중립내각을 구성했다. 애초에는 하마스도 이 안을 지지했다. 하지만 파야드는 총리직 수락 조건으로 하마스가 이스라엘의 존재를 인정할 것을 요구했고, 하마스는 이를 거절했다. 결국 하마스는 가자 지구에 웨스트뱅크의 자치정부와는 분리된 독자 정부를 세웠다. 반면 웨스트뱅크에서는 파타와 이스라엘의 지지를 받으며 파야드 내각이 출범했다. 이 준내전 상태가 지금까지 이어지고 있는 것이다.

여기까지는 국내 언론의 단편적인 보도를 통해서도 어느 정도는 알 수 있는 사실들이다. 하지만 우리에게 잘 알려지지 않은 팔레스타인 정치의 이면이 있다. 파타와 하마스 외에도 팔레스타인 인민을 대변하는 또 다른 정당들이 존재한다는 것이다. 바로 좌파 정당들이다.

그중 가장 유서 깊은 것이 '팔레스타인 해방 인민전선PFLP(이하 인민 전선)'이다. 1953년에 처음 출범한 인민전선은 PLO 내에서 파타와 자웅을 겨루며 무장투쟁의 한 축을 맡아왔다. 인민전선의 이념은 마르크스-레닌주의와 나세르식 아랍 사회주의의 독특한 혼합이다. 인민전선은 팔레스타인 해방을 팔레스타인 독립 국가 건설로만 바라보지 않는다. 이들에게 팔레스타인 혁명은 통일 아랍 공화국을 건설할 중동 전체 혁명의 출발점이다. 그래서 이들은 요르단이나 모로코 같은 아랍 세계 내부의 왕정에도 적대적이다.

1969년에 인민전선에서 마오주의 세력이 떨어져 나와 새로 만든 또 다른 좌파정당이 있다. '팔레스타인 해방 민주전선DFLP(이하 민주전선)'이다. 민주전선은 PLO 내에서 파타, 인민전선에 이어 제3당의 지위를 유지해왔다. 민주전선의 이념 역시 마르크스-레닌주의다. 하지만 팔레스타인 해방에 대한 관점이 인민전선과는 다르다. 이들은 아랍인과 유대인 두 민족이 공존하는 팔레스타인 민중민주공화국을 건설하려 한다. 이스라엘의 군사 행동에 대해서는 비타협적 투쟁으로 맞서지만, 유대인들과의 공존에 대해서는 프롤레타리아 국제주의에 좀 더 충실한 시각을 갖고 있다.

이 점에서 민주전선과 비슷한 경향을 보이는 또 다른 좌파 정당이 '팔레스타인 인민당(이하 인민당)'이다. 이 당은 팔레스타인 공산당의 후신이다. 현실사회주의권이 무너진 1991년에 공산당이 당명을 개정한 것이다. 인민당은 인민전선과 민주전선에 비해서는 당세가 약하지만, 팔레스타인 노동운동에 뿌리를 둔 거의 유일한 정치세력이라는 점이 돋보인다.

좌파 정당들이 이렇게 팔레스타인 해방투쟁에서 상당히 중요한 역할을 맡아왔음에도 불구하고 현재 입법평의회 내에서 이들의 의석은 얼마 되지 않는다. 2006년 총선에서 인민전선은 4.25%를 득표했고, 민주전선과 인민당의 선거연합은 2.92%만을 얻었다. 왜 이렇게 된 것일까?

여러 가지 사정이 있었다. 현실사회주의권의 붕괴로 인한 이념적 동요도 그 한 요인이었다. 그리고 오슬로 협정과 그 산물인 자치정부 출범에 대응하는 과정에서 우왕좌왕한 탓도 있었다. 가령 인민전선은 최근까지도 자치정부 선거를 보이콧해왔다. 이것은 그만큼 파타나 하마스의 주도권을 강화시켜주는 결과를 낳았다.

PNI, 2005년 대선에서 2위

하지만 보다 근본적인 이유들이 있다. 인민전선과 민주전선 모두 웨스트뱅크나 가자 지구보다는 해외의 팔레스타인 난민 정착촌에 더 강력한 지지 기반을 두고 있다. 민주전선은 시리아와 레바논 정착촌에서는 강력한 제1당이지만, 팔레스타인 자치 구역에는 거의 조직 기반이 없다. 인민전선은 그나마 자치 구역 안에 거점을 갖고 있지만, 웨스트뱅크나 가자가 아니라 예루살렘 인근 라말라 지역에 한정돼 있다. 또한 인민전선이나 민주전선 모두 팔레스타인인들 중에서도 무슬림보다는 기독교도들에 기반을 두고 있다. 그래서 이슬람 근본주의의 확산에 효과적으로 대응하기 힘들다.

이런 이유들 때문에 인민전선과 민주전선은 1987년부터 시작된 인티파다(웨스트뱅크와 가자에서 벌어진 팔레스타인 민중의 대중투쟁)에서 주도적인 역할을 하지 못했다. 좌파 정당 중에서는 그나마 인민당의 전신인 공산당이 오랜 노동운동 경험 덕분에 대중투쟁 지도부 안에서 일정한 역할을 할 수 있었다. 이러한 이념적-정치적 공백 상황이 하마스와 이슬람 근본주의가 급성장하게 된 주된 배경이었다.

하지만 좌파가 파타-하마스의 답답한 양극 구도를 깰 역동적 가능성이 전혀 존재하지 않는 것은 아니다. 2005년 대통령 선거 결과가 미약하나마 그 가능성의 한 자락을 보여줬다. 이 선거에서 '팔레스타인 민족 이니셔티브PNI'의 대통령 후보인 무스타파 바르구티(의사)가 19.48%를 얻어, 62.52%를 득표한 압바스에 이어 2위를 기록했다. 비록 압바스와의 표차는 컸지만, 그래도 20%에 가까운 지지율은 예상도 못한 것이었다. 선거운동 과정에서 바르구티 후보가 두 차례나 이스라엘 점령군에 체포되는 등 온갖 수난을 겪었다는 점을 고려해보면, 더욱 놀라운 결과가 아닐 수 없다.

2002년에 PNI를 창당한 이들은 바르구티 자신을 비롯해 대개 인민당 탈당파들이다. 이 조직은 파타도, 하마스도 아닌 민주적인 제3세력의 건설을 지향한다. 예루살렘 동부를 수도로 한 완전한 독립 팔레스타인 민주 공화국을 건설하는 게 이 조직의 목표다. 웨스트뱅크와 가자 지구로 팔레스타인 자치 구역을 한정한 오슬로 협정의 한계를 과감히 뛰어넘겠다는 것이다. 또한 PNI는 자치정부 내의 독재와 부패를

이스라엘 정부가 세운 팔레스타인 분리 장벽은 팔레스타인인의 자유로운 이동을 막고 격리시켜 팔레스타인은 물론 다른 나라에서도 규탄의 대상이다. 많은 예술가들이 항의와 저항의 뜻으로 그 장벽에 그래비티 작품을 그려놓았다.

일소할 민주 개혁을 약속한다. 현재의 이중 권력 상황에 대해서는 하마스까지 포함한 거국 비상 정부 구성을 대안으로 제시한다. 또한 인티파다를 '군사화(하마스의 방식)'하는 데 반대한다. 대신 평화적 수단을 활용해 대중투쟁을 지속해야 한다는 입장이다.

오리엔탈리즘 비판으로 유명한 팔레스타인 출신의 세계적 석학 에드워드 사이드가 지지한 당이 다름 아니라 PNI였다. 자치 구역 내 사회운동 세력들도 이 당을 지지한다. 현재 입법평의회에서 PNI의 의석은 겨우 두 석에 불과하다. 하지만 지난 대선에서 이 당이 보여준 대중 정치의 잠재력은 결코 무시할 수 없는 희망의 징조임에 분명하다.

시온주의도 아닌, 이슬람 근본주의도 아닌

물론 아직은 여린 싹이기는 하다. 좌파 정당들의 분열과 정체 상태는 이런 싹이 자라나는 데 장애물이 될 수 있다. 하지만 이 장애물도 극복 못할 문제만은 아닌 것 같다. 2005년 대선에서 인민전선은 바르구티 후보를 지지하며 선거운동에 힘을 보탰다. 이런 사례는 좌파 연합전선이 등장할 가능성이 존재한다는 것을 보여준다.

이들 팔레스타인 좌파가 제시하는 비전, 즉 과거와 같은 테러리즘이나 전쟁이 아닌 대중의 힘에 의한 해방, 시온주의도 이슬람 근본주의도 아닌 민주적 사회적 연방 공화국의 이상은 이제 팔레스타인뿐만 아니라 이스라엘 민중에게도 유일한 이성적 대안이다. 아니면 야만뿐이다.

30

칠레 좌파의
오디세이

칠레 인민연합 정부가 군부 쿠데타로 무너진 지도 40년이 더 지났다. 1973년 9월 11일 아침, 수도 산티아고의 대통령궁은 아우구스토 피노체트가 이끄는 반란군에 포위되었다. 살바도르 아옌데 대통령은 끝내 투항을 거부한 채 반군에 맞서 싸우다가 사망했다. 미국의 사주를 받은 군부 파시스트들이 선거로 집권한 합법 사회주의 정부를 짓밟은 것이다. 이후 피노체트 군부 정권은 세계 최초로 통화주의 교리에 따른 시장지상주의 실험에 나섰다. 신자유주의 지구화 시대는 이렇게 민주주의에 대한 가장 비열한 반역과 피의 학살로 시작되었다.

아옌데 대통령은 반군과의 전투를 앞두고 마지막 라디오 연설에서 이렇게 말했다. "저는 칠레와 그 운명을 믿습니다. 반역자들이 우리에게 강요하려는 이 암울하고 가혹한 순간을 딛고 일어서 또 다른 사람들이 전진할 것입니다. 이걸 잊지 마십시오. 자유로운 인간이 활보할, 더 나은 사회를 향한 크나큰 길을 열어젖힐 날이 얼마 남지 않았다는 것을."

군부독재를 딛고 또 다른 사람들이 전진하다

아옌데 대통령의 유언은 헛되지 않았다. 실제로 피노체트 정권의 폭압을 딛고 또 다른 사람들이 전진하기 시작했다. 한국에서 한창 유신체제와 신군부 정권에 맞서 싸우던 무렵, 지구 반대편 칠레에서도 박정희와 마거릿 대처를 존경한다는 군부독재자에 맞서 민주화운동이 치열하게 벌어졌다. 한때 '칠레의 기적'을 낳았다고 칭송받던 통화주의 정책이 1982년 경제위기를 불러오자 저항은 더욱 거세졌다. 마침내 1988년, 그러니까 한국에서 민주화 항쟁이 벌어지고 1년 뒤에 칠레에서도 위기에 처한 독재정권이 피노체트의 대통령직 유임 여부를 국민투표에 붙이지 않을 수 없게 됐다. 투표자 중 '유임 반대'가 절반을 넘었고(56%), 결국 민주화가 시작되었다.

반독재 투쟁에 가장 앞장선 정치 세력은 인민연합에 참여했던 좌파 정당들, 즉 사회당·공산당·민중통일행동운동MAPU(기독교민주당 좌파가 탈당해 만든 정당) 등이었다. 사회당·공산당에는 대한 보통의 상식과는 달리 아옌데 집권 중에 온건파 역할을 한 것은 공산당이었고 강경파는 사회당 쪽이었다. 더 정확히 말하면, 사회당 안에는 클로도미로 알메이다 외무장관이 이끌던 우파와 카를로스 알타미라노 상원의원을 중심으로 한 좌파가 있었다. 아옌데 대통령 자신은 전자를 지지했지만,

당권을 쥔 것은 후자였다. 그래서 전반적으로는 "공산당=온건파, 사회당=강경파"의 구도가 됐고, 둘 사이에는 치열한 논쟁이 계속됐다.

논쟁의 주된 쟁점 중 하나는 기독교민주당과의 관계였다. 당시 인민연합 정부의 개혁 정책을 사사건건 방해하던 야당은 국민당과 기독교민주당, 둘이었다. 국민당이 타협의 여지가 전혀 없는 극우파였던 데 반해 기독교민주당 쪽은 좀 복잡했다. 이 당에는 국민당만큼이나 아옌데 정부를 저주한 전임 대통령 에두아르도 프레이의 우파가 있는가 하면 인민연합 참여 정당들과 비슷한 급진 개혁 성향을 지닌 좌파도 있었다. 결국에 가서는 우파가 당을 주도하게 되면서 급기야 피노체트의 쿠데타까지 지지하게 된다. 하지만 그렇게 되기 전까지, 인민연합 우파(사회당 알메이다파와 공산, MAPU 소수파)는 기독교민주당을 어떻게든 구슬려 정치 위기를 피해보려 했다. 반면 인민연합 좌파(사회당 알타미라노파와 MAPU 다수파)는 대결 노선을 견지했다.

그런데 한 차례의 거대한 패배 뒤 십수 년간 계속된 지난한 민주화 투쟁은 모든 것을 뒤바꿔놓았다. 지하 활동 과정에서, 그리고 망명지의 논쟁 속에서 과거의 온건파는 강경파가 됐고 급진파는 현실파가 됐다. 우선 사회당 안에서 알메이다파와 알타미라노파의 입장이 뒤바뀌었다. 기독교민주당과의 일체의 타협을 거부하던 알타미라노는 이제 반독재 투쟁의 가장 중요한 동맹 상대로 기독교민주당을 내세웠다. 이에 반해 알메이다는 주로 공산당과 연대하며 인민연합의 전통을 이어가자고 주장했다. 급기야 두 세력은 분당으로까지 치닫게 된다. 한편 아옌데 정부에서 현실 노선을 대변하던 공산당은 민주화 운동에서는 가장 전투적인 입장을 고수했다. 반독재 연합의 중심축을 놓고 과거 인민연합 내부의 좌우 구도가 정반대로 바뀐 격이었다.

피노체트 정권의 후퇴 이후 상황을 주도한 것은 사회당-알타미라 노파의 '민주대연합' 노선이었다. 한때 쿠데타에 동조했던 기독교민주당 우파마저 군부독재를 경험하고 나서는 반피노체트 입장으로 선회했다. 그러자 군부 정권은 1982년 프레이 전 대통령을 독살하기까지 했다. 1988년 국민투표를 앞두고 사회당의 여러 분파들을 비롯한 과거 인민연합 참여 정당들은 기독교민주당과 함께 '민주주의를 위한 정당연합(흔히 '콘세르타시온'이라 불린다)'을 결성했다. 다만 공산당만은 여기에서 빠졌다. 1989년 대통령선거에서 콘세르타시온은 기독교민주당 우파인 파트리시오 아일원을 후보로 내 당선시켰다. 이후 2009년 대선에서 패할 때까지 20여 년간 콘세르타시온은 쭉 여당의 지위를 유지했다. 이 시기에 대통령궁 앞에는 아엔데의 동상이 세워졌다.

궁지에 몰린 민주화, 그 반격은 학생운동에서부터

칠레의 민주화는 군부 정권과 야당 사이의 타협에 따른 것이었다. 피노체트는 아무런 단죄도 받지 않았다. 오히려 그 지지 세력은 헌법에 의해 특권을 보장받았다. 이 때문에 콘세르타시온은 대통령 자리를 차지할 수는 있어도 의회에서 과반수를 넘을 수는 없었다. 어떤 정책이든 원내에 포진한 군부 잔당들의 승인을 받아야만 했다. 결국 신자유주의 정책 기조는 의연히 유지됐다. 사실은 콘세르타시온에 참여한 중도 좌우파 정당들 스스로 신자유주의를 받아들인 탓도 있었다.

이런 점도 지구 반대편의 어느 나라와 참 비슷한 데가 있다. 그러고 보니 한국이 자유무역협정을 처음 맺은 나라도 칠레다.

두 명의 기독교민주당 대통령(아일원 그리고 프레이 전 대통령의 아들)과 두 명의 사회당 대통령(라고스 그리고 최초의 여성 대통령인 미첼 바첼레트)을 배출한 뒤, 2009년 대통령선거에서 콘세르타시온은 처음으로 피노체트 후계 세력에게 정권을 내주었다. 이 패배는 칠레 민주주의가 직면한 궁지를 잘 보여주었다. 당시는 라틴아메리카 여러 나라에서 '좌파 붐'이 최고조에 이를 무렵이었다. 한데 정작 아옌데의 나라인 칠레에서는 역사의 시계가 오히려 민주화 이전으로 돌아가는 일이 벌어진 것이다.

사실 전임 대통령 바첼레트의 인기는 나쁘지 않았다. 만약 브라질처럼 대통령직 연임이 가능했다면 콘세르타시온 정권이 이어질 수도 있었다. 그러나 콘세르타시온은 바첼레트라는 인물을 제외하면 내세울 게 없었다. 피노체트 정권 때부터 이어진 시장지상주의 기조를 뒤엎으려는 개혁을 추진한 바도 없었고, 그렇다고 우파 정당들과의 차이를 분명히 할 새로운 의제를 던지지도 못했다. 인물난도 심해서 기독교민주당 소속 전임 대통령 프레이(아들)를 다시 대통령 후보로 내세우기도 했다. 결과는 뼈아픈 패배였다.

대선 끝나고 한동안은 칠레가 이렇게 과거로 퇴행하는 것처럼만 보였다. 그러나 얼마 안 돼 반격이 시작됐다. 학생운동이 그 진원지였다. 칠레에서는 피노체트 정권에서 시장화된 교육 제도에 맞서 고등학생과 대학생의 투쟁이 빈발했다. 바첼레트 정권 초기에도 고등학생들의 시위가 칠레 사회를 뒤흔든 일이 있었다. 그런데 이 흐름이 2011년에 대학 교육의 무상 공공화를 요구하는 대학생 시위로 다시금 폭발했다. 마침 전세계적으로 '점령하라' 운동Occupy Movement이 확산되고 있었고 영국, 미국 캘리포니아, 캐나다 퀘벡 등지에서도 대학생들의 등록금 인상 반대 투쟁이 벌어지던 와중이었다. 칠레대학에서 이 투쟁을 주도한 공산당의 청년여성당원 카밀라 바예호는 일약 전세계적인 주목을 받기도 했다.

이후 우파 정권의 인기는 곤두박질쳤다. 반면 좌파 쪽은 오랜만에 새로운 세대의 활력으로 들썩이기 시작했다. 학생운동뿐만 아니라 노동운동도 공산당과 여타 급진 좌파의 영향 아래 다시 투지를 불태웠다. 덩달아 콘세르타시온 소속 정당들도 정권 탈환의 희망을 되찾았다. 2013년 말에 칠레에서는 대선-총선 동시 선거가 실시됐는데, 바첼레트 전 대통령을 다시 후보로 내세운 콘세르타시온이 일찌감치 승기를 굳혔다. 결선까지 안 가고 1차 투표에서 승리하리라는 전망까지 나왔을 정도다. 바첼레트 후보가 가장 강조한 공약은 바로 "임기 내 고등 교육 무상 공공화 실현"이었다.

실제 대통령선거는 11월 7일의 1차 투표로 판가름 나지는 않았다. 콘세르타시온이 새로 개편한 '새로운 다수'의 바첼레트 후보가 46.69%라는 압도적인 지지를 얻기는 했지만 과반수는 넘지 못한 것이다. 반면 우파의 에벨린 마테이 후보는 25.02% 득표에 그쳤다. 3위를 기록한 마르코 엔리케스-오미나미 후보가 과거 사회당 소속으로 좌파 성향이라는 점을 감안하면, 민주화 이후 칠레 좌파가 최대 득표를 기록한 선거 결과였다. 12월 15일에 실시된 2차 투표에서 바첼레트

칠레 모네다 대통령궁 앞에 세워진 아옌데의 동상. 2011년 칠레에서는 폭발적인 학생시위가 일어나 세계의 이목을 집중시켰고, 좌파 정치세력이 부흥하기 시작했다. 아옌데는 칠레의 이런 모습을 보고 어떤 생각을 하고 있을까.

후보는 예상한 대로 낙승했다. 바첼레트의 대통령 재선은 지난 2005년의 첫 승리 때와는 그 의미가 사뭇 다르다. 이번에는 청년들의 대중운동에 힘입어 좌파의 강령을 분명히 내걸며 집권하는 것이기 때문이다. 아옌데 인민연합 정부가 무너진 지 정확히 40년 뒤에 칠레에 드디어 좌파 정부가 복귀하는 것이다.

자유로운 인간이 활보할, 더 나은 사회를 향한 크나큰 길로!

물론 바첼레트의 재선은 드라마의 끝이 아니라 새로운 막의 시작일 뿐이다. 차기 바첼레트 정부가 과연 "대학 교육의 무상 공공화" 공약을 지킬지에 대해서는 회의적인 전망도 만만치 않다. 이 대목에서 주목할 만한 것은 공산당이 바첼레트 진영에 합류했다는 사실이다. 민주화 이후 십수 년간 공산당은 일정한 지지세에도 불구하고 원내에 진출하지 못했다. 거대 정당연합에 결합해야만 의석을 확보할 수 있게 만든 선거법 때문에, 콘세르타시온에 불참한 공산당은 원외 정당 신세를 벗어날 수 없었던 것이다.

그런데 지난 총선부터 공산당은 콘세르타시온과 선거연합을 맺어 원내에 진출하기 시작했고, 이번에는 아예 바첼레트 지지 정당연합에 결합했다. 이를 계기로 콘세르타시온은 '새로운 다수'라는 이름의 새 정당연합으로 개편했다. 그간 "바첼레트 후보를 지지할 일은 없을 것"이라던 학생운동 지도자 바예호도 공산당의 이러한 결정으로 이번 총선에 '새로운 다수'의 후보로 출마했다. 그리고 대선과 함께 실시된 총선에서 '새로운 다수'는 상원, 하원 모두 과반수를 확보했다. 당선자 중에는 바예호 등 학생운동 지도자나 공산당 후보들도 있었다. 그래서 많은 이들이 이번 칠레 선거의 최대 승자는 학생운동과 공산당이라고 평하기도 했다.

이것이 새 정부와 대중운동 사이의 결합을 강화해 민주화 이후의 분위기를 일신하는 결과를 낳을 것인가, 아니면 공산당마저 중도연합의 무능과 동요에 휩쓸리게 만드는 것으로 귀결될 것인가? 여러 전망이 엇갈린다. 심지어는 민주화 투쟁에서 나타났던 좌우 반전이 다시 한 번 반복되는 모습도 보인다. 아옌데 정부에서 장관을 역임한 호르헤 아라테는 반독재 투쟁에서는 사회당-알타미라노파의 '민주대연

'합' 노선에 앞장섰다. 하지만 2009년 대선에서는 콘세르타시온의 우경화를 비판하며 사회당을 탈당해 공산당의 지지 아래 대선후보로 출마했다. 그런 그가 이번에는 공산당의 '새로운 다수' 합류를 비판하고 나섰다. '민주대연합'이 노정한 역사적 한계가 '새로운 다수'에서 반복될 수 있다는 우려가 그 이유였다.

하지만 결말은 누구도 알 수 없다. 더군다나 지금의 칠레는 지난 40여 년 동안의 그 칠레가 아니다. 피노체트의 그림자에 짓눌린 나라가 더 이상 아니다. 거리에, 그리고 공장에는 이제 "우리가 아옌데주의자다!"라고 외치는 새로운 세대들이 있다. "자유로운 인간이 활보할, 더 나은 사회를 향한 크나큰 길"은 비록 우여곡절은 있을망정 결코 끊어질 수 없다는 것을 증명하는 "또 다른 이들"이 전진하고 있다. 해답의 열쇠를 쥔 것은 오직 그들이다.

그럼 한국의 좌파정치는?

지금까지 세계 여러 나라의 좌파가 지난 세기의 낡은 껍질을 깨고 나와 대안 세력으로 부상하기 위해 분투하고 있음을 살펴보았다. 현재 한국 진보정당운동(아래에서는 '진보정당'과 '좌파정당'을 혼용해 사용하겠다)의 혼란 역시 이와 무관하지 않다. 한국 진보정치의 혼돈은 좌파정치의 기나긴 재구성 과정이라는 지구적 맥락 안에 자리한다.

그렇다고 세계 좌파정치가 격동기이니까 한국도 그럴 수밖에 없다는 식으로 단순한 인과 관계가 성립되는 것은 아니다. 자본주의 중심부에서 좌파정치가 결정적으로 퇴보 국면에 접어든 1980년대 중후반에 한국, 브라질, 남아프리카공화국 등 신흥 산업국들에서는 오히려 노동·민중운동이 극적인 부활을 맞이하기도 했다.

이것은 지구적 맥락이 일국적 맥락을 규정하기는 하되 둘 사이의 관계가 상당히 변증법적이라는 사실을 말해준다. 좌파의 전반적 위기가 일부 지역에서는 재생의 기회를 여는 역설적인 관계가 나타나기도 한다는 것이다. 따라서 우리는 전지구적인 좌파정치의 위기를 보편적 맥락으로 전제하면서도 그 안에서 독특하게 전개된 한국 좌파정치의 기회와 위기들을 살펴보아야 한다.

독자적 정치 구심 건설에 실패한 채 출발한 한국 좌파

일단 1987년 즈음으로 이야기를 거슬러 올라가보자. 이 시기의 정치적 주역은 김영삼과 김대중 등으로 대표되는 보수 야당 세력이었다. 따라서 좌파정치를 논한다면서 이때로 거슬러 올라가자는 게 좀 이상하게 들릴 수도 있다. 그러나 좌파정치를 단순히 좌파'정당'들의 활동으로 환원하지 않고 좀 더 넓은 맥락에서 바라본다면, 이야기가 달라진다. 이 경우에는 다양한 대중운동들, 가령 노동조합운동이나 학생운동도 좌파정치의 주요 행위자다. 이들은 1987년 뜨거운 한 해의 주역이었다. 1987년은 해방 공간이 분단의 비극으로 끝난 이후, 그리고 4월 혁명 직후의 막간극 이후 처음으로 진보적 대중운동이 한국사의 무대 위에 전면 복귀한 해였다.

지금 시각으로 이 시기를 돌이켜보면, 참으로 기이하게 느껴지기까지 한다. 이후 한국 사회에도 점점 분명히 드러났듯이, 당시의 세계적 분위기는 이것과는 완전히 상반된 것이었기 때문이다. 불과 1,2년 뒤에 동유럽 현실사회주의 국가들이 무너졌고, 걸프전쟁으로 미국이 유일 초강대국의 자리에 등극했음이 분명해졌다. 그런데 동북아시아의 한 나라에서는 이 시기에 잠시나마 좌파정치의 꽃이 폈던 것이다.

사실 이것은 한국만의 상황이 아니었다. 비슷한 시기에 라틴아메리카의 몇 나라와 필리핀, 남아프리카공화국 등에서도 반독재 투쟁 중에 좌파정치의 일시적인 부흥이 있었다. 그 대표적인 곳이 브라질이었다. 브라질에서도 1980년대 중반에 군부독재에 맞선 대통령 직선제 쟁취 운동이 벌어졌고, 타협의 형태로나마 민주화가 실현되었다. 그 과정에서 전투적인 신생 노동조합운동과 농촌 노동자 운동, 가톨릭 기초공동체 운동 등이 주도적인 역할을 했고, 이들과 결합한 해방신학과 다양한 사회주의 이념이 전성기를 맞았다.

한국과 브라질 모두 북반구와 남반구 사이의 접점에 있는 나라들이었다. 물론 이후 한국이 북반구에 더욱 근접한 반면 브라질은 상대적인 저발전 상태에 머물기는 했다. 그러나 한국 경제가 1980년대 중반 '3저 호황'의 호기를 맞이하기 전까지는 두 나라 사이에 공통점이 더 많았다. 두 나라 모두 신자유주의 지구화 국면 초기에 북반구 초국적 자본이 국내 제조업 투자를 포기하자 그 빈자리를 비집고 들어간 신흥 산업국이었다. 오늘날 중국 해안 지대에서 벌어지는 일들이 그 무렵에는 이들 나라에서 펼쳐지고 있었다. 불만에 가득 찬 젊은 대공장 노동자들이 빠른 속도로 성장했고, 이들의 사회경제적 열망이 중간층의 정치적 민주화 욕구와 결합될 가능성이 무르익었다.

그런데 한국의 좌파정치와 동시대 브라질의 그것 사이에는 한 가지 커다란 차이가 있었다. 대중운동 주역들의 정치적 선택이 서로 달랐던 것이다. 브라질에서는 이미 1980년에 신세대 노동운동가들을 중심으로 노동자당PT이라는 좌파정당이 건설됐다. 반면 한국에서는 노동운동이든 학생운동이든 모두 보수 야당을 통한 정권교체 쪽에 명운을 거는 분위기가 팽배했다. 이른바 '민주대연합' 노선이 주류였던 것이다. 민중당 등 소규모 좌파정당들이 등장하기는 했지만 대중운동의 본류로부터 지지를 받지는 못했다. 대중운동의 활력에 바탕을 둔 독자적 좌파 정치의 구심을 건설하는 일은 미래의 과제로 연기됐다.

여러 가지 이유를 들 수 있겠다. 대중적인 수준에서 보면, 브라질과 달리 한국에서는 좌파 이념이 아직 충분히 스며들지 못한 상태였다. 가령 노동자당의 창당 주역이자 결국 브라질 대통령이 되는 룰라는 형이 공산당 활동가였기에 노동운동에 참여하기 전부터 이미 좌파적 세계관에 익숙한 상태였다. 반면 한국의 신진 노동운동가들은 노동조합운동에 뛰어들고 나서야 좌파정치의 기본 교양을 접할 수 있었다. 브라질과 비교되는 한국의 이러한 사정은 분명 분단 체제의 그림자가 길게 드리워진 결과다. 이런 차이는 결국 이 두 나라 대중운동 주역들의 정치적 선택에 결정적인 영향을 끼쳤다.

어쨌든 중요한 것은 이러한 선택의 차이와 갈라짐이 낳은 후과다. 이후 브라질이든 한국이든 대중운동의 일정한 퇴조를 경험했다. 두 나라 모두에게 1980년대 후반 상황은 더 큰 도약의 출발점이라기보다는 하나의 정점이었음이 드러났다. 그럼에도 불구하고 브라질에서는 노동자당이 꾸준히 성장했고 결국 집권까지 해냈다. 좌파정치의 '변질'이나 '한계'를 논할지언정 그 존재 여부가 의문시되지는 않는다.

그러나 한국의 경우는 어떤가. 한국에서는 '진보정치의 위기'라고 하면 그것은 항상 좌파의 존재 자체의 위협이자 생존의 문제였다. 1987년 이후 계속 그래왔으며 지금도 그렇다. 좌파는 대체로 자유주의 세력(중도우파)의 집권을 위한 동원 대상이거나 잘해봐야 그 하위 파트너 정도로 치부되고 있다. 진보정당이라는 좁은 의미의 좌파정치뿐만 아니라 진보적인 대중운동들까지도 마찬가지다. 신자유주의 지구화의 모순이 열어놓은 예외적인 시공간(1980년대 후반에서 1990년대 초반의 한국)에서 독자적인 정치 구심을 만들어내지 못한 게 결국 이런 치명적인 결과를 낳은 것이다.

이렇듯 분단 이후 모처럼 등장한 한국 좌파정치의 첫 세대는 처음부터 치명적인 구조적 한계를 안고 출발했다. 한국 자본주의가 전지구적 위기의 격랑 위에 불안하게 부유해온 것만큼이나 한국의 좌파 역시 파도에 휩쓸리는 신세였다.

민주노동당, 예외적인 성장의 기회를 잡기는 했지만

그렇다고 최초의 선택이 이후의 모든 과정을 다 결정해버린 것은 아니었다. 좌파에게 기회의 문은 결코 닫혀 있지만은 않았다. 무엇보다도 2004년 민주노동당의 원내 진출이 그런 기회였다. 1988년 이후 수차례의 총선 도전 끝에 처음으로 진보정당이 국회에 입성한 것도 인상적이었지만, 13%의 정당투표 득표율과 제3당 지위를 확보한 것은 더욱 놀라운 일이었다.

어떻게 이런 갑작스러운 성장이 가능했을까? 신자유주의 지구화의 전성기였던 1990년대 후반~2000년대 초반에 한국 사회에 나타난 몇 가지 현실 변화들이 서로 절묘하게 결합된 덕분이었다.

우선 한국 사회는 1997년 외환위기 이후 좀 더 직접적으로 신자유주의 체제 아래 놓이게 됐다. 그로 인한 대량 감원의 시련은 노동조합 운동을 정치적으로 각성시켰다. 조합원 전체가 다 그렇지는 않았더라도 최소한 활동가층은 '노동자 정치세력화'가 필요하다는 것을 절감했다. 그래서 민주노총의 지지와 지원을 받으며 민주노동당이 창당했다(2000년). 분단 이후 최초로 대중운동의 일정한 지지를 받는 좌파정당이 등장한 것이다.

또 하나 중요한 현실 변화는 자유주의 세력의 집권이었다. 1997년에 김대중 정부가 들어선 이후 노무현 정부까지 10년 동안 과거 민주화 투쟁을 주도한 세력이 집권했다. 집권 후 이들은 사회경제정책에 관한 한 신자유주의의 충실한 집행자가 되었다. 제1야당은 한나라당이었지만, 이 당 역시 시장지상주의의 철저한 대변자였다. 이런 정치 구도였기 때문에 정당 구도상 새로운 야당, 좌파 성향 야당의 필요성이 대두했다. 1987년 이후 10년 만에 자유주의 세력이 여당이 된 덕분에 드디어 좌파가 자유주의 세력의 부속품이 아니라 당당한 경쟁자로서 등장할 기회가 열린 것이다.

여기에 정치 제도의 부분적 변화도 한몫했다. 총선과 지방선거에 정당명부비례대표제가 도입되어 양당 구도 체제에 작은 숨통 하나가 트였다.

그렇지만 한국 좌파정치의 약점은 여전했다. 가장 중요한 문제는 좌파정치 지지층이 과연 얼마나 응집력 있게 형성되어 있느냐 하는 것이었다. 민주노동당에 정당투표를 던진 13%의 유권자들 중 대다수는 여전히 지역구 선거에서는 한나라당에 맞서 열린우리당에 표를 던졌다. 즉, 좌파 야당의 필요성에 공감하기는 했지만 그것은 여전히 민주대연합론의 호소력보다 강하지는 못했다.

신자유주의 양극화에 대한 불만 역시 아직은 모순되게 진행되는 중이었다. 한편에서는 비정규직이 늘어나는 등 배제의 메커니즘이 작동했지만, 다른 한편에서는 자산 시장(주식 시장, 부동산 시장 등)에 중간층과 노동계급 상층까지 동원해 신자유주의 지배 체제에 포섭하는 과정도 전개되고 있었다. 그런데 민주노동당이 민주노총을 통해 주로 접근하는 노동자층은 전자보다는 후자에 속해 있었다. 즉, 여러모로 민주노동당의 독자적인 대중 토대는 모호하고 협소하며 불안정했다.

국회 활동을 발판으로 이러한 치명적 약점에 도전할 과제가 민주노동당에게 있었다. 원내 진출은 단지 '형식적'인 도약일 뿐이었다. 주어진 4년의 시간을 '내용적'인 도약의 기회로 만들어야만 했다. 그렇지만 현실은 어땠을까? 우리가 잘 알고 있듯이 그 도전은 참담한 실패로 끝나고 말았다.

무엇보다 민주노동당 스스로 자신들이 어떤 당인지 보여주지 못한 게 문제였다. 민주노동당이 열린우리당이나 한나라당과 구별되는 독자적 제3세력이며 무엇보다 노동자·서민의 대변자임을 부각하길 원했다면, 그에 걸맞은 활동에 나섰어야 했다. 그러나 그러지 않았다. 원내에서는 당시 여당이었던 열린우리당과의 '개혁 공조'에 방점을 두었고, 열린우리당의 4대 개혁 과제(국가보안법 개폐, 과거사 청산, 언론 개혁, 사립학교 개혁)가 고스란히 민주노동당의 우선 과제가 되었다. 누가 봐도 민주노동당은 열린우리당과 '한 진영'인 모양새였다. 당내 일각에서는 "열린우리당 2중대"가 되는 것도 감수해야 한다는 이야기까지 나왔다.

굳이 그런 말 꺼낼 필요도 없이 이미 대중의 눈에 민주노동당은 '열린우리당 2중대', '열린우리당 행동대'였다. 아무튼 이후 노무현 정권 내내 민주노동당 지지율은 열린우리당 지지율이 올라가면 함께 오르고 내려가면 함께 내려갔다. 공동 운명체가 돼버린 것이다. 결국 정권말 민심 이반으로 열린우리당은 와해됐고, 민주노동당도 크게 위축됐다.

민주대연합의 벽을 넘어서지 못한 진보정당운동

2007년 대선은 어쩌면 민주노동당에는 돌파구, 아니 반전의 기회가 될 수도 있었다. 노무현 정부의 실패로 자유주의 세력이 차지하던 정치 공간이 갑자기 공백 상태가 됐다. 진보나 중도 성향 유권자들이 지지할 대선 후보를 찾지 못해 거대한 무당파 혹은 기권층을 형성했다. 민주노동당의 대선 대응 여하에 따라서는 이 유권자들을 새롭게 진보정당 지지층으로 끌어올 수 있었다. 그렇게 되면 범민주당 진영이 차지하던 양대 정당 구도의 한 쪽을 무너뜨리면서 명실상부한 제3세력으로 부상할 수도 있었다.

단, 전제 조건이 있었다. 우선 노무현 정부 실망층이 새로운 대안으로 여길 만한 참신한 대선후보를 내야 했다. 다음으로는 노무현 정부가 실패한 바로 그 지점, 즉 노동·복지·교육·주거 등에서 범민주당 세력과 확연히 구별되는 대안을 제출하고 이를 대선의 주 무기로 삼아야 했다.

그러나 이 중 어느 것도 실현되지 못했다. 권영길 의원이 대권 삼수생으로 대선에 나섰고, 핵심 구호는 '코리아 연방 공화국'이었다. 당내 주도권을 놓치고 싶지 않았던 자주파가 밀어붙인 결과였다. 결국 원외 시절이던 2002년 대선 때보다 못한 성적을 거뒀다. 마이너스 성장을 한 셈이다. 이로 인해 진보정당운동은 실질적 제3당의 지위로 진입할 수 있었던 다시 못 올 기회(적어도 오랫동안은 오지 않을)를 잃어버렸다.

결국 2008년 초에 민주노동당은 둘로 갈렸다. 비자주파 성향의 당원들이 탈당해 진보신당을 새로 창당했다. 분당 직후의 총선에서 민주노동당은 의석이 절반으로 줄었고, 진보신당은 의석 획득에 실패했다. 좌파의 제도정치 자체가 축소되어버린 것이다.

하지만 기회의 문이 다시 완전히 닫힌 것은 아니었다. 2008년 봄 예기치 않은 촛불 항쟁이 폭발했다. 신뢰할 만한 정치 세력이 없었던 대중은 총선 이후 미국산 쇠고기 수입 문제를 계기로 직접 거리에 나섰다. 지금 돌이켜보면, 촛불 항쟁은 2011년에 세계 곳곳에서 연쇄적으로 분출한 점거 운동의 설익은 예고편이었다.

당시 고故 이재영 전 진보신당 정책위원회의장이 주목했던 것처럼 (이재영, 『비판으로 세상을 사랑하다』, 레디앙·해피스토리), 촛불시위는 다른 누구보다도 진보정당을 위한 판이었다. 제도권에서 한 차례 실패한 진보정당들에게 재기의 발판은 역시 거리였다. 실제로 촛불시위 와중에 거리의 여당은 의석 5석의 민주노동당과 원외의 진보신당이었다. 범민주당 세력은 수줍게 얼굴을 들이밀어야 하는 처지였다.

그러나 거리의 투쟁이 수그러들자 상황은 급변했다. 범민주당 세력과 이른바 '진보' 지식인·언론들이 목소리를 높이기 시작했다. 그들은 대립 전선을 'MB 대 반MB'로 규정했다. 여기에 민주노동당도 맞장구를 치고 나섰다. 이후 2012년 총선과 대선 때까지 무소불위의 힘을 발휘하게 될 '민주대연합' 구도가 등장하는 순간이었다.

이 흐름에 맞설 제도권 안의 유일한 거점이 있다면 진보신당뿐이었다. 실제로 진보신당은 얼마간 다른 목소리를 내려고 노력했다. 하지만 적극적이지는 못했다. 막강한 '민주대연합' 여론에 정면으로 맞섰다가는 현실 정치에서 완전히 배제돼버릴 것이라는 공포가 당을 지배했다.

반면 제도정치 바깥에서 묵묵히 자신의 정치 공간을 만들어온 다른 세력(?)이 있었다. 그들이야말로 '민주대연합'으로 다 환원될 수 없는 촛불의 여러 다른 얼굴들을 자기 주위로 결집하는 데 성공했다. 청년 세대를 대상으로 한 장기간의 기획적인 정치 활동이 이를 가능하게 했다. 그래서 지금은 민주당과 경합하며 양대 정당 구도의 한 편을 차지하려 하고 있다. 바로 안철수 그룹이다.

진보신당이 안철수 그룹 같은 정치적 선택을 했다면 어땠을까? 그들만큼 성공하지는 못했을 것이다. 그러나 한국 좌파정치의 상황이 지금 같지도 않았을 것이다. 진보정당운동에는 안철수 그룹만큼의 자기 확신도, 기획도, 의지도 없었던 것이다.

그 후 잘 알려져 있다시피 진보대통합론이 불거졌고 민주노동당, 국민참여당, 진보신당 일부가 합당한 통합진보당의 등장으로 결말을 맺었다. 이것은 사실 더 큰 흐름의 일부였다. 그것은 바로 반한나라당 최대연합을 결성해 2012년 대선에서 정권교체를 실현해야 한다는 신판 민주대연합론이었다. 이러한 민주대연합의 실현을 위해 그 전 단계로 좌파 쪽 협상 창구를 단일화하자는 것이 진보대통합론의 솔직한 출발점이었다.

이런 점에서 통합진보당은 분명 진보정당운동의 궤도 이탈이었다. 자유주의 세력의 일부인 국민참여당이 결합했다고 해서 그것만으로 이렇게 평가하는 것이 아니다. 그러한 결합 자체가 이 당이 민주대연합으로 가기 위한 지렛대임을 의미하기 때문에 이런 평가를 내리는 것이다. 이러한 창당 의도는 진보정당운동이 추구해온 노동자 정치세력화나 좌파정치의 독자성과는 상반되는 것이었다.

아이러니하게도 통합진보당은 민주대연합의 지렛대 구실도 제대로 하지 못했다. 통합진보당은 총선 직후 격렬한 당내 파쟁을 벌였으며, 결국 옛 국민참여당, 옛 진보신당 탈당파, 옛 민주노동당 비당권파 등이 탈당해 진보정의당을 따로 만들었다. 통합진보당과 진보정의당은 대선에서 예정대로 문재인 민주통합당 후보와 어떤 식으로든 민주대연합을 추진했지만, 애초 그들이 기대했던 중요한 정치적 변수가 되지는 못했다.

한편 민주대연합 노선 왼쪽에서는 진보신당의 남은 대오와 사회당, 변혁정치모임 등이 독자적 좌파정치의 명맥을 이어가려 했다. 그러나 진보신당은 총선에서 당선자를 내는 데 실패했고, 대선에서는 변혁정치모임과 구 사회당 일부가 각각 따로 노동자 후보를 내 실망스러운 성적을 거두는 데 그쳤다. 양당 체제의 정착은 진보정당운동의 자살로 완결되고 말았다.

한국의 좌파정치, '재건'이 아니라 '새 출발'이 필요하다

2014년 현재, 한국에는 과거 진보정당운동의 맥을 잇는 세 개의 정당이 있다. 통합진보당, 정의당, 노동당이다. 정의당은 진보정의당이 개명한 것이고, 진보신당이 재창당해서 노동당이 되었다. 한편 이들과 계보를 달리 하지만 넓은 의미에서 '좌파'정당에 속한다고 할 수 있는 녹색당도 새로 등장했다. 이밖에 노동운동에 바탕을 두고 정치세력화를 모색하는 노동·정치·연대나 변혁정치모임 같은 조직도 있다. 가히 좌파정치의 춘추전국시대라 하겠다.

그래서 현 상황에 대한 처방으로 혹자는 '(재)통합'을 제안하기도 한다. 그러나 위에서 살펴본 것처럼 사태가 이 지경에까지 이르게 된 데는 다 원인이 있었다. '진보'정당들의 난립은 그 병인病因의 결과일 뿐이다. 병의 원인을 치유하지 않고 단지 나눠진 조각들을 이어붙인다고 해서 진보정당운동이 예전으로 돌아갈 수 있는 것은 아니다. 지금 한국 좌파정치에 필요한 것은 '복원'이나 '재건'이 아니라 '새 출발'이다.

새 출발의 첫번째 과제는 단절해야 할 것과 온전히 단절하는 일이다. 한국 좌파정치의 가장 커다란 장벽은 자유주의(중도우파) 세력에 끊임없이 흡수되도록 만드는 민주대연합의 압박이다. 대통령 중심제와 소선거구제가 결합된 제6공화국의 정치 제도가 이러한 압력의 중요한 토대로 작동한다. 2012년 양대선거에서는 이 힘이 진보정당운동을 사실상 해체해버릴 정도의 위력을 보여주었다. 반새누리당 정권 교체 요구가 거세질 2016년 총선, 2017년 대선도 양상은 크게 다르지 않을 것이다. 현재 '진보'정당으로 남아 있는 세력들 내에서도 다시금 자유주의 세력(민주당 혹은 안철수 신당)과의 연립정부를 주장하며 진보정당운동의 마지막 남은 부분까지 헌납하려는 움직임이 나타날 수 있다.

이런 점에서 한국의 '진보'정당들을 가르는 가장 중요한 대립선은 고전적인 '혁명 대 개혁' 논쟁도 아니고 '사회민주주의 대 급진 좌파'도 아니다. 어떤 식으로든 자유주의 세력 중심의 연합에 합류하려는 흐름과, 좌파정치의 독자적인 발전과 집권-변혁을 추구하는 흐름 사이의 대립이다. 한국에서 지금 좌파정치의 새 출발이란 무엇보다도 전자와 확실히 선을 긋는 일이다. 현실 정치에서 맞부딪히는 범민주당 중심 연합의 압력에 대해서는 차라리 정치개혁 요구로 대응해야 한다. 완전 정당명부비례대표제(독일 방식이든 스웨덴 방식이든)를 전제로 한 내각책임제 개헌이 그런 정치개혁 안이 될 수 있을 것이다. 현 정치 제도 아래서 자유주의 세력과의 연합은 좌파정치의 싹을 짓밟아 그 미래를 빼앗는 결과로 나타날 뿐이다.

이와 긴밀히 연관된 또 다른 단절 대상이 주체사상이다. 흔히 '종북주의'라 부르는 과거의 잔재 말이다. 1980년대에 등장한 좌파 경향들 중에 종'북한'주의가 존재했던 것은 엄연한 사실이다. 외국에도 과거에는 종'소련'주의나 종'중국'주의가 있었고 이런 흐름이 한때 좌파 내 다수파를 형성한 적도 있다. 그러나 현실사회주의권의 실상이 드러나고 결국 붕괴한 뒤에는 상황이 근본적으로 바뀌었다. 그런 과거를 갖고 있던 좌파 정파들도 새로운 현실에 부합하는 변혁 세력으로 변하기 위해 자기 갱신을 거듭했다. 그래서 네덜란드 사회당(마오주의에서 출발)처럼 기존 주류 좌파정당을 대체할 대안으로 성장한 사례도 있다.

반면 한국의 종'북한'주의에는 그런 변화의 바람이 불지 않았다. 주체사상의 본산인 북한 정권이 어쨌든 지금까지 지속되고 있는 탓이다. 그러나 북한 체제는 이러한 잔존의 대가로 더욱더 퇴행하고만 있다. 북한의 3대 세습 정권은 결국 북한 인민들 자신의 힘으로 타도·지양해야 할 대상일 뿐이다. 이것은 제국주의 열강이 북한 인민의 운명을 좌우하려는 것을 막아야 한다는 요청과는 별개의 과제다. 주체사상의 그림자를 넘어 이제 남한의 자본주의 극복뿐만 아니라 북한의 민주화 혁명을 포함하는 한반도 전체의 변혁을 추구해야 한다.

더구나 주체사상은 그간 민주대연합 노선의 중요한 이론적 토대이기도 했다. 주체사상 추종자들에게는 북한 정권 입장에서 바람직한 남한 정부가 들어서는 게 정권 교체기의 가장 중요한 목표다. 그래서 대선 때마다 사실상 자유주의 세력을 지지하곤 한다.

다른 나라 좌파 세력들이 스탈린주의에 대한 비판과 반성을 거친 것처럼, 이제 한국의 좌파도 주체사상의 유산과 철저히 단절해야 한다. 이 작업이 더 늦어진다면, 한국 사회에서 좌파정치가 대중에게 대안으로 다가가는 것도 마냥 늦어질 뿐이다. 혹시라도 아직 이 낡은 사상을 고수하는 세력이 있다면, 그들은 더 이상 진보정당운동의 구성 요소로 인정받을 수 없다.

이렇게 단절할 것과 분명히 단절한 뒤에라야 새 출발의 다음 과제들도 제대로 추진할 수 있다. 그것은 21세기 한반도에서 신자유주의적 자본주의 질서를 극복하기 위해 필요한 비전과 정책, 이를 실현할 운동 그리고 정치적 구심점을 만들어가는 일이다. 지금 세계 여러 나라에서는 다양한 좌파 정치 세력이 이러한 혁신의 노력들을 벌이고 있다. 우리도 그런 노력을 서둘러야 한다.

프랑스 좌파당이 생태사회주의 비전을 만들어가는 것처럼, 노동이나 복지의 단편적 요구를 넘어 한국 사회의 구조 변혁 청사진을 준비해야 한다. 스페인 좌파연합이 '분노한 자들의 운동'과 대화하고 이들과 결합하는 것처럼, 기성 노동조합이라는 둥지를 넘어 새로운 대중운동들을 일궈야 한다. 그리스 급진좌파연합이나 덴마크 적록연합이

젊고 비전 있는 지도자들을 배출해 대안으로 떠오르는 것처럼, 청년 세대 안에 좌파 문화를 부흥·확산하고 새 세대의 운동가들을 육성해 세대교체를 선도해야 한다.

당분간은 실험과 개척, 정비의 시기다. '진보'정당들의 분립 상태를 정리하는 것은 그 다음 문제다. 일단은 누가 이러한 시대적 과제를 가장 충실하게 수행하는지를 놓고 서로 경쟁하는 게 우선이다. 다만 제대로 경쟁하기 위해서도 일정한 공동 실천과 토론의 무대를 갖출 필요는 있다. 과거에 유럽 사회민주당과 공산당이 파시즘 세력에 맞서 연합전선을 구축했던 것처럼, 여러 좌파 정당과 정치조직들이 일상적인 정치적 연대 조직을 결성하는 게 바람직하다. 이런 연대 조직을 통해 대중운동들과 접촉하면서 각 정파가 자신의 혁신 성과를 무기로 서로 경쟁하자는 것이다.

이 대목에서 그리스의 급진좌파연합이나 우루과이의 확대전선 등의 사례(굳이 말하면 '정당연합')를 참고할 수도 있겠다. 이들 조직은 여러 좌파 정당과 정치조직들이 모인 연대 조직이다. 그러면서도 필요하면 선거에 마치 하나의 당처럼 공동 대응하기도 한다. 우리의 경우에도 진보정당운동의 새 출발을 꾀하는 세력들 사이에 어느 정도 신뢰가 쌓이면 이러한 정당연합을 시도해볼 수 있을 것이다. 정당연합의 활동 성과가 무르익으면 그리스 급진좌파연합처럼 하나의 정당으로 통합할 수도 있을 것이다. 이런 과정을 거친 통합이라면, 통합진보당

식의 졸속 합당에 따른 실패를 반복할 일도 없을 것이다. 오히려 민주노동당보다 훨씬 더 높은 수준의 합의에 바탕을 둔 견고한 당이 등장하게 될 것이다.

하지만 이것 역시도 당장 가능한 것은 아니다. 조바심은 금물이다. 단련의 세월을 회피하려 하거나 단축할 수 있을 것처럼 생각해선 안 된다. 한국 사회에서 주기적으로 반복되었던 대중투쟁이 다시 한 번 벌어진다면 이 작업이 좀 더 활기차게 이뤄질 수는 있겠지만, 이 경우에도 그런 투쟁의 성과를 일상생활에 뿌리내리는 진지전이 면제되는 것은 아니다. 진정 진보정당운동의 부활을 바란다면, 지금의 이십대가 장년으로 성숙해갈 정도의 시간 지평을 염두에 두고 하나하나 착실히 토대를 쌓아가야 한다. 이런 '청년' 정신 없이는 '새 출발'은 불가능하다.

많은 이들이 이 대목에서 이렇게 물을 것이다. 그렇게까지 해서 좌파정치를 키우려고 애쓸 필요가 있을까? 이 나라 풍토에서는 민주주의와 삶의 질을 높이는 다른 길을 찾는 게 합리적인 게 아닌가? 한마디로, 안 될 일을 하지 말라는 이야기다.

그러나 이 물음에는 이렇게 반문할 수밖에 없다. 지금까지 세계사에서 자본주의 체제에 맞서는 저항-대안 세력이 강력히 존재하지 않는 상황에서 민주주의와 대중의 삶이 실질적으로 개선된 사례가 있는가? 이런 세력이 없는데도 기득권 세력이 먼저 개혁을 단행한 사례라도 있었는가? 답은 명확하다. 없었다. 새누리당이든 민주당이든 안철수 신당이든 아래로부터의, 왼쪽으로부터의 도전이 없다면, 이들이 선택할 방향은 지극히 제한적이다. 1987년 이후 지겹도록 경험한 가장 근본적인 교훈 아닌가.

우리 시대의 좌파정치, 변혁정치 없이 현실을 조금이라도 나아지게 하기는 불가능하다. 이것은 거의 수학적인 법칙이다. 그렇기에 이제부터라도 좌파와 변혁운동의 정치세력화를 다시 시작할 수밖에 없다.

그리고 다시 말하지만, 이것은 우리만의 노고는 아니다. 우리의 노력은 지금 지구 곳곳에서 벌어지고 있는 고투의 일부다. 지구 자본주의 '이후'를 준비하는 거대한 파도의 일부다. 고립된 전투가 아니다. 보편적 해방의 대열에 함께 하는 일이다. 우리는 외롭지 않다.

이 책은 주간 『한겨레 21』에 2012년부터 두 해에 걸쳐 연재한 '레프트 사이드 스토리'라는 연재물에 바탕을 두고 이를 단행본으로 재구성한 것이다. '레프트 사이드 스토리'는 본래 인터넷언론 《레디앙www.redian.org》에 필자가 맡아 쓰던 한 코너였다. 2000년대 중후반에 이 코너를 통해 외국 좌파 정치의 동향을 소개하곤 했다. 『한겨레 21』이 여기 실린 글들에 주목해서 이후 약 2년간 지면으로 독자들을 찾아가게 되었다.

마침 연재가 계속된 두 해는 2011년 '아랍의 봄'과 '점령하라' 운동이 지구 곳곳을 휩쓴 뒤 그리스, 프랑스 등지에서 흥미로운 선거 결과가 나오던 때였다. 2008년 금융위기의 파도가 정치 지형, 그중에서도 좌파 정치에 심대한 변화를 초래하고 있음을 생생히 목격할 수 있는 시기였다. 그래서 연재물을 다듬고 모으면 세계 경제위기 이후의 좌파 정치 추적기로 읽을 수 있었다.

고맙게도 개마고원이 그런 책을 한 번 만들어보자고 제안해주었다. 덕분에 이렇게 『레프트 사이드 스토리』라는 제목의 단행본이 선보이게 되었다. 연재 이후의 상황 변화를 감안해 일부 원고를 손보았는데, 이 때문에 좀 어색한 느낌을 주는 글도 더러 있기는 하다. 하지만 현재 진행형인 사건들을 보다 생동감 있게 다루려다 보니 어쩔 수 없었던 것으로서, 독자 여러분의 너른 양해를 구한다.

위에서 이미 밝혔듯이, 이 책이 나오는 데는 유독 많은 이들의 결정적인 도움이 있었다. 처음 《레디앙》에 코너를 제안하고 레너드 번스타인의 유명한 뮤지컬 제목을 따 '레프트 사이드 스토리'라는 산뜻한 작명까지 해주신 이광호 선배가 아니었다면, 이 책은 결코 탄생할 수 없었다. 『한겨레』의 정인환, 이세영, 신윤동욱, 오승훈 기자도 『한겨레21』 연재를 제안하고 이후 줄곧 원고를 함께 손보면서 미력한 필자를 격려해줬다. 개마고원의 김희중 편집팀장은 부족한 원고를 책으로 모아낼 용기를 주고 편집 작업을 도맡았다. 모두가 이 책의 공저자라 해도 좋을 고마운 분들이다. 다시 한 번 감사의 인사를 드린다. 그리고 『한겨레21』 연재로 정보 더미에서 허우적거릴 때마다 옆에서 이런 모습을 애정으로 견뎌준 아내와 우리 집 주인 공구에게 보내는 감사 인사를 빼놓을 수 없겠다.

부디 이 부족한 책이 한국의 좌파 정치 운동이 세계인과 함께 호흡하며 군건히 자신의 길을 열어가는 데 작으나마 보탬이 되길 바란다.

- 다시 돌아온 갑오년을 맞으며

찾아보기